はじめての日本古代史

倉本一宏 Kuramoto Kazuhiro

★――ちくまプリマー新書
341

目次＊Contents

陸奥《むつ》
出羽《でわ》
佐渡《さど》
道
道
能登《のと》
陸
越後《えちご》
北
越中《えっちゅう》
山
下野《しもつけ》
加賀《かが》
飛騨《ひだ》
信濃《しなの》
上野《こうずけ》
常陸《ひたち》
東
美濃《みの》
武蔵《むさし》
下総《しもうさ》
甲斐《かい》
尾張《おわり》
相模《さがみ》
上総《かずさ》
三河《みかわ》
駿河《するが》
遠江《とおとうみ》
伊豆《いず》
道
安房《あわ》
海
志摩《しま》
東

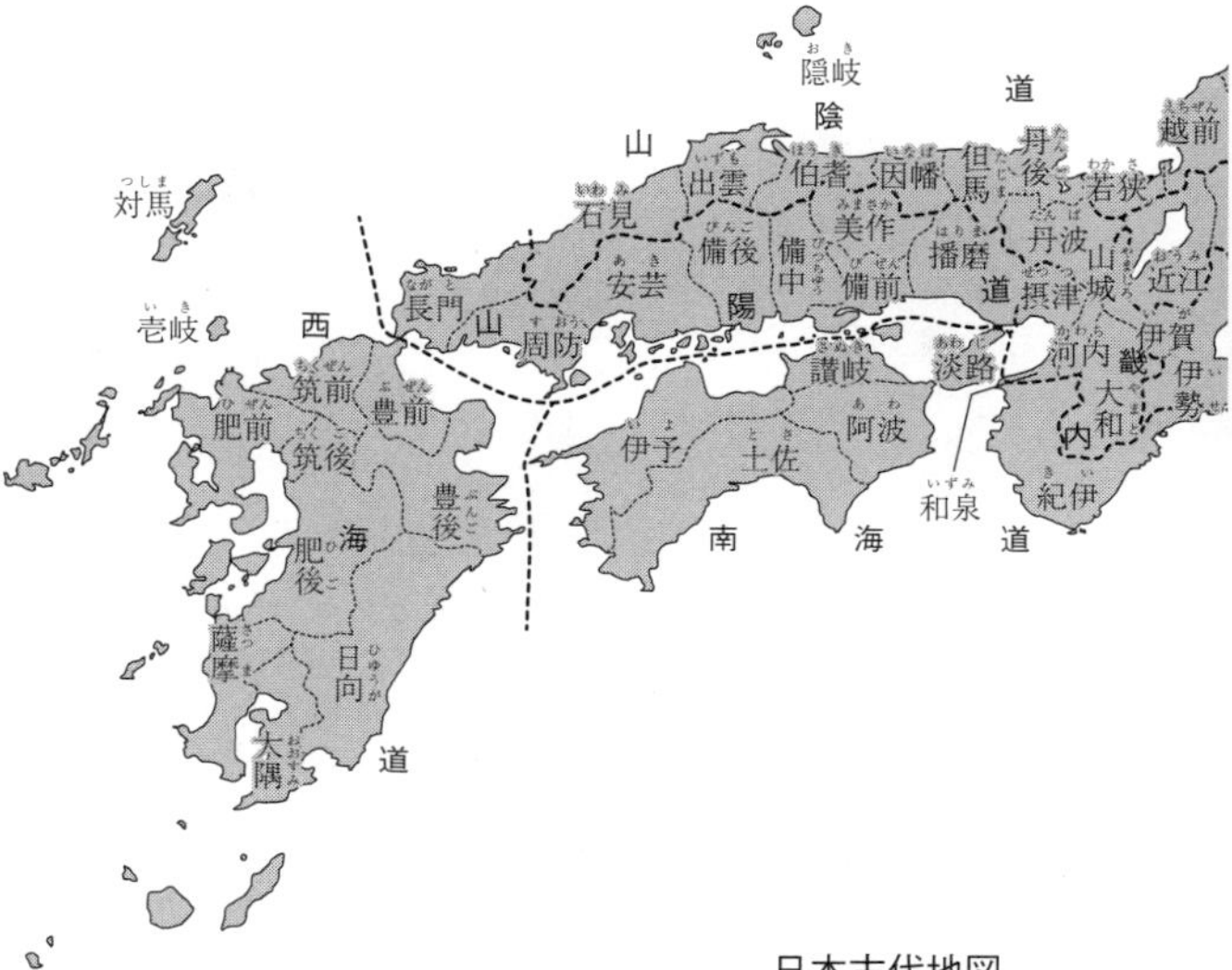

日本古代地図

『岩波日本史辞典』より作成

略系図（欽明以前は記紀による）

（数字は記紀の即位順）

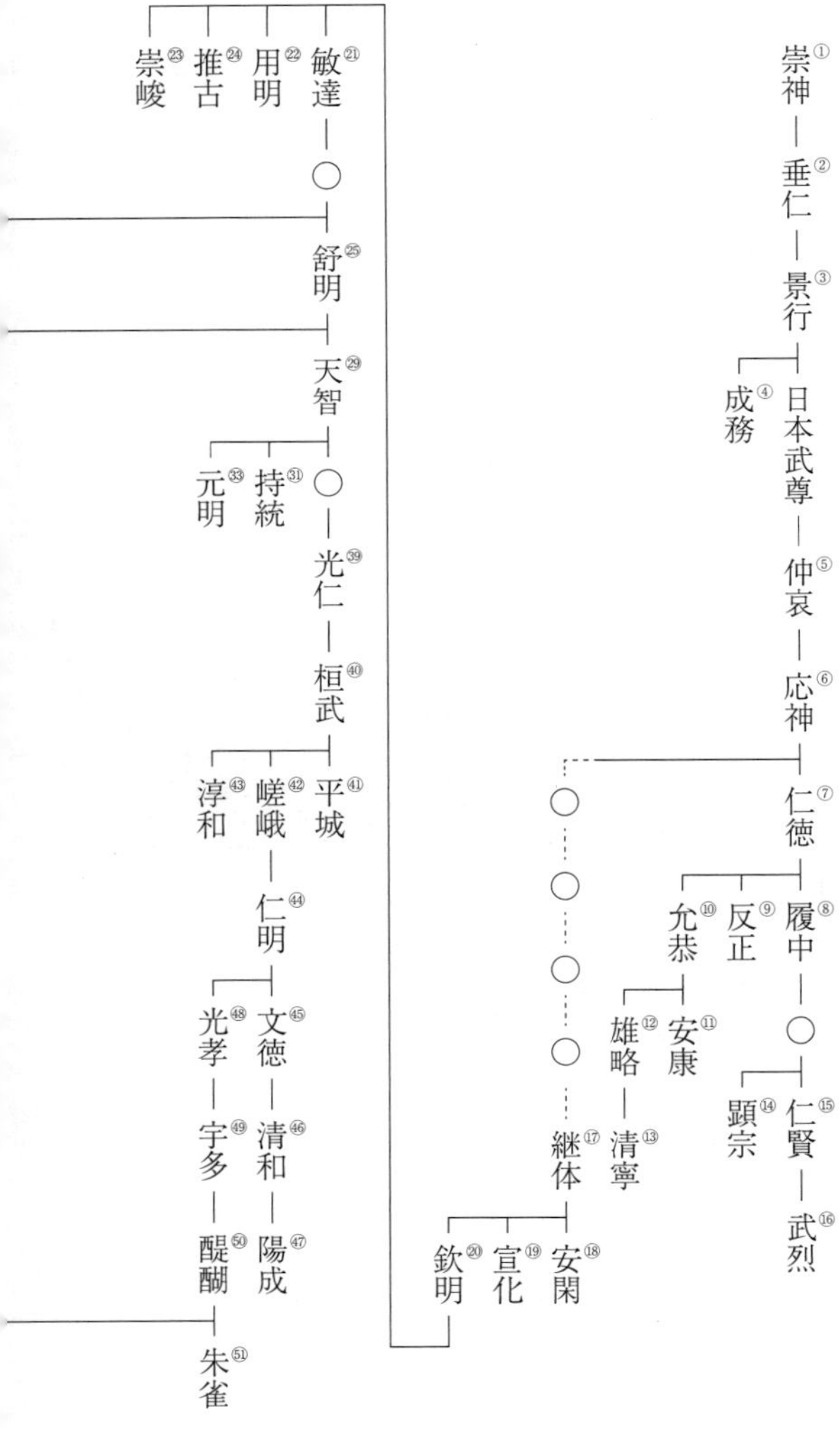

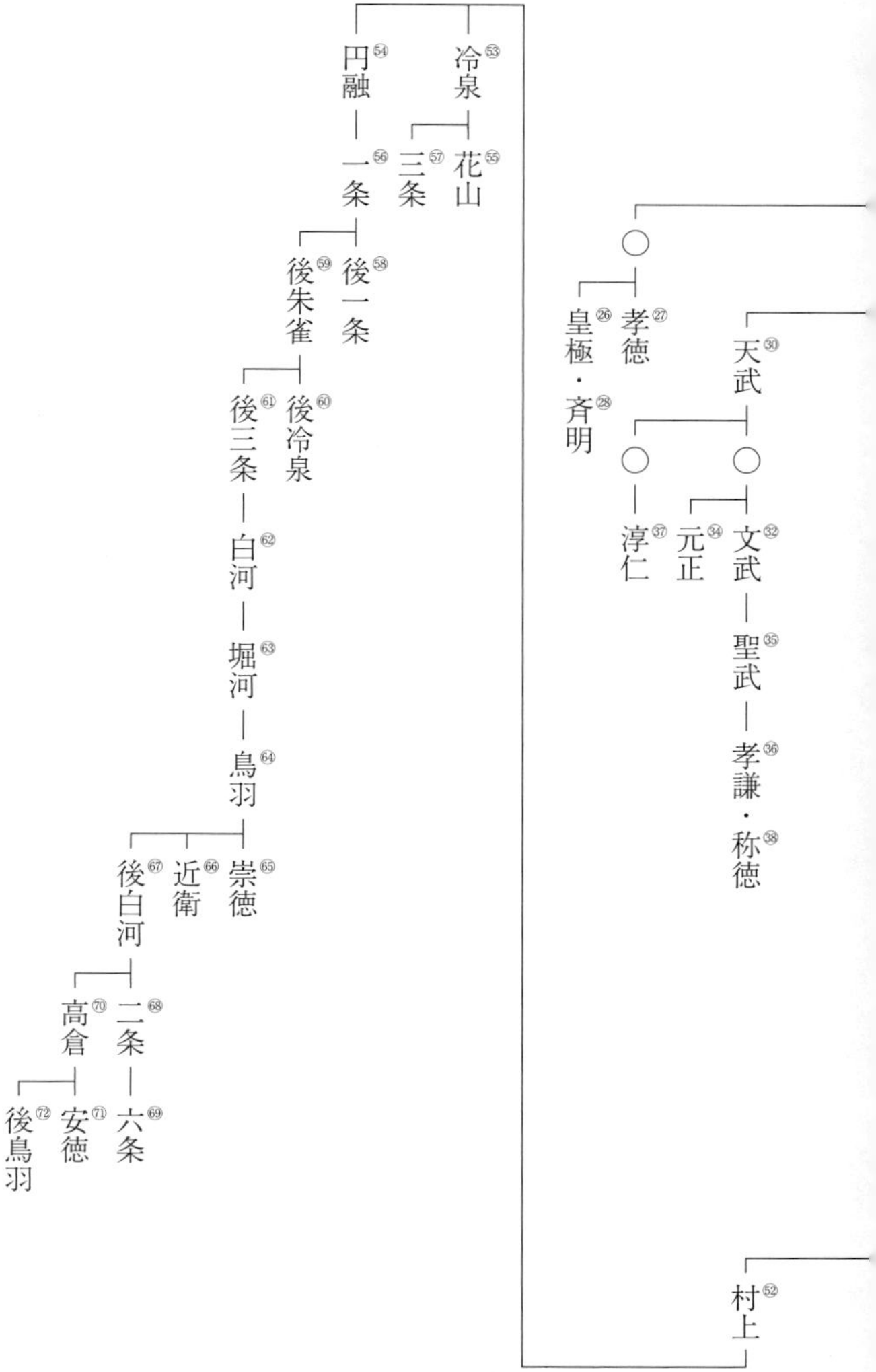

孝徳(27)
皇極・斉明(26)(28)
天武(30)
文武(32)
元正(34)
淳仁(37)
聖武(35)
孝謙・称徳(36)(38)
村上(52)
冷泉(53)
円融(54)
花山(55)
三条(57)
一条(56)
後一条(58)
後朱雀(59)
後冷泉(60)
後三条(61)
白河(62)
堀河(63)
鳥羽(64)
崇徳(65)
近衛(66)
後白河(67)
二条(68)
高倉(70)
六条(69)
安徳(71)
後鳥羽(72)

はじめに

日本の歴史を通観したとき、大きな画期であると思われる歴史的な出来事は、次の三つである。

第一に、縄文海進《じょうもんかいしん》によって北と南でアジア大陸と切り離されて島国となり、日本列島が形成されたということである。

これによって日本は、中国や朝鮮半島と地理的に海を隔てることとなり、しかも程よい距離を保つことになったのである。

もしも中国と陸続きであったとしたら、日本は何度も武力侵攻や大規模な民族移動にさらされていたはずである。また、あまりに遠い距離を隔てていたとしたら、その存在自体が中国や朝鮮諸国に知られることなく、文化や人間の往来が起こらなかったはずである。

日本からも海外に武力進出することが、(特に前近代では)少なく、世界でも稀《まれ》な平和な地域として発展することができたのである。

第二に、農耕社会の開始時に、稲作を行なう集団が渡来《とらい》したということである。

南方系の植物である稲は、本来は日本列島には不向きな作物であった。しかし、この稲を水田で耕作する集団が、おそらくは中国江南《こうなん》地方から朝鮮半島を経て渡来し、またたく間に列島に水田耕作を普及させたことによって、その後の日本の歴史に大きな影響を与えることになったのである。

稲は小麦と違って、同じ耕作地（水田）で連作できる。また、（玄米の場合だが）栄養価が高い。これ以降の列島の歴史は、米をめぐって繰り広げられることになったのである。ただし、稲作を伝えた集団は、同時に鉄器ももたらした。鉄製農具による開墾や耕作の他に、鉄製武器による争いもまた、彼らによって渡来したのである。米が貯蔵の可能な収穫物であった結果、米、それを貯蔵する倉、それを耕作する田、そして農民をめぐる争いが始まることとなった。

貧富の差や身分、階級の発生も、同様に農耕に伴って発生してきた。

そして第三に、表音文字である仮名《かな》を、七世紀という早い時期に発明したということである。

初期には万葉仮名《まんようがな》、やがて片仮名《かたかな》、草仮名《そうがな》、そして平仮名《ひらがな》という文字の普及によって、日本では早い時期から、広い階層の人間が文字を読み書きできることになった。

この事実が日本の歴史に及ぼした影響は、はかりしれないものがある。たとえば同じ漢文文化圏の中国・朝鮮、そしてベトナムにおいて、庶民が読み書きができるようになった時期と、これらの諸国で簡便な文字が発明された時代の関連性を考えるとき（ベトナムではついに表音文字が普及することはなかった）、日本における仮名の発明の重要性は、もっと認識されるべき問題である。

以上の諸点を勘案しながら、これから日本古代の歴史を眺めていきたい。通史的に平板な叙述を続けるのではなく、各時代毎《ごと》にいくつかのトピックを設定し、それらがそれぞれの時期においてどのような歴史的意義を持つのかを、少し詳しく解説することとする。

その際、常に念頭に置いておきたいのは、日本史の特殊性と普遍性という問題である。世界の歴史の中で日本の歴史だけに見られる特別な事象を抽出し、その背景や原因を追究すると同時に、日本の歴史を世界の中に当てはめてみて、それを相対化してみる試みも、同時並行的に必要となってくるのである。

さあそれでは、一緒に古代史の海の中に漕ぎ出していこう。

第一章

日本列島の形成から農耕の開始へ

吉野ヶ里遺跡

最終氷期終了後に気候が温暖化した結果、海面が上昇して縄文海進《じょうもんかいしん》が起こり、日本列島は大陸から切り離された。これによって、大陸や朝鮮半島の勢力からの侵攻を受けることも、日本列島の権力が海外に侵攻することも、ほとんどなくなった。

紀元前五世紀初め頃、水田稲作農耕が北部九州に伝わった。渡来《とらい》者と縄文人とは混血を繰り返しながら、日本列島のほとんどの地域に水田稲作を受容させた。

そして北部九州において、特定の拠点集落が大型化を見せて卓越し、弥生《やよい》中期中葉には、各小平野・盆地毎《ごと》に一つずつ巨大環濠集落《かんごうしゅうらく》（「国」）を形成するようになった。

しかし、中国で後漢《ごかん》中央政府が消滅し、朝鮮半島南部に対する楽浪《らくろう》郡の支配力が弱体化すると、鉄資源や威信財《いしんざい》の供給ルートが混乱し、後漢王朝《おうちょう》の権威を背景としていた倭《わ》国王の権威も弱体化した。

1 「日本人」とは何か

人類の誕生

人類は東部アフリカの大地溝帯において誕生した。ただし、猿人《えんじん》（約七〇〇万〜一七〇万年前）→原人《げんじん》（約一七〇万〜二〇万年前）→旧人《きゅうじん》（約二〇万〜三万年前）→新人《しんじん》（約一五万年前以降）と直線的に進化してきたというわけではない。過去に様々な種類の人類が存在したけれども、大多数は絶滅し、一つの系統だけが現代人へと進化したのである（日本列島における旧人については、後に述べる）。

原人の段階でも、人類はアフリカ大陸からユーラシア大陸へ進出していたが、同じくアフリカ大陸で発生した新人（ホモ・サピエンス）も、約十万年前にユーラシア大陸に進出した。そしてクロマニヨン人となって、ほとんどの地域で旧人であるネアンデルタール人を駆逐した。新人はその後、世界各地に進出して、様々な進化を遂げたが、一部は旧人との混血が行なわれたという証拠も発見されている。

日本列島の誕生

約一万年前に、地球は更新世《こうしんせい》（氷河時代）から完新世《かんしんせい》を迎えた。元々はユーラシア大陸の一部であった日本は、内側が陥没して日本湖となり、さらに北と南が大陸から離れて、内側は日本海となり、日本列島が形成された。

氷期には日本列島も北と南でユーラシア大陸と陸続きとなったが、約六三万年前と約四三万〜一〇万年前、それに約二万〜一万八千年前の三回、列島は陸続きとなった。その際、北からはマンモスが南下し、南からはナウマンゾウやオオツノジカが北上してきた。

これらの大型動物を追って、人類も日本列島に移動してきた。ただし、日本列島は火山灰の酸性土壌なので、人骨は残りにくい。日本列島で発見された人骨は、沖縄県の石垣島《いしがき》や具志頭村《ぐしかみ》で発見された約二万年以上前の最も古いものを含め、すべて新人段階のものである。これらは背が低くて下半身が頑丈、額が狭くて幅の広い顔と、後の縄文時代の人骨と共通する特徴を持っている。これらは南方から黒潮に乗って渡来《とらい》したものと考えられる。

「日本人」の誕生

「日本国民」という国民は、いわゆる「明治維新《めいじいしん》」後に政治的に形成された国籍上の概念であり、「日本人」という民族は存在しない。「単一民族国家としての日本」という概念は、明治以降に作られた政治的な幻想（または政策）なのである。

アジア人（モンゴロイド）は、南方アジア人（古モンゴロイド）と北方アジア人（新モンゴロイド）に分類される。北方アジア人は寒冷な気候に適応して、胴長で顔面の凹凸が少なく、一重まぶたであることが特徴である。

「日本人」の基層は南方アジア人であり、低身長で、顔の幅が広くて平たく、凹凸に富んでいる。旧石器《きゅうせっき》時代や縄文時代の人は、この南方アジア人に属する。

しかし、弥生《やよい》時代から古墳《こふん》時代にかけて、北方アジア人の特徴が人骨に現われてくる。朝鮮半島や中国江南《こうなん》地方からの渡来が増加したためである。

北方アジア人である弥生人は、南方アジア人である縄文人との混血を繰り返しながら、日本列島に広がっていったが、混血のレベルには地域差が大きかった（岡村道雄『縄文の生活誌』、木下正史『倭国のなりたち』）。

また、水稲耕作の普及期間の短さからは、渡来系弥生人による縄文人の武力征服の結果を想定することはできない。比較的平和裡《へいわり》に、縄文人のほとんどは水稲耕作への転化と弥生人との同化への道を歩んでいったものと考えられている。

たとえば中国などでは、現在、古いタイプの染色体を持つ男性はほとんど見つからない。後からやって来た人種に蹂躙《じゅうりん》されて絶滅したのである。族滅《ぞくめつ》といってすべて殺害されたり、奴隷《どれい》とされて子孫を残させなくしたりといった事態が想定される。文化や言葉も征服者のものに完全に置き換わってしまった。それに対し日本列島では、そのような事態が起こらず、縄文人の子孫が今でも数多く残っている。弥生人はむしろ縄文人に〝吸収〟されたという（中屋敷均「縄文人と弥生人」）。現代日本人のY染色体は七つの系統に分かれるが、縄文人由来のY染色体「系統1」は約三五％いると推定する研究もある（大橋順ほか「現代人のゲノムから過去を知る」）。

また、北海道のアイヌと沖縄の人々は混血が少なく、縄文人の特徴がよく残されているという（岡村道雄『縄文の生活誌』、木下正史『倭国のなりたち』）。「日本人」というのは、複雑で多様な混血を繰り返し、それらが混血の濃淡を残存させたまま、現在に伝わったものなのである。

2　縄文時代はどのような社会だったのか

旧石器時代の開幕

一九四六年頃の群馬県岩宿《いわじゆく》遺跡での打製石器の発見以来、日本でも打製石器のみを用いた旧石器《きゆうせつき》時代が存在したことが明らかとなった。立川ローム層より古い時代（約三万五千年前より以前）を前期旧石器時代、新しい時代（約三万五千～一万年前）を後期旧石器時代と区分する。確実な最も古い人類の生活痕跡は、島根県の砂原《すなばら》遺跡、岩手県の金取《かなどり》遺跡や柏山館《かしやまたて》遺跡、大分県の早水台《そうずだい》遺跡などから出土した、約十二万年前から約四、五万年前の石器である。

前期旧石器時代には大型の石核石器（チョッパー）や剥片《はくへん》石器、後期旧石器時代にはナイフ型石器・尖頭器《せんとうき》・細石刃《さいせきじん》などが出土する。長野県の野尻湖底《のじりこてい》遺跡では、ナウマンゾウやオオツノジカなどの大型獣の骨が大量に発見されている。これは、これらの獣を湖に追い込んで捕獲し、解体した跡である。

旧石器時代には、住居址《し》や墓などの生活の痕跡は少なく、たいていは石器しか残っていない。この時代の人々が一カ所に定住する期間が短く、頻繁に移動を繰り返していたからである。ただし、石器ブロックが環状に並び、中央部が空間地となる環状ブロック群と呼ばれる遺跡も、関東地方に集中してみられる。これは中央に広場を持つムラである。

後期旧石器時代人は、大型獣を食料源とした狩猟民であった。主に落とし穴で捕らえた獣を、熱した石を使って石蒸しして食べており、植物質食料を示す遺構や遺物の発見例は少ない。

また、長野県和田《わだ》峠や伊豆諸島の神津《こうづ》島などでしか産出しない黒曜石《こくようせき》が、関東地方や中部地方に広く分布していることから、この時代にはすでに広い範囲を舞台とした交換や分配が存在したことがわかる（岡村道雄『縄文の生活誌』、木下正史『倭国のなりたち』）。

縄文時代の開幕

更新世末に気候が温暖化し、海面が上昇して縄文海進が起こり、日本は南北で大陸と完全に切り離されて、列島が成立した。植生では針葉樹林《しんようじゅりん》に替わって、東日本にはブナ・ナラなどの落葉広葉樹林《らくようこうようじゅりん》、西日本にはシイ・カシなどの照葉樹林《しょうようじゅりん》が広がった。動物ではナウマンゾウ・ヘラジカ・オオツノジカなど大型動物が絶滅し、ニホンシカやイノシシのような動きの速い中型の動物相となった。その結果、狩猟も槍から弓矢中心のものへと変化した。この時代から、狩猟の補助員として犬が活用された。

縄文文化は約一万五千年前に南九州で始まり、東上・北上していったが、それは「人類が化学的変化を応用した最初の事件」である土器の出現によって特徴付けられる。農耕開始以前の時期における、日本列島の土器の出現は、世界的にも早い時期のものである。

縄文土器の多くは深鉢《ふかばち》形であるが、これは食物を煮炊きするためである。これによって、ドングリなどの木の実のアク抜きをしたり、様々な食料を殺菌したりすることができるようになった。

この時代の基本的な生業は、ニホンシカやイノシシなど動物資源の狩猟、マダイ・マグロ・サケ・スズキなど水産資源の漁撈《ぎょろう》、クリ・クルミ・トチ・ドングリなど植物資源の採取であった。木の実はアクを抜いて乾燥させたうえで保存し、食べる際にふやかし、皮を剝いで粉にし、団子状にして焼いたり茹《ゆ》でたり、また丸めてパン状・クッキー状・カリントウ状に加工したりしていた。果実から酒が造られていたとも推測されている。

様々な食料の食べかすは貝塚《かいづか》で発見され、また丸木舟が各地で出土することから、外洋航海や漁業も行なわれていたことがわかる。

一方、縄文時代に（イネも含め）植物栽培の痕跡も見られるが（特にクリは管理栽培されていた可能性が高い）、それらは焼畑《やきはた》を中心とするもので、弥生《やよい》時代の水稲農耕のように、食料調達の基本となるものではなかった。

縄文時代の社会

食料調達が多様化した結果、人々が一定の場所に定住するようにもなった。定住することによって、重い土器や石皿を所持することができるようになり、石組炉《いしぐみろ》などの住居内の設備も充実した。各地の遺跡から発見される竪穴住居《たてあなじゅうきょ》は、炉を中心とした一世帯の住居である。広場を中心として環状に並ぶ数軒の竪穴住居が、基本的な集落を形成していた。掘立柱《ほったてばしら》の大型建物は、祭祀のための施設であろう。

特に中期以降に、東日本の方が集落遺跡（つまり人口）の分布が濃密であるのは、植生（特にシイ・ドングリなど堅果類）や動物、魚介類（特にサケ・マス）の分布と対応したものである。青森県の三内丸山《さんないまるやま》遺跡は、前期から中期の千五百年にわたって継続的に営まれ続けた、三五ヘクタールにも及ぶ大規模な集落である。大型掘立柱建物や高床《たかゆか》の倉庫・物見櫓《ものみやぐら》も発見

三内丸山遺跡

されている。

この時代の地域性は、北海道北半、北海道石《いし》狩《かり》低地から東北地方北部、東北地方南部、関東・中部地方、北陸地方、東海地方、近畿・中国・四国地方、九州地方、南西諸島に分類されている。これらのうち、北海道北半と九州地方は、大陸とも交流を持っていた。

縄文時代の信仰や社会を知る手がかりは、女性をかたどった土偶《どぐう》や男性を象徴した石棒《せきぼう》などの呪術的遺物である。これらは自然現象の中に霊威を感じるアニミズムによるものと考えられる。土偶は住居ではなく祭祀の場から発見されるが、祭祀が終わった後に意図的に壊されて廃棄されていた。土偶を壊すことによって、新しい生命の再生を祈ったのであろう。

また、墓制では、前期や中期においては、墓地を集落の中心に据えて、祖先と共に暮らすことを重視していたが、後期以降には、集落から離れた場所に複数の集落が共同で墓地を営む例が多くなった。集団間の団結を強調した結果によるものである。

人骨には抜歯《ばっし》や研歯《けんし》の風習が施されたものもある。これは成人の通過儀礼、もしくは集団や役割の表象と考えられる。抜歯や研歯の形状から、縄文社会にも、集団内における階層やリーダーが存在したことが明らかになっている。ただし、それは個人的な能力によるものであって、特権が代々受け継がれる階級が誕生していたとは考えられない。

埋葬方法としては、墓穴を掘った土壙墓《どこうぼ》に、手足を折り曲げて埋葬する屈葬《くっそう》と呼ばれる方法がとられていた。これは胎児の姿勢で大地に帰るという考え、死者の霊の復活を防ぐためという考え、穴を掘る労力を省くという考えがある。弥生時代以降とは異なり、副葬品《ふくそうひん》は少ない。

このような縄文文化は、弥生時代になって水稲耕作が普及した後にも、日本列島の基層文化として、脈々と受け継がれていった。

しかし、縄文中期末や晩期後半には、特に東日本で再び寒冷化（小海退《しょうかいたい》）が始まった。これによって、採集・狩猟を基盤とする生活は大きな打撃を受け、集落は小規模化した。これに対し、西日本では寒冷化の影響は少なく、後期後半以降には定住集落が多くなった。こうして、西日本に農耕社会を受容する基盤が形成されていったのである（岡村道雄『縄文の生活誌』、木下正史『倭国のなりたち』）。

最も強調すべきは、縄文時代には専用の武器はなく、戦闘の犠牲者であることを示す人骨の出土例もきわめて少ないという点である。農耕社会以前にまったく個人的な争いがなかったというわけではないだろうが、集団同士の大規模な戦闘が行なわれなかったことは認めてもよかろう。特に日本列島では、サケなどの魚介類といった水産資源の漁撈《ぎょろう》や、クリ・ドングリなど植物資源の採取が縄文社会の主たる生業であったことから、大型動物を競って狩って主食としていたヨーロッパよりは、争いの少ない社会であったと思われる（倉本一宏『内戦の日本古代史』）。

3　農耕の開始がもたらした影響は何か

弥生時代の開幕

紀元前五世紀初め頃、水田稲作農耕を行なう人々が北部九州に渡来《とらい》した。水稲耕作と青銅《せいどう》器《き》や鉄器《てっき》など金属器の使用は中国大陸の長江《ちょうこう》流域で始まったが、それが山東《さんとう》半島から朝鮮半島に伝わり、朝鮮半島南西部から北部九州に伝わったと考えられる。中国が戦国《せんごく》時代に入り、戦乱の余波が日本列島にまで及んだのであろう。

弥生《やよい》時代の人骨は、縄文時代の人骨よりも身長が高くて顔も長く、中国大陸の新石器《しんせっき》時代人と近似する。日本列島には水稲耕作の技術だけが伝わったのではなく、稲や金属器を携えた人々が北部九州に渡来したのである。

最古の水田跡は佐賀県の菜畑《なばたけ》遺跡で発見されたが、早い時期に本州は水田稲作農耕を受容していった。弥生時代の水田は、大きな畔《あぜ》で囲んだ大区画の中に、小畔で区画した二〜三メートル四方の水田がいくつも作られたものが大半であった。傾斜地の多い日本列島に対応したものである。

ただし、前述したように、水稲耕作の開始も、その普及期間の短さからは、渡来系弥生人による縄文人の武力征服の結果を想定することはできない。比較的平和裡《へいわり》に、縄文人のほとんどは水稲耕作への転化と弥生人との混血への道を歩んでいき、短期間で水田稲作を中国・四国、近畿など西日本に広め、やがて東日本のほとんどを含む日本列島の縄文人が水田稲作を受容するようになった。

ただし、北海道では縄文文化の後、続縄文文化が始まり、沖縄などの南西諸島では貝塚文化が始まるなど、列島の北と南では採取・漁撈を基盤とする多様な歴史が続いた。

弥生土器に特徴的なのは、大型の壺形《つぼがた》土器である。これは、米の貯蔵に使われた。米は何年も貯蔵することのできる財産なのである。煮炊きに使われた甕形《かめがた》土器・物を盛る高杯形《たかつきがた》土器や鉢形《はちがた》土器と共に、壺形土器がセットで使用された。

しかし、弥生時代に入り、農耕社会の開幕と共に、日本列島にも集団間の戦いが始まった。石鏃《せきぞく》や石剣、鉄剣や鉄刀、盾《たて》や甲《よろい》といった武器や、銅剣《どうけん》や大量の鉄鏃《てつぞく》が刺さったり、首が持ち去られたりした人骨が各地から出土するようになった。

また、福岡県の板付《いたづけ》遺跡や佐賀県の吉野《よしの》ヶ里《がり》遺跡、奈良県の唐古《からこ》・鍵《かぎ》遺跡、大阪府の池上《いけがみ》曽根《そね》遺跡、愛知県の朝日《あさひ》遺跡など、住居や倉庫を濠で囲んだ大規模な環濠集落《かんごうしゅうらく》が出現した。これらはきわめて防御性の強い集落である。さらには、大阪湾岸から瀬戸内《せとうち》地方の丘陵上に高地性《こうちせい》集落が形成された。弥生時代の日本列島は、集団同士が戦い合う内戦の時代に突入したのである。

農地や灌漑《かんがい》用水の確保や、余剰生産物の収奪が、それらをもたらしたのであるが、これらは日本列島の歴史全体を通じて、最も大きな画期であったと評することもできる。日本列島はこれ以降、米をめぐる争いの時代に入った（木下正史『倭国のなりたち』）。

水田の形成には高度の労働力の集中が必要となるが、山野を開墾《かいこん》して新たな水田を作るよりも、隣の共同体を襲ってその水田を手に入れたり、隣の共同体が倉に蓄積していた米を奪ったりした方が、簡便な方策と考えたのであろう。隣の共同体の成員を自己の支配下に組み入れれば、奴隷《どれい》的な労働を課したり、「生口《せいこう》」（奴隷）として中国や朝鮮半島に「輸出」することも可能となる。

鉄器が鍬《くわ》や鋤《すき》の先に取り付けられて農具に使われたり、武器に使われたりしたのに対し、青銅器は主として祭器《さいき》や威信財《いしんざい》として使われた。世界の多くの地域では、石器→青銅器→鉄器と進歩したのに対し、日本は金属器を遅れて受容したために、青銅器と鉄器が同時期に渡来し、併用して用いられたために、このような使用法となったのである。

日本列島で鉄生産が行なわれるようになったのは六世紀のことであり、それ以前には朝鮮半島南部の鉄素材に依存していた。このことが日本古代の歴史、特に朝鮮半島との交流史に及ぼした影響は、はかりしれないものがある。

青銅器については、かつては銅鐸《どうたく》が近畿・伊勢《いせ》湾沿岸、銅矛《どうほこ》が北部九州を中心に分布し、それぞれの地域圏を形成していたと考えられていた。しかし、北部九州で銅鐸の鋳型が発見され、島根県の神庭《かんば》荒神谷《こうじんだに》遺跡から大量の銅剣と銅鐸・銅矛が埋蔵されていたのが発見されて、このような分布圏も再考されなければならなくなってきた。

弥生時代の墓制は、木棺《もっかん》・石棺《せっかん》・甕棺《かめかん》に、伸展葬《しんてんそう》を行なう墓が普及した。朝鮮半島で発達した支石墓《しせきぼ》や石棺墓、方形周溝墓《ほうけいしゅうこうぼ》も導入され、やがて墳丘墓《ふんきゅうぼ》も造られるようになった。有力者の墓には豊富な副葬品《ふくそうひん》を伴うものも現われ、社会内部での階層差が歴然となったことを示している（木下正史『倭国のなりたち』）。

なお、ＡＭＳ（放射性炭素年代測定）によると、弥生時代の開始は紀元前十世紀頃となるとの説が提出されている。そうすると、これまで説明してきた時代相は約五百年も遡ることとなるし、弥生時代の開始をもたらした北東アジア国際情勢も、異なる条件を考えないといけない。水田稲作が始まってから鉄器が出現するまでの時間も約五百年となり、その間の社会の変化も緩やかなものとなる。何よりすんなりと弥生人と水田耕作を受け入れた縄文人という図式も成り立たなくなる（藤尾慎一郎『弥生時代の歴史』）。

しかし、この説の当否については、いまだ確定しているとは言いがたい。今しばらく、この説に基づいた弥生時代観の構築については保留しておきたい。

クニ（「国」）の形成

農耕社会成立当初に形成された基礎的地域集団は、農耕社会の進展と共に、まず北部九州地方圏において変移し始めた。特定の拠点集落が大型化を見せて卓越し、弥生中期中葉には、福岡平野の須玖岡本《すぐおかもと》（奴《な》国の中心）、糸島平野の三雲《みくも》（伊都《いと》国の中心）、嘉穂盆地の立岩《たていわ》、筑紫《つくし》平野の吉野ケ里《よしのがり》、壱岐《いき》の原の辻《はるのつじ》（一支《いき》国の中心）など、各小平野・盆地毎《ごと》に一つずつ巨大環濠集落を形成するようになった。それらは中国王朝《おうちょう》から「国」と表現された、各地域の政治的、経済的、軍事的センターであった。その過程では、幾多の内戦が繰り広げられた可能性もある。

各「国」は、鉄資源などの文物や、鏡などの威信財《いしんざい》を導入し、その権力・権威を補強する手段として、中国・朝鮮半島諸国との交流を進めた。『漢書《かんじょ》』地理志《ちりし》に、紀元前後のこととして、百余国に分かれた倭人《わ》の「国」の首長が、漢の郡県《ぐんけん》支配下にあった楽浪《らくろう》郡に朝貢《ちょうこう》して、その地位を認めてもらおうとしたという記事が見える。

中華《ちゅうか》思想に立つ漢の立場からは、遠く離れた地域からの朝貢が行なわれるほど、その徳化《とくか》の強力さを示すものであったから、倭の「国」の朝貢を喜んだはずである。『後漢書《ごかんじょ》』東夷《とうい》伝《でん》倭条には、「倭には百余国あり、武《ぶ》帝が朝鮮を滅してから、使駅《しえき》が漢に通じる者は、三十ほどの国である」と記されており、かなりの数の「国」が漢に朝貢していたことがわかる。

それらの「国」の中でも、海上交通と深く関わっていた福岡平野の須玖岡本を中心とする結合体が優越するようになった。須玖岡本遺跡では、王墓と思われる巨石下甕棺墓《かめかんぼ》が発見されている。『後漢書』東夷伝倭条には、「倭の奴国が貢を奉じて朝賀《ちょうが》した」と、西暦五七年の遣使が記録されている。

大規模な灌漑《かんがい》を必要とする水田耕作の進展に伴って増大した農耕共同体の利害をめぐる集団内外の対立・依存関係の調整を担ったのは、奴国の「王」と呼ばれた大首長と、首長グループであったのである。奴国の「王」は、その権威を高めるために後漢に朝貢し、後漢の冊《さく》封《ほう》体制に自らを組み入れ、印綬《いんじゅ》を下賜されたのである。

次いで『後漢書』東夷伝倭条には、西暦一〇七年に「倭国王帥升《すいしょう》等が生口百六十人を献上し、請見《せいけん》を願ってきた」と見える。この時の遣使は奴国と明記していないところから、奴国以外の「国」、おそらくは福岡平野西部の三雲・井原《いわら》を中心とする伊都国が、奴国に代わって「国」の連合体の盟主になっていたと考えられる。三雲南小路《みくもみなみしょうじ》遺跡や平原《ひらばる》遺跡には、豊かな副葬品を伴った王墓としての方形周溝墓が存在する。

これら北部九州の倭国連合は、生口を献上して中国を核とする政治秩序に組み込まれる見返りに、中国王朝から鉄資源や鏡や剣などの威信財を下賜され、それを倭国内の「国」に再分配することによって、国内支配を行なっていたのである。

「倭国大乱」

その後、『後漢書』東夷伝倭条には、「桓霊《かんれい》の間（一四六年～一八九年）、倭国は大いに乱れ、更に攻伐し合って、歴年、主が無くなった」という記事が見える。これは『三国志《さんごくし》』魏書《ぎしょ》「烏桓《うがん》・鮮卑《せんぴ》・東夷伝」倭人条（いわゆる『魏志倭人伝《ぎしわじんでん》』）の、

倭国は、元はまた男子を王としていた。七、八十年すると、倭国は乱れて、国々が互いに

攻撃し合うことが何年も続いた。

に相当するものである。ここに見える「男子」の「王」は、伊都国の帥升かと考えられる。

中国では、一八四年に起こった黄巾《こうきん》の乱によって後漢中央政府が消滅し、朝鮮半島南部に対する楽浪郡の支配力が弱体化した。それに乗じて、遼東太守公孫度《りょうとうたいしゅこうそんど》が遼東・玄菟《げんと》両郡を領有して独立した。公孫度の子である公孫康《こう》は二〇四年に跡を継ぎ、楽浪郡を支配下に置き、さらにその南部を分離して帯方《たいほう》郡を置いた。続けて「倭と韓は遂《つい》に帯方郡に属した」と見えることから、倭国はこの公孫氏の帯方郡と交渉を持ったのであろう（仁藤敦史『卑弥呼と台与』）。ただし、この「倭」が、卑弥呼《ひめみこ》を盟主とする倭国連合なのか、あるいは大和《やまと》盆地東南部に成立した倭王権なのかは、明らかではない。

このような国際状況の結果、鉄資源や威信財の供給ルートが混乱し、北東アジア世界における政治秩序が動揺したことが、これらの戦乱の背景に存在していた。また、後漢王朝の権威をその王権の背景としていた倭国王の権威も弱体化し、倭国の秩序と安定が喪失して、この争乱が発生したと言われている（西嶋定生『倭国の出現』）。

やがてこれらの戦いの過程から、北部九州・瀬戸内・近畿・東海といった諸地域に、より広域なクニ（「国」）をまとめたブロック単位の統合が生まれることになる。

4　邪馬台国とは何だったのか

卑弥呼の共立

列島各地に成立したクニ（「国」）をまとめた連合体の中で、いわゆる『魏志倭人伝《ぎしわじんでん》』には、邪馬台国《やまと》を盟主とした「倭国《わ》」が描かれている。『魏志倭人伝』は、「倭国大乱」の後のこととして、

そこで共に一女子を立てて王とした。名を卑弥呼《ひめみこ》と曰った。鬼道《きどう》を事とし、よく衆を惑わした。年齢はすでに長大であるが、夫婿《ふせい》はいない。男弟がいて、補佐して国を治めている。

と、卑弥呼という女性が倭国連合の王に共立されたと語っている。卑弥呼は通常、「ひみこ」と読まれるが、「ひめみこ（女王・姫命）」という尊称が「卑弥呼」と漢字表記されたと考え

られる。本来は尊称の前に固有名詞があったはずだが、それは伝わっていない。

それまでは現在の福岡県の北部にあった伊都《いと》国の王が、倭国連合の盟主の座に就いていたのであろうが、「倭国大乱」という状況の中、従来の男王制では混乱の収拾ができなくなり、その代わりとして、「聖権威を担う女王―俗権力を担う男弟」という体制が登場したのである。

女王が都した邪馬台国というのは、現在の奈良県・福岡県・熊本県をはじめ全国に「やまと」(大和、山門、山戸、山都など)という地名があるとおり、「邪馬台」も普通名詞として「やまと」と読むのが適切である。

邪馬台国は、中国の三国のうちの魏王朝《おうちょう》と外交関係を持った、おおよそ「三十国」からなる連合体の盟主が住む「国」として中国史料に残されている一つの「国」に過ぎず、邪馬台国が日本列島における最有力の、まして唯一の権力であったとは言い切れない。

魏に朝貢《ちょうこう》したのが北部九州の邪馬台国を盟主とする倭国連合で、その頃には畿内の纒向《まきむく》遺跡には倭王権がすでに成立しており、そちらは江南《こうなん》の呉《ご》に朝貢していた可能性もある。しかし、『三国志』は魏王朝を正統としており、編者の陳寿《ちんじゅ》は魏書のみに本紀と夷狄列伝《いてきれつでん》を置いた。一方、呉の外交を記録した記事は散逸して、『三国志』には定着しなかった可能性が高い。

実は日本列島と最も関係が深いのは、三国のうち呉が支配していた江南である。稲作は江南地方から朝鮮半島を経由して伝来したし、呉やその後継者である晋《しん》の年号を刻された銘文をもつ鏡が鳥居原狐塚古墳《とりいばらきつねづか》（山梨県）、安倉高塚古墳《あくらたかつか》（兵庫県）、上狛古墳《かみこま》（京都府）などで出土している。

いずれにせよ、邪馬台国の所在地のみに議論を集中させるのは、あまり生産的ではない。『魏志倭人伝』に記された帯方郡《たいほう》から「万二千余里」という里程記事も、あまり意味はない可能性がある。中華思想《ちゅうか》では、天子《てんし》の徳が四方に波及すればするほど、遠くの夷狄《いてき》が中国の支配下に入る。『周礼《しゅらい》』の世界観と『尚書《しょうしょ》』禹貢篇《うこうへん》の世界観を合わせた「天下」は、夷狄を含み、一辺が一万里（約四三四〇キロ）を想定しており、その外の「荒域《こういき》」は稀《まれ》に使者が来るほどの遠い地域で、『魏志倭人伝』執筆の最大の目的は、なるべく遠くから中華の徳を慕って貢献《こうけん》に来るという理念の証明であったからである。邪馬台国までの里程は、倭国と共に「親魏…王」とされている大月氏国《だいげつし》（クシャーナ朝）と同等、方位は呉の背後となるように設定されたとのことである（渡邉義浩『魏志倭人伝の謎を解く』）。

『魏志倭人伝』の里程記事

とはいえ、『魏志倭人伝』の距離記載についても触れておきたい。魏の帯方郡（韓国ソウル付近か）からの「万二千余里」という里程が多少なりとも事実を伝えているとするならば、一万二千余里から、帯方郡から伊都国までの距離を引き算すると、邪馬台国は伊都国の南に千数百里になる。他の国同士の距離を考えると、これはせいぜい三、四十キロメートル程度、筑紫平野南部のどこかに落ち着く。『魏志倭人伝』は、邪馬台国は伊都国の少し南に所在すると認識しているのである。

また、「南」に「水行十日、陸行一月」という旅程について、かつては伊都国を起点とすると解釈する説があり、また方角や日数を無理やり読み替えるなどした結果、様々な説が生まれた。だが、この里程記事を素直に読むかぎりでは、これは帯方郡から邪馬台国までの旅程と考えればよく、筑紫平野（後の筑後国山門郡）で問題はないだろう。

倭国連合の政治組織

邪馬台国を盟主とする倭国連合の政治組織としては、伊都国に注目しなければならない。伊都国は、卑弥呼の共立以後も、邪馬台国以外ではただ一国だけ王を戴《いただ》くことを認められていた。そして、伊都国に置かれた「一大率《いちだいそつ》」は、諸国の検察を行なうという政治的・軍事的優位性を保持していた。

また、「(帯方)郡使が往来して常に駐《とど》まる所である」とも記されているなど、帯方郡との交渉を担当していたのであり、伊都国を通じて威信財《いしんざい》が分与されていた可能性もある。つまり、邪馬台国を盟主とする倭国連合は、「倭国大乱」以前に連合体の盟主の地位にあった伊都国が俗権力を代表し、邪馬台国が聖権力を代表するという形で成立したと考えられるのである。

倭国の社会

倭国の社会・習俗についての記述も、里程記載と同様、中国の礼《らい》を継承し、教化が行き届いていた地という作為を考えるべきである。東夷伝《とういでん》の中で、朝鮮半島や中国の東北地方の諸民族に比べて、倭国は好意的な記述がされている。それは『礼記《らいき》』王制篇《おうせいへん》、『尚書』禹貢篇などの儒教経典《じゆきよう》、『漢書』地理志など先行史書からもたらされた理念に基づく記述なのである(渡邉義浩『魏志倭人伝の謎を解く』)。

しかし、帯方郡の使者の報告に基づく記述も、中には存在するはずである。『魏志倭人伝』

には、「冢（塚）」という言葉が二カ所に出てくる。一カ所は倭人の習俗としての「冢」、もう一カ所は卑弥呼が葬られた「冢」という意味のものである。はじめのものは、次のように見える。

その死には棺は有るが槨《かく》は無く、土を封じて冢を作る。はじめ死ぬと停喪《ていそう》十余日、時に当って肉を食わず、喪主は哭泣《こくきゅう》し、他人は就いて歌舞飲酒する。すでに葬ると家を挙げて水中に詣って澡浴《そうよく》し、練沐《れんもく》のようにする。

佐賀県の吉野ヶ里遺跡からも、甕棺墓の周りに大小の穴を掘り、赤く塗った土器を埋めた遺構が出てくる。また、墳丘墓《ふんきゅうぼ》の前面に拝殿を設けて墳丘墓を祀るといった葬送儀礼も窺《うかが》える。後世の殯《もがり》につながる儀礼である。

また、卑弥呼の方の「冢」は、次のような記載になっている。

卑弥呼は以《もっ》て死んだ。大いに冢を作った。径は百余歩。徇葬《じゅんそう》した者は奴婢《ぬひ》百余人。

この卑弥呼の「冢」は、箸墓古墳《はしはか》のような前方後円墳ではなく、吉野ヶ里遺跡の墳丘墓のような弥生《やよい》時代的な墳丘墓と考えるべきであろう。

また、吉野ヶ里遺跡で最も重要な空間である北内郭と、『魏志倭人伝』に見える卑弥呼の宮室《きゆうしつ》・楼観《ろうかん》・城柵《じようさく》との関連は、二重の環濠（「城柵」）で守られ、物見櫓（「楼観」）を持ち、高床式《たかゆか》の建物が多い北内郭が「宮室」、物見櫓四棟を建てて守り、竪穴住居《たてあなじゆうきよ》が多い南内郭が「居処」のようなものと考えることができよう。

『魏志倭人伝』には、倉と市に関する記述が、次のように見える。

租賦《そふ》を収める邸閣《ていかく》が有る。国々に市が有る。有無を交易して、大倭《だいわ》に監督させている。

この「邸閣」というのは、高床式倉庫のことであろう。

倭国連合の外交

当時、中国では魏・蜀《しよく》・呉の三国が対峙《たいじ》していたが、華北《かほく》の魏の太尉《たいい》である司馬懿《しばい》が二三八年に遼東地方の半独立政権であった公孫氏を滅ぼして朝鮮半島の帯方郡を接収すると、卑

漢魏洛陽城正門（閶闔門）

弥呼を盟主とする倭国は、すぐさま魏と外交関係を築いた。それまで倭など東夷《とうい》からの朝貢は公孫氏が受け取っていたと推定されているが、それに代わる新しい北東アジア情勢に対応したものである。

二三九年（魏の景初《けいしょ》三年）六月、卑弥呼は使者を洛《らく》陽《よう》に送り、明《めい》帝から「親魏《しんぎ》倭《わ》王《おう》」に冊封《さくほう》され、金印紫《きんいんし》綬《じゅ》を授けられた。翌二四〇年（正始《せいし》元年）、魏は倭に使を遣わして、詔書《しょうしょ》・印綬《いんじゅ》を拝仮《はいか》し、鏡などを下賜した。その後、二四三年にも倭王は魏に遣使し、二四五年に魏は黄幢《こうどう》を倭に授けている。さらに二四七年には、卑弥呼は狗奴《くな》国との交戦を魏に伝えたが、魏は軍事指揮官を遣わし、詔書・黄幢・檄《げき》を倭に授けている。

鉄製の武器や生産用具、鏡や剣といった威信財が国内では生産できない当時にあっては、それらを魏から入手してそれを連合体内のクニ（「国」）に分与したり、冊封を受けて倭国王と認められたり、檄文を下賜されたりすることが、連合体における盟主としての地位を維持し、狗奴国との交戦を有利に進めるために必要だったわけである。

このように魏が倭国を優遇した背景としては、呉の海上支配に対抗するためと指摘されている。公孫氏滅亡後、呉と倭王権が直接外交関係を持った可能性があり、魏としては狗奴国の背後に呉を見ていたのである（渡邉義浩『魏志倭人伝の謎を解く』）。

邪馬台国とは何か

当時、日本列島各地には多様な政治勢力が存在し、大和《やまと》盆地には纒向を王宮とし、日本列島の中心的な権力である倭王権、北部九州には邪馬台国を盟主とする地方王権の倭国連合が併存していたと考えられる。その倭国連合の権力の中心が伊都国、宗教的な聖地が邪馬台国であって、その宗教的な権威が卑弥呼だったと考えるべきであろう。

三世紀の日本列島の政治的まとまり具合をどう考えるかであるが、三世紀という古い時代に、列島内の王権を一つのみと考える必要はない。無理に全国統一王権を想定しなくても、卑弥呼の倭国連合、纒向の倭王権、他に卑弥呼と対立した狗奴国、他にも出雲《いずも》や吉備《きび》や関東など、各地に様々な政治権力が併存していたと考えるべきであろう。

つまり、邪馬台国を盟主とする倭国連合とは、様々な地方王権の一つであり、いみじくも江戸時代に本居宣長《もとおりのりなが》が、「(卑弥呼は)熊襲《くまそ》の類《たぐい》(蛮族《ばんぞく》の酋長《しゅうちょう》)」と喝破《かっぱ》したことが、(言葉は悪いが)発想としては的を射ていたことになる。

早い時期から日本列島には畿内に中央集権国家が完成していて、それが後世の天皇家にまでつながっていくという考えは、何となく危険な香りがするのである。

第二章

倭王権の成立

箸墓古墳と三輪山

三世紀中頃、奈良盆地東南部の纒向《まきむく》遺跡を王宮として、倭王権《わおうけん》が西日本各地の権力と同盟関係を築いていた。

倭王権は百済《ひゃくさい》の出兵要請に応じ、朝鮮半島に軍事介入した。辛卯年《しんぼう》（三九一）に渡海して新羅《しんら》の王城を占拠したものの、四〇〇年と四〇四年に高句麗《こうくり》軍と戦って大敗した。

五世紀を通じて、倭は中国南朝《なんちょう》の宋《そう》への遣使を行ない、宋の冊封《さくほう》体制に組み込まれた。その後、六世紀初頭に男大迹王《おおど》が大王《だいおう》に即位したが（継体《けいたい》）、列島各地の王権の動揺は、六世紀前半に、蘇我《そが》氏の勢力を背景にした欽明《きんめい》が即位して収束した。

この頃までに氏《ウヂ》という政治組織と、姓《カバネ》という族姓表象《ぞくせいひょうしょう》が成立し、倭王権の支配者層が再編成された。大王家という血縁集団も形成され、中央では部《べ》の再編、地方では国造《くにのみやつこ》制が順次設定され、直轄領であるミヤケも設定されていった。

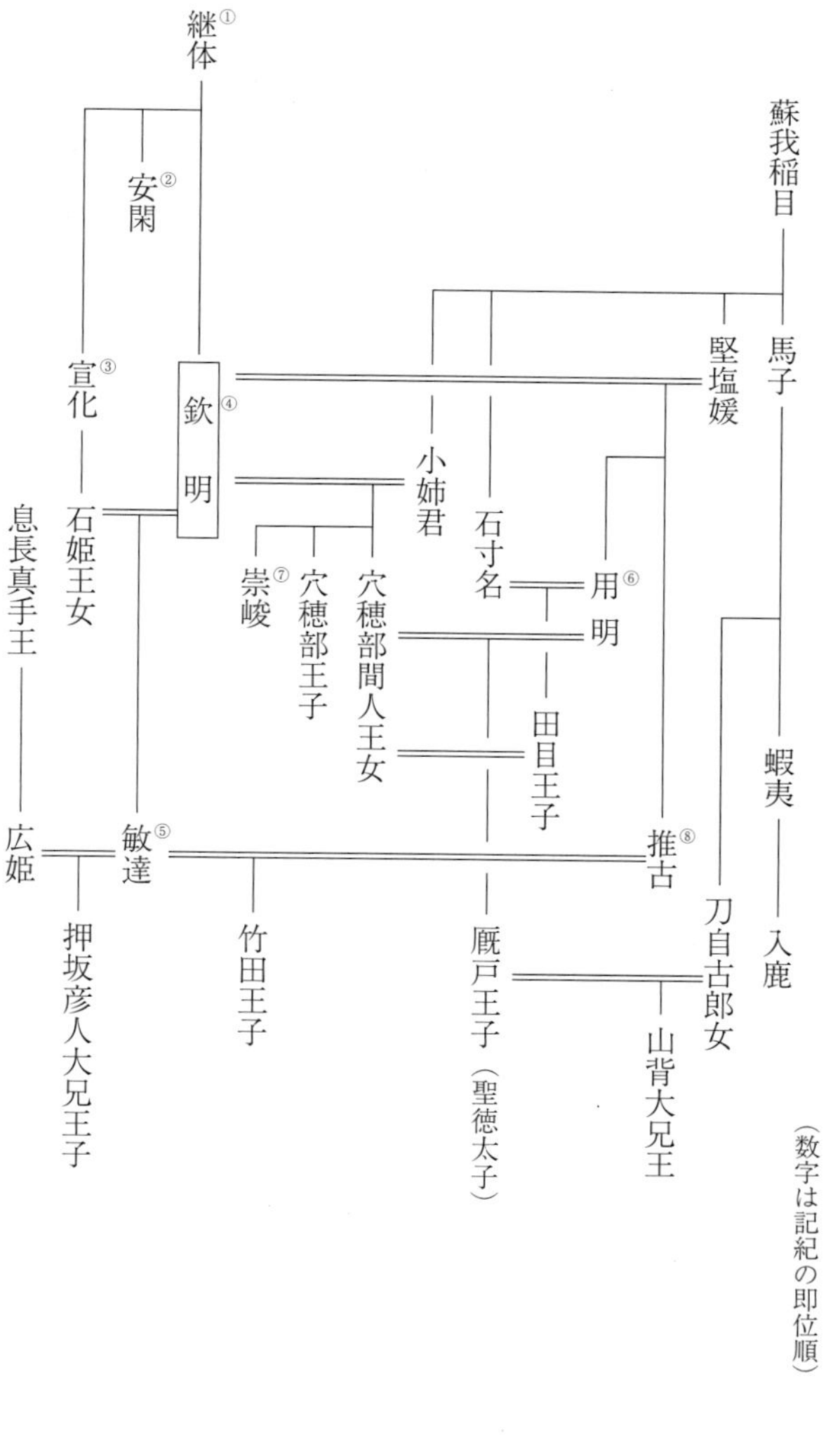
継体①
安閑②
宣化③
欽明④
蘇我稲目
馬子
堅塩媛
小姉君
石寸名
用明⑥
石姫王女
息長真手王
崇峻⑦
穴穂部王子
穴穂部間人王女
田目王子
蝦夷
敏達⑤
推古⑧
広姫
押坂彦人大兄王子
竹田王子
厩戸王子（聖徳太子）
刀自古郎女
山背大兄王
入鹿
（数字は記紀の即位順）

1　前方後円墳はただの墓だったのか

纒向遺跡と倭王権

大和《やまと》盆地東南部の纒向《まきむく》遺跡は、それ以前は何もなかった地に三世紀初頭に突如出現し、約百年間経営されて消えていった遺跡である。直径一・五〜二キロメートルという非常に大きな規模を持ち、最古の巨大前方後円墳《ぜんぽうこうえんふん》である箸墓《はしはか》古墳（墳丘長280m程度）がこの遺跡の中に造営されている。

西に対しては初瀬《はつせ》川から大和川を下ると難波津《なにわのつ》に出て、瀬戸内海を経て朝鮮半島や中国へのルートが開け、東に対しては伊勢《いせ》から東国《とうごく》に出る交通の要として、東国支配に有利な地にある。初瀬川と遺跡の中心部分、そして箸墓古墳を結ぶ、幅五メートルもある大運河（纒向大溝）も造られた。纒向遺跡では全国各地の大量の土器が出土しており、列島の物流の中心であったことを示している。

この纒向遺跡こそ、東国から西国《さいごく》・朝鮮諸国、そして中国にまで開かれた、初期倭王権《わおうけん》の最初の王宮であったことは確実である。

近年、四つの建物が東西の中心軸を境に南北に均等に割り振られるという居館が発掘された。これは倭王権の盟主の王宮と考えるよりも、むしろ宗教的な中心施設と考えた方がよさそうである。東を向いているということが、聖地である三輪《みわ》山から昇る太陽を拝することを意味しているのかと、興味は尽きない。なお、王宮の中枢部は、さらに西、纒向大溝との中間点あたりであろうと考えられる。

邪馬台国と纒向遺跡

『魏志倭人伝《ぎしわじんでん》』が描くように、邪馬台《やまと》国は物見櫓《ものみやぐら》（「楼観《ろうかん》」）をもち、環濠《かんごう》（「城柵《じょうさく》」）で守られている。佐賀県の吉野ヶ里《よしのがり》遺跡に象徴的に可視化されるような、防御性の高い環濠集落と考えられ、運河で全国各地や朝鮮・中国に対しても開かれていた纒向遺跡とはまったく性格が異なる。

なお、考古学では、三角縁神獣鏡《さんかくぶちしんじゅうきょう》がよく問題とされる。魏が卑弥呼《ひめみこ》に下賜した「銅鏡百枚」ではないかというのである。日本各地の古墳《こふん》から同笵鏡《どうはんきょう》（同じ鋳型から鋳造された鏡）が出土することから、かつては邪馬台国の後継の「大和朝廷」が各地の豪族に与えたとの説もあった。だが、三角縁神獣鏡はこれまでに出土しているだけでも五百面以上と大量生産品であり、二級品に過ぎない。むしろ当時の一級品とされた方格規矩鏡《ほうかくきくきょう》や内行花文鏡《ないこうかもんきょう》など後漢《ごかん》鏡の所在をこそ考えるべきだろう。実際、奈良県の黒塚《くろつか》古墳では、被葬者の頭部付近には一級品の画文帯神獣鏡《がもんたいしんじゅうきょう》が置かれ、三十三面出土した三角縁神獣鏡は棺外に配置されていた。

そもそも、『日本書紀《にほんしょき》』編者は『魏志倭人伝』を見ていたにもかかわらず、邪馬台国や卑弥呼と天皇家との関係を描くことができず、神功皇后紀《じんぐうこうごうき》の分注として引用するしかなかった。邪馬台国が倭王権や後の天皇家と結び付くのであれば、何らかの伝承が残されていてもよさそうなものなのに、そのようなものは存在しなかったのである。

『魏志倭人伝』で北部九州の奴《な》国が倭国の支配が及ぶ極限とされているのも、邪馬台国が畿《き》内《ない》にあるのであれば不審である。邪馬台国が大和盆地にあって、諸国の検察を行なう一大率《いちだいそつ》が北部九州の伊都《いと》国に置かれたというのも、距離が遠すぎるし、邪馬台国が戦った狗奴《くな》国は、畿内のさらに東、東海地方や関東地方に所在したとでも考えるのであろうか。

また、中国の古地図では、十四世紀に元図ができた「広輪疆理図《こうりんきょうりず》」や「広輿図《こうよず》」をはじめ、明《みん》の時代くらいまでは、日本列島は「蝦夷《えみし》」「日本」「倭」の三つの島で構成されていた。つまり中国では、倭=九州という認識が、後世まで続いていたのである。

定型形巨大前方後円墳の意味

倭王権の成立と軌を一にして築造され始めた前方後円墳は、三世紀中葉に出現し、三世紀後半に最初の定型形巨大前方後円墳として箸墓古墳が築造されたとされる。その後、四世紀中頃にかけて、大和盆地東南部の大和《おおやまと》・柳本古墳群《やなぎもとこふんぐん》には西殿塚古墳《にしとのづか》（234m）→桜井茶臼山《さくらいちゃうすやま》古墳（207m）→メスリ山古墳（224m）→行燈山《あんどんやま》古墳（242m）→渋谷向山《しぶたにむかいやま》古墳（300m）と一連の巨大前方後円墳が造営される。これらは初期倭王権の盟主墳と考えられる。

定型形前方後円墳は、前方後円形という墳丘《ふんきゅう》、竪穴式石室《たてあなしきせきしつ》の中に割竹形木棺《わりたけがたもっかん》を入れるという埋葬施設、鏡・鉄製武器・玉類を副葬するという副葬品《ふくそうひん》、葺石《ふきいし》・埴輪《はにわ》という外表施設などに強い画一性あるいは統一性を有していた（近藤義郎『前方後円墳の時代』）。

それらの特徴は、吉備《きび》・出雲《いずも》・播磨《はりま》・北東部九州・近畿などの諸地域の弥生墳丘墓《やよいふんきゅうぼ》の特徴を統合したものである。この政治的・祭祀的結集こそ、倭王権の成立と考えるべきである。

特に、箸墓と同じ形で規模を縮小した出現期古墳が全国に存在することは、倭王権の盟主と地方豪族とのあいだに政治連合関係が結ばれ、同祖《どうそ》同族《どうぞく》意識を共有するに至ったことを強く示唆するものである（近藤義郎『前方後円墳の時代』）。前方後円墳には吉備の特徴が非常に強く出ており、また筑紫にはそれほど巨大な前方後円墳がないことから、初期倭王権は大和と吉備を主体とする連合と考えられる。

前方後円墳とは何か

なお、古墳というのは単なる墓ではない。主に後円部の墳頂に埋葬施設が設けられ、それは確かに墳墓ではあるが、巨大な前方部はむしろ葬送儀礼と、それに続く即位儀礼の場として用いられたのである。多くの古墳が村落や田園から見上げる場所に築造されたことから、その劇場的な役割も重視すべきであろう。

ただし、初期倭王権の段階では、いまだ盟主も大和盆地の各集団から持ちまわりで出していたはずである。また、各地方にも前方後円墳を造営しない地域も多く存在したのであるから、地方豪族との関係も、緩やかな政治同盟を特定の地域と結んでいた程度の拠点支配と考えた方が適切であろう。

2　なぜ朝鮮半島に出兵したのか

激動の朝鮮半島情勢

朝鮮半島では、三一三年、半島北部の高句麗《こうくり》が西晋《せいしん》の支配していた楽浪郡《らくろう》や帯方郡《たいほう》を滅ぼした。半島南半においても政治的統合が行なわれ、百済《ひやくさい》と新羅《しんら》が成立した（半島南部の加耶《かや》は小国が分立したままであった）。

その後、高句麗と百済との間では断続的に戦闘が行なわれていた。高句麗の好太王《こうたい》（広開土王《こうかいどおう》）はその諡号《しごう》（贈り名）のとおり、国土を拡大し、はじめて「太王《たいおう》」を称した王である。西方では後燕《こうえん》に侵攻し、北方では契丹《きつたん》を征伐し、東方では東扶余《ひがしふよ》を征服したが、南方の朝鮮半島では主に、新羅を支配下に置き、百済の領土に侵攻するというかたちで、国土拡大を行なった。

四一三年に死去した好太王の墓（太王陵《たいおうりよう》）の傍らに、四一四年、子の長寿王《ちようじゆ》が碑を建てた。父である好太王の功績を讃《たた》えると共に、高句麗の開国伝承と「守墓人《しゆぼにん》の烟戸《えんこ》」（陵墓の守衛に使役される民戸）を明記するためである。

好太王碑に見える半島出兵

その好太王碑《こうたいおうひ》の三段からなる文のうち、第二段が好太王の功績を刻んだものであるが、そこに倭国《わ》が登場する。それを年代順に整理すると、以下のようになる。

・辛卯年《しんぼう》（三九一）以前　百済と新羅は、元々高句麗の「属民《ぞくみん》」として朝貢《ちょうこう》していた。
・辛卯年（三九一）　倭が海を渡って百残《ひやくざん》（百済）・□□・新羅を破り、「臣民《しんみん》」とした。
・永楽六年《えいらく》（三九六）　これに対し高句麗は、好太王自ら水軍を率い、百済を討科《とうか》して十八城を取り、百済は生口《せいこう》と布を高句麗に献じ、奴客《ぬきやく》となることを誓った。
・永楽九年（三九九）　百済は誓いに違って倭と和通《わつう》した。好太王は平壌《へいじょう》に巡幸して教化した。倭は百済・新羅国境に満ち、城池を潰破《かいは》して百済を民とした。新羅は遣使して、倭人が百済を民としたことを高句麗に告げ、命を請うた。
・永楽十年（四〇〇）　高句麗は歩騎《ほき》五万を遣わして新羅を救い倭賊《わぞく》を退けた。倭は新羅城の中に満ちていた。高句麗は任那加羅《みまなから》に追撃し、城は帰服した。

好太王碑

・永楽十四年（四〇四）倭は帯方界《たいほうかい》に侵入したが、高句麗軍と戦って、ついに潰敗《かいはい》し、斬殺《ざんさつ》されること無数であった。

この碑文を素直に読めば、これは長寿王が好太王の功績を讃えるために、対戦相手である倭国を過大に強大化して記述していることは明らかであり、それらを取り除いたとしても、百済の要請を承《う》けた倭国の出兵と戦闘の史実性までは動くことはないと思われる。

「臣民」についても、倭国が別に「百残□□新羅」（□□に入るのを加耶《かや》と考えれば、百済・加耶・新羅）を自国民としたと考えなくても、倭国軍が百済や加耶と共同の作戦をとって高句麗と対峙《たいじ》したと解釈すべきである。その際、倭国の将が百済や加耶に対して軍事顧問的な役割を果たした可能性もあり、指導的な立場に立つ局面も存在したのであろう。

その後、倭国はこれまでとは異なる大軍を渡海させた。碑文に、倭が百済・新羅国境に満ちたというのは、この状況を指しているのものであろう。百済の倭国への依存を表現したのが、碑文の「奴客（百済）を以《もっ》て民と為す」という文であろうと思われる。

この状況を新羅が高句麗に告げた。新羅は倭国よりも高句麗の支配を選んだということになる。いよいよ高句麗と倭国の対戦が迫ってきたのである。

碑文によれば、四〇〇年、高句麗は歩騎五万で新羅を救い、新羅城（金城《きんじょう》）の中に満ちていた「倭賊」を退けた。そして任那加羅まで追撃したとある。

その後、碑文によれば四〇四年、倭が帯方界に侵入したので高句麗がこれと戦い、倭軍は潰敗して斬殺されること無数であったとある。帯方界は半島の西岸の高句麗・百済国境付近である。

半島出兵の状況

以上、倭国が三九一年以来、百済の要請を承けて渡海し、共同の軍事行動をとって、新羅に攻め入り、四〇〇年には新羅・加耶戦線で、四〇四年には百済北部の帯方界戦線で、いずれも高句麗と戦って大敗したことが推定できる。

敗戦の原因としては、倭国軍が短甲《たんこう》（枠に鉄の板を革紐で綴《と》じたり鋲《びょう》で留めたりした重い甲《よろい》）と大刀で武装した重装歩兵を中心とし、接近戦をその戦法としたものであったのに対し、すでに強力な国家を形成していた高句麗が組織的な騎兵《きへい》を繰り出し、長い柄を付けた矛《ほこ》でこれを蹂躙《じゅうりん》したことによるものと考えられる。歩兵にしても、高句麗のそれは鉞《まさかり》を持った者や、射程距離にすぐれた強力な彎弓《わんきゅう》を携えた弓隊がいたことが、安岳《あんがく》3号墳の壁画から推定されている（松木武彦『人はなぜ戦うのか』）。

歩兵と騎兵との戦力差は格段のものがあり、これまで乗用の馬を飼育していなかった倭国では、これ以降、中期古墳《こふん》の副葬品《ふくそうひん》に象徴されるように、馬と騎馬用の挂甲《けいこう》（鉄や革でできた小札《こざね》を縦横に紐で綴じ合わせた軽い甲）を積極的に導入していった。

王権が成立して間もなく、支配体制も確立していないこの時期の海外派兵は、いかにも性急に過ぎる感が強い。百済からの要請に冷静な外交判断を失い、無謀な戦争に踏み込んでいったというのが実状であろうか。倭国の外交を担当している実務者の中に、百済出身の者がいたのかとも考えたくなってくる。

この二回の戦闘において、いったい何人くらいの倭国兵が動員され、そして何人くらいの戦死者を出したのであろうか。『三国史記《さんごくしき》』には、百済の将兵一万とか、高句麗の精騎五千や歩騎五万という兵数が記されている。これらにいかほどかの「誇張された実数」が表わされていると考えるならば、少なくとも一千人以上の兵が参加したと言えるであろう。倭国軍の方も、碑文では四〇四年の戦闘で「斬殺無数」、『三国史記』では四〇五年の戦闘(実体としては四〇四年の戦闘)で「三百余名を斬殺」とあるから、かなり多数の兵士が戦死したことが推測される。少なくとも数百人以上の兵が海を渡り、かなりの割合の者が戦死したと考えるべきであろう。

巨大な前方後円墳《ぜんぽうこうえんふん》を築造することのできる動員力は、武器さえ持たせれば多数の歩兵に転換できるものではあったが、それも歩兵同士の接近戦で戦った内戦ならいざ知らず、組織化された重装騎兵集団の前では、苦もなく踏みにじられたことであろう。

なお、兵士の出身地は、九州をはじめとする西国《さいごく》であったであろう。彼ら兵士を率いた将軍は、西国の地方豪族に加えて、その上位には、倭王権《わおうけん》で外交・軍事を掌っていた、後に紀《き》氏と呼ばれることになる紀ノ川河口部を地盤とした集団や、大和《やまと》盆地南西部を地盤とした、後に葛城《かずらき》氏と呼ばれることになる集団を想定すべきであろう。

半島出兵の後世への影響

たとえ高句麗に「潰敗」したとはいえ、この間の十数年にわたる軍事介入の過程において、一時的にせよ倭国が百済・加耶・新羅を「臣民」としたたと、高句麗側の史料に見えることは、重要な意味を持つものである。

実際には、倭国が百済や加耶と一時的に軍事協力関係を結び、新羅の王都に攻め入った程度のものだったであろうが、朝鮮半島南部に軍事的な影響力を及ぼした時期があったという事実は、はるか後世に至っても、朝鮮半島に対して、倭国（および後の日本）が支配権を有しているという主張を執拗《しつよう》に行なう最初の根拠となり、両国のあいだに不幸な関係をもたらす原因となった。

また、この戦争を通じて、新羅に対して強い敵国意識を抱くようになったものと思われる。それは神功皇后《じんぐうこうごう》の「三韓征伐《さんかんせいばつ》」説話をはじめとして、『日本書紀《にほんしょき》』の幾度にもわたる新羅征伐物語に象徴されるものである。

これが八世紀の『日本書紀』編纂《へんさん》時、つまり日本古代国家の朝鮮諸国に対する基本的な認識であり、以後、日本の朝鮮諸国に対する基本的な立場として、近代に至るまで繰り返し語られることとなる（倉本一宏『戦争の日本古代史』）。

3　治天下大王は何を目指したのか

五世紀の北東アジア情勢

五世紀の中国北朝《ほくちょう》では、五胡十六国《ごこじゅうろくこく》と呼ばれた分裂時代から、三八六年に鮮卑《せんぴ》族の拓跋《たくばつ》氏から興った北魏《ほくぎ》が、太武《たいぶ》帝の時代、四三一年に夏《か》、四三六年に北燕《ほくえん》、四三九年に北涼《ほくりょう》、四四二年に後仇池《ごきゅうち》を滅ぼし、百五十年にわたって続いた分裂を収束させて、華北《かほく》に統一政権を樹立した。

一方、江南《こうなん》の南朝《なんちょう》では、東晋《とうしん》の劉裕《りゅうゆう》が四二〇年に禅譲《ぜんじょう》を受けて、宋王朝《そうおうちょう》を開いた（武《ぶ》帝）。建康《けんこう》を都とした宋は、三代目の文《ぶん》帝の治世に元嘉《げんか》の治《ち》と呼ばれる安定を見せたが、皇族内部の抗争の激化によって衰退し、四七九年に滅亡した。

宋は北涼・吐谷渾《とよくこん》・北燕・高句麗《こうくり》を冊封《さくほう》し、北方の柔然《じゅうぜん》とも結んで、北魏を包囲する国際的な連合関係を構築した。倭《わ》の五王の遣使は、この宋による国際的な連合関係の一環として行なわれたものである。

また朝鮮半島では、百済《ひゃくさい》と高句麗は引き続き戦争状態にあり、百済としては倭国を引き込んで対高句麗戦を有利な状況に持っていく必要があった。四七五年には、百済は高句麗によって王城である漢城《かんじょう》を攻め陥され、王城を南の熊津《ゆうしん》に遷している。また、新羅《しんら》はいまだ高句麗に従属し、五世紀中頃に至ってその支配から脱却しようとする動きを始めた。

なお、加耶《かや》諸国は、金官《きんかん》・安羅《あら》・咸安《かんあん》・比自火《ひじか》・多羅《たら》・大加耶《だいかや》などの諸国が分立する状況が続いたが、四七〇年代に至り、大加耶国を中心とする連盟を成立させた（田中俊明『大加耶連盟の興亡と「任那」』）。

朝鮮半島の鉄生産に依拠していた倭は、宋の冊封体制に組み込まれ、将軍号の叙爵《じょしゃく》を受けてその臣下となることによって、朝鮮半島における軍事活動の正当性を獲得しようとしたのである。

倭の五王

倭の五王の時代、倭国王は、東晋の四一三年から宋の全期間にかけて、南朝への朝貢《ちょうこう》を行ない、南朝の皇帝《こうてい》によって冊封を受けた。『後漢書《ごかんじょ》』に見える「奴《な》国王」、「倭国王帥升《すいしょう》」（伊《い》都《と》国か)、『三国志《さんごくし》』の「倭国女王卑弥呼《ひめみこ》」は、いずれも北部九州の地域政権であったと考えると、これは我が国の中央王権としては歴史上唯一の事例である。この後にも、遣隋使《けんずいし》や遣唐使《けんとうし》の時代には、倭国の大王《だいおう》や日本の天皇は冊封を求めていないし、「日本国王」に冊封された源道義《げんどうぎ》(足利義満《あしかがよしみつ》)は君主ではない。その後も豊臣秀吉《とよとみひでよし》は明《みん》からの冊封を拒絶している。倭の五王の冊封がいかに特異な事象であったかがわかる。

それと関連するのか、五王の一人目の讃《さん》が四二〇年の宋王朝の成立を受けて、四二一年に入貢した際には、「倭讃」と「倭」姓を称している(坂元義種『古代東アジアの日本と朝鮮』、吉田孝『日本の誕生』)。中国では姓のない者は奴婢《ぬひ》だけであり、皇帝も姓を有する。倭の王も、高句麗王の高《こう》や百済王の余《よ》に倣《なら》って、「倭」を姓として称したのであろう。

讃はこの時、冊封を受け、安東将軍《あんとうしょうぐん》・倭国王を叙授《じょじゅ》されたものと思われる。これにより、倭国は宋から冊封を受けた外藩《がいはん》の国として承認され、倭王は外臣《がいしん》として軍府《ぐんふ》を開いたことになる(河内春人『倭の五王』)。讃はこの後も、四二五年と四三〇年に朝貢を行なっている。

また、二人目の珍《ちん》は四三八年に入貢し、使持節都督《しじせつととく》、倭・百済・新羅・任那《みまな》・秦韓《しんかん》・慕韓《ぼかん》六国諸軍事《しょぐんじ》、安東大将軍、倭国王の叙正《じょせい》(認定して叙爵すること)を求めた。新羅における軍事指揮権の認定を求め、高句麗・百済の王と同じ大将軍を要求したが、宋は安東将軍・倭国王のみを叙授した。

珍は倭隋《わずい》たち十三人に平西《へいせい》・征虜《せいりょ》・冠軍《かんぐん》・輔国《ほこく》将軍《しょうぐん》号の叙正を求め、皆、認められた。これらは倭《わ》王権《おうけん》を構成する有力王族や豪族であったものと思われ、当時の倭国の王は、百済に倣って、宋から与えられた称号によって国内の支配者層を秩序付けていたのである。

三人目の済《せい》は珍との間の血縁関係の記載が『宋書《そうしょ》』夷蛮伝《いばんでん》倭国条にはなく、ここで倭国王の系譜が断絶している可能性が高い。ただし済も「倭」姓を称しており、実際の血縁関係はさておき、王権の交替は行なわれていないと、宋に対しては主張したようである（森公章『倭の五王』）。

済は四四三年に入貢し、安東将軍・倭国王に叙正された。これで済は珍の後継者と認定されたことになる。四五一年の二度目の入貢に際しては、済は使持節都督、倭・新羅・任那・加羅《から》・秦韓・慕韓六国諸軍事を加えられ、安東将軍は「元の如《ごと》し」とされている。これによって、倭国王が朝鮮半島南部における軍事指揮権を中国王朝から認められたことになる。この意義はきわめて大きいものである。

ただし、済も珍と同様の倭・百済・新羅・任那・秦韓・慕韓六国諸軍事を求めたものと思われるが、宋が忠実な朝貢国である百済における倭国の軍事支配権を認めるはずはなかった。

新羅が含まれているのは、この時期には新羅は宋には遣使を行なっておらず、宋から見ると倭国の軍事支配権を認めてもかまわない存在であったからである。

また、この時、済は二十三人に「軍郡《ぐんぐん》」号の叙正を求め、これを叙授されている。「軍」は将軍号、「郡」は郡太守《ぐんたいしゅ》を指し、地方豪族に与えたもので、当時の倭国王は、宋から与えられた称号によって、地方豪族も含む国内の支配者層を秩序付けていたのである。

四人目の興《こう》は、済の「世子《せいし》」とのみ記されていて、この時点では即位していなかった可能性が強い。済と興の間には世代交代を伴い、このような場合に王位継承に際しての紛争が起こりやすい。独力で王位を継承できなかった興は、宋によって倭国王に冊封される道を選んだものと思われる。

興は四六二年に入貢し、安東将軍・倭国王に叙爵されている。これは初回としては通例のことである。興は四七七年にも朝貢を行なっている。

倭王武の遣使

興の弟である五人目の武《ぶ》は、『日本書紀《にほんしょき》』の伝える大泊瀬幼武《おおはつせわかたけ》（雄略《ゆうりゃく》）であったと推定される。「興死して弟武立ち」という記事は、記紀《きき》で雄略が同世代の王族五人を殺して即位していることと考え併せると、興が武に殺害されたことを語っている可能性もある。

武は四七八年に入貢し、自ら開府儀同三司《かいふぎどうさんし》を仮授《かじゅ》（仮に授けること）したうえで、使持節都督、倭・百済・新羅・任那・加羅・秦韓・慕韓七国諸軍事、安東大将軍、倭国王の叙正を求めた。これに対する宋の順帝《じゅん》の冊封は、使持節都督、倭・新羅・任那・加羅・秦韓・慕韓六国諸軍事、安東大将軍、倭王であった。これまでの王が最初に叙正されたのが安東将軍・倭国王であったのに比べると、高い地位に引き上げられたことになる。

ただしこれは、百済、および宋王朝自体が滅亡の危機に瀕していたことによるものである。はたして本当に倭国の使者が王城に到達し、順帝に謁見《えっけん》できたかも疑問ですらある。

済が求めた百済も含めた六国諸軍事に対し、宋は百済を外して任那を任那・加羅に分割した六国諸軍事を認めることで応じたのであるが、武はこれに百済を加えた七国諸軍事を求めた。しかし、宋の叙正は、やはり百済を外した六国諸軍事であった。

武の上表文《じょうひょう》では、祖先の国内・朝鮮半島への征服活動と、倭国と高句麗の対立とを語っている。中国南朝の国際秩序体制の中に自己を位置付けることによって、自らの王権の正当性を国内に示し、朝鮮半島における軍事的優位性を確立しようとしたものである。

なお、武は四七九年に南斉《なんせい》から鎮東大将軍《ちんとうだいしょうぐん》に叙爵され（『南斉書《なんせいしょ》』東南夷伝倭国条）、五〇二年には梁《りょう》によって鎮東大将軍から征東将軍《せいとうしょうぐん》に進号されている（『梁書《りょうしょ》』武帝本紀）。通常、これらは中国王朝の交替に伴う斉や梁からの勝手な冊封と考えられているが、本来、冊封というのは、蕃国《ばんこく》側が要求したものを中国皇帝が認可するものである。近年確認された北宋模写「梁職貢図《りょうしょっこうず》」の模本にあたる「清張庚諸番職貢図巻《せいちょうこうしょばんしょっこうずかん》」に収められている「倭国使」の題記によると、武が斉に遣使を行なった可能性も考えなければならないし（氣賀澤保規「倭人がみた隋の風景」）、武が梁にも遣使したという記事が、一定の史実性を持つ可能性もある。

五世紀を通じたこれらの遣使において、倭国王が新羅や加耶諸国に対する軍事支配権を中国の皇帝から認められたことは、倭国の支配者の記憶に深く刻印され、後世にまで大きな影響を及ぼした。

以後一世紀余り、倭国は中国への遣使を行なわず、冊封体制から離脱した。以来、「倭」姓も用いなくなる。隋が中国を統一するまで、倭国は朝鮮諸国の制度を受け入れながら、独自の国制を形成していったのである（倉本一宏『戦争の日本古代史』）。

前方後円墳の巨大化

すでに四世紀後半には倭王権の盟主墳は大和《やまと》盆地北端の佐紀古墳群《さきこふんぐん》へと移っていたが、五世紀に入ると、河内《かわち》の古市古墳群《ふるいちこふんぐん》と和泉《いずみ》の百舌鳥古墳群《もずこふんぐん》に移動した。ただし、この事実は、王権の大和から河内への交替を意味するものではない。この時期が中国南朝との間に活発な外交を行なっていた時期であることと、百舌鳥古墳群が当時の海岸線に沿って築造され、古市古墳群が難波津《なにわのつ》から大和への陸上交通ルートに沿って築造されていることとの関連性を考えると、これらの巨大墳は、多分に外国使節の目を意識したものであろう。

古市古墳群では四世紀後葉の津堂城山《つどうしろやま》古墳（208m）に始まり、四世紀末の仲津山《なかつやま》古墳（290m）、五世紀初頭の誉田御廟山《こんだごびょうやま》古墳（425m）と巨大化する。百舌鳥古墳群では五世紀初頭の上石津《かみいしづ》ミサンザイ古墳（360m）に始まり、五世紀前期から中期の大仙《だいせん》古墳（525m）で頂点を迎える。これ以降は古市古墳群の古市墓山《ふるいちはかやま》古墳（225m）、市ノ山古墳（227m）、軽里大塚《かるさとおおつか》古墳（190m）、岡ミサンザイ古墳（242m）、百舌鳥古墳群の御廟山《ごびょうやま》古墳（203m）、土師《はぜ》ニサンザイ古墳（288m）と両古墳群で交互に巨大前方後円墳《ぜんぽうこうえんふん》が造営される。

地方においては、大型前方後円墳を頂点に中・小型前方後円墳、帆立貝形《ほたてがいがた》古墳、方墳、円墳などが付随する重層型の古墳群が見られるようになる。その背景としては、倭王権が中国南朝との外交権によって、鉄や威信財《いしんざい》をはじめとする文物と技術の再配分を独占的に掌握したことが挙げられよう。

「治天下大王」の国内支配

次に倭の五王の時代の国内支配について見てみたい。『宋書』夷蛮伝倭国条に引く倭王武の上表文によると、武は祖禰《そでい》（祖先）が自ら東の毛人《えみし》、西の衆夷《しゅうい》、海北《かいほく》を平定したと語っている。武の「祖禰」とは、「渡って海北を平げた」というのが好太王碑《こうたいおうひ》に記された高句麗との戦争を指しているとすると、四世紀末から五世紀初頭の頃に相当する。この頃が王族将軍によって倭王権の支配の及ぶ地域が拡大された画期であったことが窺《うかが》える。

五世紀中頃に造られたとされる千葉県稲荷台《いなりだい》1号墳から出土した鉄剣の銘を見てみると、ここには、「王賜」というように、単に「王」という称号が見え、いまだこの時点では「大王」号が成立していなかったことを示している。

次いで五世紀末の熊本県江田船山《えたふなやま》古墳出土大刀の刀背に刻まれた銘文には、「治天下《ちてんか》獲□□□鹵大王の世、典曹人《てんそうじん》として奉事《ほうじ》した。名は无利弖《むりて》」とある。また、埼玉県稲荷山《いなりやま》古墳出土鉄剣に刻まれた銘文には、「乎獲居臣《をわけのおみ》（の父祖）は世々、杖刀人《じょうとうじん》の首として奉事し、今に至った。獲加多支鹵《わかたける》大王の寺（宮）が斯鬼宮《しき》に在った時、吾は天下を左《たす》け治め、この百練の利刀《りとう》を作らせて、吾が奉事の根原《こんげん》を記した」とある。

小帝国の形成を目指した倭国の支配者は、自らの支配が及ぶ地域の極限と主張する毛人・衆夷と海北の内側を、「天下」と称したのである。天下というものを世界全体ではなくこのように考えるという観念は、倭国独自のものである。

また、「大王」号は、朝鮮半島において、新羅を支配下に置き、百済と抗争を続ける高句麗の王が、四世紀末に「太王《たいおう》」号を称していた。同じように新羅・加耶・百済への軍事支配権を主張していた倭国の王も、この頃、「大王」（訓はオホキミ）を称し始め、高句麗と対峙《たいじ》する「天下」の支配者としての地位を主張したものと思われる。

江田船山古墳出土大刀銘には典曹人、稲荷山古墳出土鉄剣銘には杖刀人の首として奉事したと見える。典曹人は王権の文筆、杖刀人は王権の護衛に関わる職位であろうが、乎獲居がその行為を、ワカタケル大王の天下を左け治めたものと認識している点は重要である。ここには倭王権を構成する首長たちによる各種職務の分担（「人」制）が表わされている。

4　大王家はいつ形成されたのか

巨大前方後円墳と「天皇」

近年、古墳《こふん》の前後関係を示す相対年代だけでなく、絶対年代についても判明しつつある。そして、それぞれの時期で最大規模の古墳が初期倭王権《わおうけん》の盟主墳と考えられるようになった（白石太一郎『古墳とヤマト政権』）。

先ほど述べた大和《おおやまと》・柳本古墳群《やなぎもとこふんぐん》→佐紀古墳群《さきこふんぐん》→古市古墳群《ふるいちこふんぐん》・百舌鳥古墳群《もずこふんぐん》といった倭王権盟主墳を造営した古墳群の中で、歴代の盟主墳の変遷も推定することができる。

ただし、これはあくまで考古学的な成果から導き出された結果であって、これらを『古事記《こじき》』『日本書紀《にほんしょき》』の天皇系譜と結びつけることは、まったく意味のないことである。

記紀《きき》では、アマテラス（天照大神）の孫ニニギノミコト（瓊瓊杵尊）が高天原《たかまがはら》から日向《ひゅうが》の高千穂峰《たかちほ》に降臨し、その曾孫《そうそん》で日向《ひゅうが》から大和《やまと》に入って即位したのが初代神武《じんむ》天皇ということになっている。二代綏靖《すいぜい》から九代開化《かいか》まではほとんど事績が記されておらず（欠史八代《けっしはちだい》）、十代崇神《すじん》がハツクニシラススメラミコト、すなわち初めて国を治めた天皇とされ、神武と崇神は同じ人格として設定されている。

崇神を初代としても、考古学上の初代盟主墳である箸墓古墳《はしはか》（三世紀後半の築造）や、宮内庁が崇神陵に治定《じじょう》（古墳の被葬者を決定すること）している行燈山古墳《あんどんやま》（四世紀前半の築造）の被葬者が崇神であると短絡的に考えてはならない。記紀に描かれる万世一系《ばんせいいっけい》の「皇統譜《こうとうふ》」の成立は、一般的には六世紀と言われており（私は七世紀と考えているが）、それは政治的に設定されたものである。

また大王《だいおう》という地位を血縁的に継承する「大王家」という血縁集団も、六世紀の欽明《きんめい》の世代までは形成されておらず（大平聡「世襲王権の成立」）、初期倭王権の盟主や大王は、必ずしも血縁によって継承されたわけではない。

「新王統」の成立

倭の五王の最後の人物である雄略《ゆうりゃく》が死去してからの大王位の継承については、不明確な部分が多い。記紀によれば、雄略の後、病弱な清寧《せいねい》、播磨《はりま》で「発見」された顕宗《けんぞう》・仁賢《にんけん》、暴虐な武烈《ぶれつ》が即位したことになっているが、その史実性については不明である。

特に播磨から入った顕宗・仁賢が即位したと記述し、武烈をことさらに暴虐非道な大王として描くのは、六世紀に越前《えちぜん》から迎えられた継体《けいたい》が即位することの伏線の意味を持つものである。先に述べたように、雄略が記紀の伝える崩年よりも後の六世紀初頭まで在位していた可能性もあり、そうすると、雄略の死後、数年の空位を経て、継体が即位したということになる(倉本一宏『平安朝　皇位継承の闇』)。

継体は、前王統《おうとう》の手白香《たしらか》王女との婚姻により、いわば倭王権への婿入りという形で即位を要請されたものと思われる。加えて、継体と尾張《おわり》の豪族の女《むすめ》である尾張目子媛《めのこひめ》との間に儲《もう》けていた勾大兄《まがりのおおえ》王子(記紀の伝える安閑《あんかん》)、および檜隈高田《ひのくまのたかた》王子(記紀の伝える宣化《せんか》)も同様に、前王統の王女と婚姻している。高齢の継体が手白香王女との間に王子を儲けられなかった場合のスペアとして、いわば一族毎《ごと》、倭王権に婿入りしたものと考えられよう。

男大迹《おおど》王(継体)は、越前・近江《おうみ》地方を基盤として朝鮮半島と独自の交流を行なっており、日本海沿岸から琵琶《びわ》湖・淀《よど》川・伊勢《いせ》湾の水運を掌握した人物でもあった。和歌山県隅田《すだ》八幡《はちまん》神社の人物画像鏡銘《じんぶつがぞうきようめい》にある、癸未年《きび》(五〇三)に意柴沙加《おしさか》宮にいたという「男弟王」が即位前の男大迹王のことを指すとすると、男大迹王は即位以前から大和にも本拠を有し、百済《ひやくさい》王斯麻《しま》(武寧《ぶねい》王)と交渉を行なっていたことになる(山尾幸久『古代の日朝関係』)。

たとえ継体が応神の五世孫であるという主張が事実であったとしても(事実ではないと思

うが）、伝説上の王である応神《おうじん》の子孫を称したからといって、大和から遠く離れた北国《ほっこく》から迎えられた大王というのは、それまでの王統と血縁的に連なる人物という認識は、『日本書紀』編者にもなかったであろう。『日本書紀』編纂《へんさん》時の現行法である大宝律令《たいほうりつりょう》の原則では、四世王までが皇親《こうしん》であり、五世王は皇親の範囲からは外れているのである。

無道の君主（武烈）によって王朝《おうちょう》が滅び、有徳の君主（継体）が新たに王統を創始するという論理は、中国の易姓革命《えきせいかくめい》の思想によるものであり、『日本書紀』もこれを新王統と認識していたことになる。

王権の動揺と「大王家」の形成

手白香王女は期待どおり天国排開広庭《あめくにおしはらきひろにわ》王子（後の欽明）を産んだが、当時は譲位《じょうい》の制がなく、また大王として即位するためには、三十歳前後に成人している必要があった。即位時にすでに五十八歳に達していたともいわれる継体が、天国排開広庭王子の成人するまで存命するとは考えられていなかったはずで、中継ぎとして勾大兄王子（安閑）や檜隈高田王子（宣化）の即位が想定されていたことであろう。

しかし、継体は長命を保ち、二十年以上の治世を続けた。その間に天国排開広庭王子は成人し、勾大兄王子や檜隈高田王子が即位する必要性はなくなった。ここに倭王権の嫡流《ちゃくりゅう》としての欽明と、継体の嫡男《ちゃくなん》としての勾大兄王子（その死後には檜隈高田王子）とが併存してしまうことになり、対立の生じる原因が生まれた。

継体は大和に入った五年後の辛亥年《しんがい》（五三一）に死去しているが、『日本書紀』は、「日本の天皇《てんのう》及び太子・皇子が倶《とも》に死亡した」という、『百済本記《くだらほんき》』を引いた異説を伝えている。この記事の背景には、天国排開広庭王子を支持する勢力と、勾大兄王子や檜隈高田王子を支持する勢力との間の対立が存在した（大橋信弥「継体・欽明朝の「内乱」」）。

雄略が死去して以来の列島全体の動揺は、六世紀前半に、蘇我《そが》氏の勢力を背景にした欽明の即位によって、ひとまず収束した。大王欽明と蘇我稲目《いなめ》の下に結集した倭王権の支配者層は、国内における王権の分裂、国外における対朝鮮関係の破綻という「非常時」の中で結集し、新たな段階の権力集中を行なったのである（倉本一宏『蘇我氏』）。

そして、欽明の時代に大王家（後に天皇家）という血縁集団が形成され、以降は今日に至るまで、血縁で大王位（後に天皇位）が続くこととなったのである。

六世紀の大王位継承

前大王の死去によって自動的に即位する（律令制下の皇太子《こうたいし》のような）後継者は、この時代には存在せず、前大王の葬送儀礼である殯《もがり》の期間中に次期大王の選定が行なわれ、畿内《きない》有力豪族の代表である群臣（マヘツキミ）の推戴《すいたい》によって、新大王が即位していた（吉村武彦「古代の王位継承と群臣」）。

さらには、当時は譲位の慣行がなかった。大王は終身、その地位に居続けなければならず、新大王の選定に関与することもなかったのである。

この時期の大王位継承の原則は、現大王の子の優先、男子（王子）の優先、母方の血統の優先（大王の女か蘇我氏出身の女）、それに大王位継承有資格者の中の年齢順による世代内継承といった緩やかなものを想定すべきである（大平聡「日本古代王権継承試論」）。

欽明のキサキとしては、まずは石姫《いしひめ》王女をはじめとする宣化王女の三人が挙げられる。両者の抗争を終息させるための婚姻だったのであろう。当初は大后《おおきさき》的な地位にあったとされる石姫王女の産んだ箭田珠勝大兄《やたのたまかつのおおえ》王子、その死去後は訳語田渟中倉太珠敷《おさたのぬなくらのふとたましき》王子（後の敏達《びだつ》）が、大王家嫡流の立場にあったはずである。近親婚を導入することによる、特殊な血統としての王統の形成を意図したものとされる（篠川賢『飛鳥の朝廷と王統譜』）。

一方、蘇我稲目の女の堅塩媛《きたしひめ》と小姉君《おあねのきみ》もキサキとなり、石姫王女の死去後は堅塩媛が大后の地位に立った。堅塩媛は橘豊日《たちばなのとよひ》王子（後の用明《ようめい》）をはじめとする七人の王子と額田部《ぬかたべ》王女（後の推古《すいこ》）を含む六人の王女、小姉君は泊瀬部《はつせべ》王子（後の崇峻《すしゅん》）を含む四人の王子と一人の王女を、それぞれ産んでいる。欽明は、蘇我氏出身のキサキと、大王家出身のキサキの両方から後継者を儲け、蘇我系嫡流（しかも二系統の蘇我系）と非蘇我系嫡流を創出した。この後の倭国における大王位継承をめぐる動きは、これらの蘇我系、非蘇我系の王子女を軸として、繰り広げられることになる（倉本一宏『持統女帝と皇位継承』）。

欽明の死後、訳語田渟中倉太珠敷王子が大王位に即《つ》いたが（敏達）、敏達四年（五七五）に大后の息長広姫《おきながのひろひめ》が死去した後は、額田部王女が大后的な地位に立った。広姫は非蘇我系嫡流としての押坂彦人《おしさかのひこひと》王子、額田部王女は蘇我系嫡流としての竹田《たけだ》王子を産んでいる。

敏達が死去した後、橘豊日王子が大王位に即いた（用明）。欽明王子の世代における堅塩媛流蘇我系王統の嫡流である。用明が死去すると、物部守屋《もののべのもりや》が小姉君系の穴穂部《あなほべ》王子を擁立しようとしたことを知った蘇我馬子は守屋を討滅した。

この戦乱の後には、ただ一人の欽明王子の生き残りである泊瀬部王子が次の大王に定められた（崇峻）。旧世代が存在する中で世代交代を避けるための「世代内継承」である。

ところが、おそらくは群臣層の同意の下、馬子が崇峻を殺してしまった。これで欽明の子の世代の王子は底を突き、次期大王の選定は、その次の世代を軸として行なわれることとなった。しかし、この世代には、敏達と広姫との間に生まれた押坂彦人王子、敏達と額田部王女との間に生まれた竹田王子・尾張王子、用明と穴穂部間人王女《あなほべのはしひと》との間に生まれた厩戸王子《うまやと》（「聖徳太子《しょうとくたいし》」）・来目王子《くめ》など、多数の王子が存在していた。

そのうちのどれを選べばいいかがわからない状態の中、紛争を避けるための措置として、それまで前大后として政治紛争の解決や調整に実力を見せてきた欽明の王女である額田部王女を即位させた。こうして、最後の欽明王子女の「世代内継承」が行なわれ、はじめての女帝が出現した。後継者選定は、推古の死後まで持ち越されることとなった。

第三章

律令国家への道

飛鳥宮（ミハ山から）

中国では、北朝《ほくちょう》から興った隋《ずい》が、五八九年、実質四百年ぶりに統一王朝《おうちょう》を現出させ、高句《こうく》麗《り》へ大軍を派遣した。六一八年に隋が滅び、唐《とう》が中国を統一して、高句麗征討に乗り出した。唐は新羅《しんら》と共同し、六六〇年に百済《ひゃくさい》、六六八年に高句麗を滅ぼした。

この国際情勢に対応しようとする動きの中から、乙巳《いっし》の変・大化改新《たいかのかいしん》、白村江《はくそんこう》の戦、壬申《じんしん》の乱が起こり、国家体制建設への気運が開けた。

大海人《おおしあま》王子は六七三年に即位して天皇を称し（天武《てんむ》）、六八一年には律令《りつりょう》の制定に着手し、国史《こくし》の編纂《へんさん》が開始された。条坊《じょうぼう》を持った都城《とじょう》である藤原京《ふじわらきょう》の建設にも着手した。後を継いだ持統《じとう》天皇は六八九年に飛鳥浄御原令《あすかきよみはらりょう》を施行し、全国的な班田収授《はんでんしゅうじゅ》を始め、六九四年には藤原京（新益京《しんやくのみやこ》）に遷都した。

そして文武天皇の七〇一年、大宝律令《たいほうりつりょう》が完成し、日本は国家という名の機構を持った。

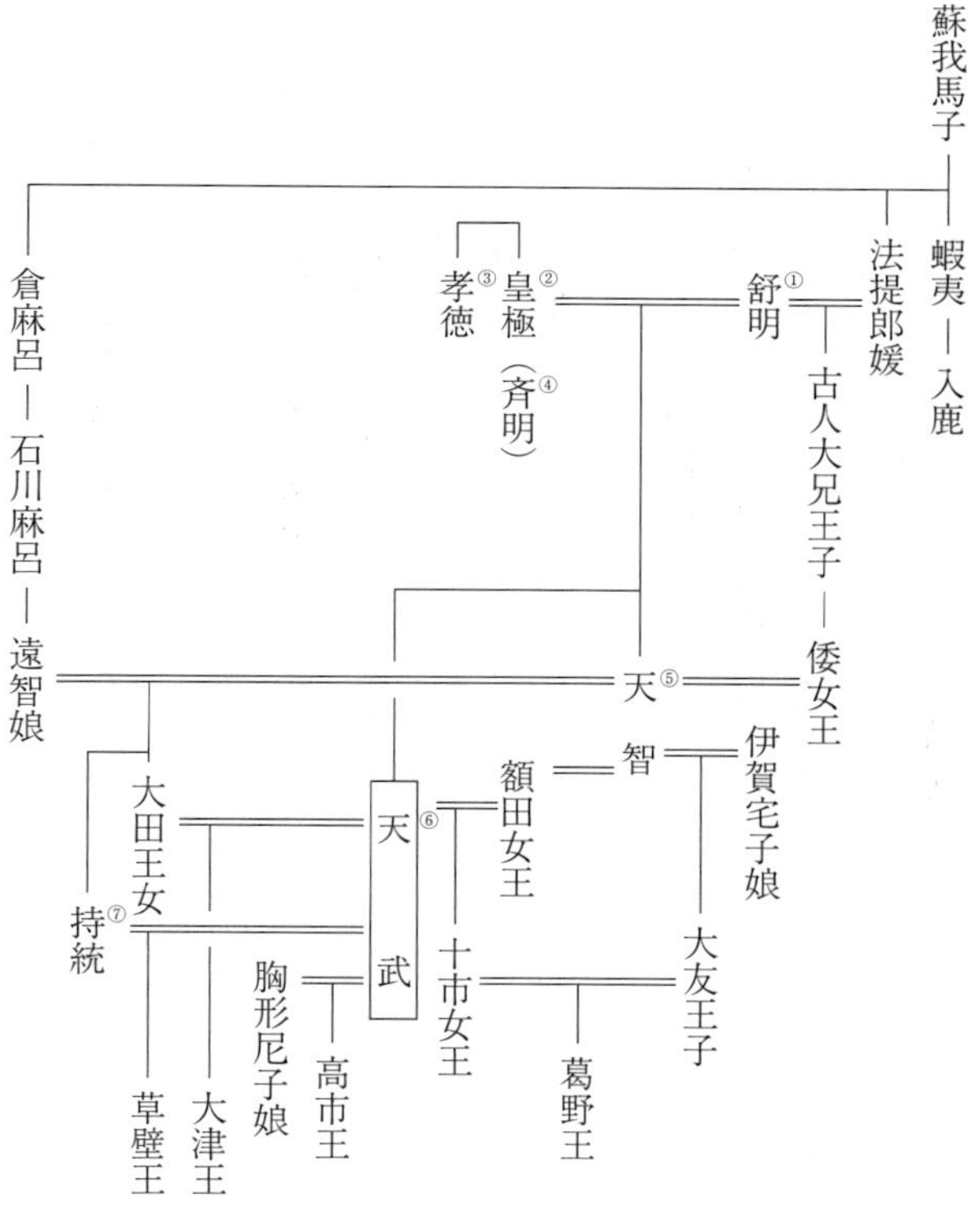
蘇我馬子
蝦夷
入鹿
法提郎媛
舒明①
古人大兄王子
倭女王
皇極②
（斉明④）
孝徳③
倉麻呂
石川麻呂
遠智娘
天智⑤
伊賀宅子娘
額田女王
大友王子
十市女王
葛野王
天武⑥
大田王女
持統⑦
胸形尼子娘
高市王
大津王
草壁王

（数字は即位順）

1　飛鳥の王権の実態はどのようなものだったのか

隋の中国統一と倭国の権力集中

中国では、北朝《ほくちょう》の隋《ずい》が五八九年に南朝《なんちょう》の陳《ちん》を滅ぼし、実質四百年ぶりに統一王朝《おうちょう》を現出させた。隋は開皇律令《かいこうりつりょう》を定めて科挙《かきょ》を実行するなど国制の整備を進め、五九八年以降、四次にわたって高句麗《こうくり》に大軍を派遣した。

倭王権《わおうけん》が成立して以来、三世紀末の晋《しん》（西晋《せいしん》）の短期間の統一を除けば、中国は常に分裂状態にあった。倭国の支配者にとっては、それが当然の姿であったのであり、隋の統一の報は大きな衝撃をもって伝えられたであろう。

朝鮮三国や倭国では、この世界帝国の強圧に対処するための権力集中を迫られた（石母田正『日本の古代国家』）。高句麗は隋や新羅《しんら》と対抗しながら、東突厥《ひがしとつけつ》や百済《ひやくさい》、それに五七〇年には、かつて敵国であった倭国とも連携した（李成市「高句麗と日隋外交」）。

倭国は、崇峻《すしゆん》四年（五九一）に編成された新羅遠征軍を、四年後の推古《すいこ》三年（五九五）まで筑紫《つくし》に駐留させているなど、新羅との対抗関係を強めていった。

推古朝の権力中枢

大臣（オホマヘツキミ）の蘇我馬子《そがのうまこ》や群臣（マヘツキミ）は、五九二年、欽明《きんめい》と蘇我堅塩媛《きたしひめ》との間に生まれ、敏達《びだつ》の后であった額田部《ぬかたべ》王女を即位させた（推古）。そして推古の甥で、堅塩媛所生の用明《ようめい》を父に、蘇我小姉君《おあねのきみ》所生の穴穂部間人《あなほべのはしひと》王女を母に持つ蘇我系王族の厩戸《うまやと》王子（「聖徳太子《しょうとくたいし》」）が政権に参画した。後に推古が、「朕《われ》は蘇何《そが》（蘇我）から出た。大臣（馬子）はまた朕《わ》が舅《おじ》である」と馬子に語っているように、蘇我氏を中核とした権力中枢である（倉本一宏『蘇我氏』）。彼らは血縁で結ばれた王権の周囲に諸豪族を結集させることによって権力を集中し、隋との国交を軸として、朝鮮諸国に対する国際的な優位性を確立しようとした。

なお、厩戸王子が就いたとされる「皇太子《こうたいし》」および「摂政《せっしょう》」という地位は、当時はまだ成立していなかった。厩戸王子は押坂彦人大兄《おしさかのひこひとのおおえ》王子や竹田《たけだ》王子が死亡した後に、有力な大王《だいおう》位継承資格者として政治に参画したに過ぎない。

推古朝の対新羅関係

彼らは北東アジア情勢にどのように対応したのであろうか。まず対新羅関係であるが、倭国は「任那復興《みまなふっこう》」を基軸として、対新羅関係を打開しようとしていた。そのため、百済との同盟関係を強化すると共に、倭王権成立以来の敵対国であった高句麗とも友好関係を結び、新羅包囲網を構築した。

推古八年（六〇〇）、倭国は再び軍隊を朝鮮半島南端に派遣して、新羅に「任那の調《みつき》」を要求しようとした。次いで推古十年（六〇二）にも新羅征討計画を立てたが、結局は派兵されずに終わった。高句麗・百済の要請に応えて、新羅に対して共同の軍事行動を取るように見せかけた可能性が指摘されている（西本昌弘「倭王権と任那の調」）。

その後も厩戸王子の在世中には、新羅出兵が計画されることはなかった。対新羅関係の打開は、もはや隋との外交を抜きにしては行なえない段階に達していた。五九四年に新羅が隋から冊封《さくほう》を受けたため、隋の皇帝《こうてい》から冊封されている新羅王を攻撃することは、隋の天下を干犯することになり、隋の出兵を受ける可能性があるからである（吉田孝『日本の誕生』）。

遣隋使の発遣

倭国は、倭の五王の遣使が途絶えて以来、中国との外交交渉が絶え、冊封体制から離脱していたが、国際情勢の変化を踏まえ、新たな外交方針を定めた。こうして、倭の五王以来、約百二十年ぶりとなる中国への遣使が行なわれることになった。

この時の外交も隋と対等の外交を目指したものではなく、あくまで朝貢《ちょうこう》外交の枠内のものであったが、これがそれまでの奴《な》国・伊都《いと》国・邪馬台《やまと》国・倭の五王などの外交と異なるのは、この時、倭国の大王が、中国の皇帝に冊封を求めなかった点である。

倭国の支配者層は、冊封体制から独立した君主を戴《いただ》くことを隋から認められることによって、すでに冊封を受けている朝鮮諸国に対する優位性を主張し、「東夷《とうい》の小帝国《しょうていこく》」の構築を目指したのである。『隋書《ずいしょ》』東夷伝倭国条に、

新羅と百済は、皆、倭を以《もっ》て大国にして珍物が多いとして、ならびにこれを敬仰《けいぎょう》し、恒《つね》に使を通じて往来している。

と記録されているのは、ある程度、倭国の主張が隋に認められたことを示すものである。

『隋書』東夷伝倭国条には、六〇〇年の第一次遣隋使《けんずいし》が記録されている。使者は、倭王

(「阿輩鶏弥〈オホキミ〉」)は、「姓は阿毎(アメ)、字は多利思比孤〈タラシヒコ〉」を名乗り、「天を兄とし、日を弟とする」と称するなど、神話的な天の観念を体現していると説明したが、文《ぶん》帝から風俗(政治や地理、風習を含むもの)を問われても、原始的な政務方法を答えたため、文帝に道理にかなっていないことを非難され、訓じて改めさせられたうえで、空《むな》しく帰国した。この使節は、『日本書紀《にほんしょき》』には記録されていない。

小墾田宮《おはりだのみや》造営や冠位《かんい》十二階、十七条憲法《けんぽう》などの政治改革が、この第一次遣隋使の帰国後、大業《たいぎょう》三年(推古十五年、六〇七)に派遣された第二次遣隋使との間に行なわれていることは、偶然ではないのである。これらは律令《りつりょう》体制国家建設の出発点として位置付けるよりも、激動の北東アジア情勢という「国際的契機」の中で制定されたものである。

六〇七年に派遣された第二次遣隋使は、菩薩戒《ぼさつかい》を受けて仏法を興隆させていた文帝に対して、崇拝型の仏教的朝貢を行ない、その歓心を獲得しようとした(河上麻由子「遣隋使と仏教」)。

この使節に対して、文帝の次に即位していた煬帝《ようだい》が不快の念を示したのは、使節が持参した国書《こくしょ》の中で、倭国の大王が「天子《てんし》」と自称したからである。中国の皇帝にとっては、天帝《てんてい》から天下の支配を委ねられた天子は、自分以外に存在してはならないのである。

その「無礼《ぶらい》」な「蛮夷《ばんい》」の使節の帰国に際して、煬帝が裴世清《はいせいせい》を遣わしたのは、交戦中の高句麗と「大国」倭国が結び付くのを恐れたためであろう。中国の伝統的な地理観では倭国は南北に長いと認識されており、中国南方の沿岸に位置する倭国が高句麗と同盟して隋を挟撃するという事態は避けたかったのである。

推古十六年（六〇八）、大歓迎の中に倭国に到着した裴世清は、「其の王」（女王であると記されていないことから、厩戸王子か）に接見し、隋の国書（慰労制書《いろうせいしょ》）をもたらした。冊封を要求せず、「天子」を自称した倭国王であったが、『隋書』に「遣して朝貢す」、『日本書紀』に「遠く朝貢を脩《おさ》む」とあるように、隋の皇帝は、あくまで倭国を朝貢国として扱ったのである。『日本書紀』では、隋の国書を紛失したことにしている。

遣隋使は、六〇八年に裴世清の帰国に際しての送使である第三次、六一四年に派遣された第四次と続いた。第三次遣隋使には、八人の留学生《るがくしよう》・学問僧が従った。彼らは、隋の滅亡と唐《とう》の成立という易姓革命《えきせいかくめい》を体験して帰国し、隋唐帝国の先進統治技術を倭国の指導者に伝授すると共に、後に「大化改新《たいかのかいしん》」の理論的指導者となった。学問僧恵日《えにち》は帰国後に、「大唐国は法式が備わり定まっている珍《たから》の国である。常に使者を通わせるべきである」と語った。この言葉は、その後の倭国の外交方針を決定付けるものとなった。

国制の組織化

推古十一年（六〇三）十月、飛鳥の北方に、それまでの豊浦宮《とゆらのみや》とは隔絶した規模と構造を持つ小墾田宮が造営された。この小墾田宮の造営は、六〇〇年の第一次遣隋使帰国後、冠位十二階の制定による官人の序列化に対応した王宮という意義があった。

そして推古十一年十二月に冠位十二階が制定され、推古十二年（六〇四）正月に下賜された。小墾田宮における最初の朝賀《ちょうが》に間に合うように制定されたものである（北康宏「冠位十二階・小墾田宮・大兄制」）。

冠位十二階は、徳・仁・礼・信・義・智という儒教《じゅきょう》の徳目をそれぞれ大小に分けて十二階とし、六色の冠を授けたものである。冠位十二階は『隋書』倭国伝にも記載されており、実際に制定・施行されたことがわかる。

氏族毎《ごと》に氏の構成員全員に賜わって世襲された姓《カバネ》とは異なり、個人の才能や功績、忠誠に応じて氏の中から特定の個人を登用して授けられた。冠位はその官人一代限りのものであって、昇進することも可能であった。この制度によって、倭国の支配者層は、氏姓制度の世襲制から官僚制的な集団に自己を再編成する道へと第一歩を踏み出した。

ただし、この冠位を授けられたのは、大夫（マヘツキミ）層以下の中央豪族であり、大臣家として紫冠《しかん》を被っていた蘇我氏や、王族、地方豪族は、授位範囲の枠外にあった。

一方、十七条憲法は、諸豪族に対する政治的服務規程や道徳的訓戒というべき性格のものである。これを後世の文飾と考える論も多いが、その内容の素朴さは、かえって当時の未熟な政治体制を表わしている。これを厩戸王子が自ら制定したかどうかはさておいて、その主文自体は、この時に出されたと考えるべきであろう。

その内容は、和を尊ぶべきこと（第一条）、仏教を敬うべきこと（第二条）、天皇に服従すべきこと（第三条）という最初の三条が有名であるが、むしろ四条目以下に、この憲法の性格と、当時の豪族の執務態度の未熟さが表わされている。そこでは、礼法を基本とすべきこと（第四条）、訴訟を公平に裁くべきこと（第五条）、勧善懲悪を徹底すべきこと（第六条）、各々の職掌を守るべきこと（第七条）、早く出仕して遅く退出すべきこと（第八条）、信を義の根本とすべきこと（第九条）、怒りを捨てるべきこと（第十条）、官人の功績と過失によって賞罰を行なうべきこと（第十一条）、国司《こくし》・国造《くにのみやつこ》は百姓《ひゃくせい》から税を不当に取らないこと（第十二条）、官吏はその官司の職掌を熟知すべきこと（第十三条）、他人を嫉妬すべきではないこと（第十四条）、私心を去るべきこと（第十五条）、人民を使役する際には時節を考えるべきこと（第十六条）、物事を独断で行なわず議論すべきこと（第十七条）が訓命されている。儒教の君臣道徳の他に、仏教や法家《ほうか》の思想も読み取れる。これらがどれだけの法的有効性があったのかは不明で、十七条憲法が律令制の成立に直接結び付いたわけではないが、少なくとも隋との外交交渉の場で倭国の政治理念を示したことは間違いない。冠位十二階と憲法十七条とは、世界帝国である隋と交際するための、文明国としての最低限の政治制度だったわけである。

技術の伝来と修得

さらには、推古二十八年（六二〇）には国史《こくし》の編纂《へんさん》が行なわれたと伝える。遣隋使が倭国の歴史や神話を皇帝から聞かれても答えられなかったことを踏まえたものであろう。二十五年後の「乙巳《いつし》の変」の際に蘇我蝦夷《えみし》の邸宅で焼失しかかったものが、これにあたるのであろうが、国史としての『日本書紀』の完成までには、百年の歳月を要した。

中国や朝鮮半島諸国からの先進の文化や技術の導入は、倭国の社会や政治にも、大きな変化をもたらした。たとえば、推古十年（六〇二）に来朝した百済僧観勒《かんろく》が暦法《れきほう》や天文地理学の書を伝えたことは、物事を年月の経過に沿って記録することができるようになったことを意味している。福岡市の元岡古墳群《もとおかこふんぐん》内のG6号墳から出土した大刀には、「庚寅《こういん》」と、宋《そう》から百済経由でもたらされた元嘉暦《げんかれき》に基づく干支《かんし》と見られる金象嵌《きんぞうがん》が施されていた。すでに五七〇年には、元嘉暦がもたらされていたことを示すものである。

また、推古十八年（六一〇）に来朝した高句麗僧曇徴《どんちょう》が紙と墨の製法を伝えたことによって、物事を文字によって記録するということが始まった。これによって政務の有り様にも、決定的な変化が起こった。それを示す史料として、法隆寺金堂釈迦三尊像《ほうりゅうじこんどうしゃかさんぞん》の台座に記されていた墨書銘《ぼくしょめい》が挙げられる。銘文に記されている辛巳《しんし》年という年は六二一年、すなわち推古二十九年のことであり、まだ厩戸王子の存命していた時期ということになる。内容は、土地の財産目録、もしくは日常的な経費や手当としての布の出納を記帳するような帳簿の一部であろう。この銘文は、すでに文書《もんじょ》業務が行なわれていたことを示している。

さらには、七世紀前半、六二五～六四〇年頃に記されたとされる徳島県観音寺《かんのんじ》遺跡出土の木簡《もっかん》の左側面には、『論語《ろんご》』学而篇《がくじへん》の習書《しゅうしょ》が記されていた。この四国の地に、すでに教養としての『論語』を習書する官人がいたということになる。万葉仮名《まんようがな》文が書かれた和歌木簡も、各地で出土している。一字一音式表記の万葉仮名文の成立は、七世紀中頃に遡ることになったのである（犬飼隆『木簡から探る和歌の起源』）。

このように、技術の伝来と習得は、日常政務をはじめとして、倭国の人々の意識そのものに根本的な変革をもたらすことになったのである。

2 大化改新とは何だったのか

激動の北東アジア情勢

中国では、六一八年に隋《ずい》が滅び、唐《とう》が興った。唐は六二八年に中国を統一して中央集権的な国家体制の充実をはかり、太宗《たいそう》の治世には貞観《じょうがん》の治《ち》と呼ばれる最盛期を迎え、周辺諸国を圧迫した。六三〇年に東突厥《ひがしとつけつ》、六四〇年に高昌《こうしょう》を滅亡させ、高句麗《こうくり》に目を向けた。

一方、朝鮮諸国では、相変わらず権力集中がはかられた。百済《ひゃくさい》では六四一年、義慈《ぎじ》王がクーデターによって権力を掌握し、六四二年以降、新羅《しんら》領に侵攻した。高句麗では六四二年、宰相の泉蓋蘇文《せんがいそぶん》が国王と大臣以下の貴族を惨殺して独裁権力を握り、百済と結んで新羅領を覗《うかが》った。新羅は唐に救援を求めたが、唐による善徳《ぜんとく》女王交代の提案の採否をめぐって、六四七年に内乱状態に陥った。王族の金春秋《こんしゅんじゅう》（後の武烈《ぶれつ》王）は六四八年に唐に赴き、協力を求めた。すでに唐の太宗は、六四四年から高句麗征討に乗り出していた。

倭国では、皇極《こうぎょく》の代には、蘇我蝦夷《そがのえみし》が、大臣の地位にあったが、子の蘇我入鹿《いるか》が蝦夷を凌《しの》ぐ勢威を振るっていた。入鹿は、権臣《ごんしん》個人が傀儡王《かいらいおう》を立てて専制権力を振るうという、高句麗と同じ方式の権力集中を目指していたことになる。激動の北東アジア国際情勢に対処するには、一見するとこれが最も効率的な方式に見えたのであろう。入鹿は皇極二年（六四三）に「諸皇子」を糾合して、厩戸王子の子である山背大兄王《やましろのおおえ》の一族（上宮王家《じょうぐうおうけ》）を滅ぼした。

入鹿は蘇我系の古人大兄《ふるひとのおおえ》王子への早期の大王《だいおう》位継承を考えていたであろうが、その場合、非蘇我系王統《おうとう》の嫡流《ちゃくりゅう》である葛城《かずらき》王子（後の中大兄《なかのおおえ》王子）が障碍《しょうがい》となるであろうことは明白であった。

一方、唐から帰国した留学生《るがくしょう》や学問僧から最新の統治技術を学んだ者の中からは、国家体制を整備し、その中に諸豪族を編成することによって、官僚制的な中央集権国家を建設し、権力集中をはかろうとする動きが興った。

共に中国の最新統治技術を学んでいた入鹿と中臣鎌子《なかとみのかまこ》（後の鎌足《かまたり》）は、いずれが主導権を握って国際社会に乗り出すかで、抜き差しならない対立関係に踏み込んでしまったのである。門地の低い鎌子としては、入鹿と協力するという選択肢はあり得なかった。すでに大臣位を蝦夷から受け継いでいる入鹿の下位に立たなくてはならないからである。こうして鎌子が選んだのは、葛城王子および官僚制的中央集権国家の方であった。

乙巳《いっし》年（六四五）に起こった政変（乙巳の変）とそれに続く国制改革、いわゆる「大化改新《たいかのかいしん》」の意義を集約すれば、北東アジアの動乱に対処するための権力集中、中央集権化とそれに伴う官僚制整備への志向、東国《とうごく》を中心とする地方への中央権力の浸透、その結果としての立評《りつぴょう》（地方支配の単位として全国を評《こおり》に分けること）、そして旧俗から脱した文明化への志向ということになろう。

乙巳の変

乙巳の変の契機としては、一九六〇年代までは、倭《わ》国内の新羅派と百済派の争いを背景と見る、対朝鮮外交との関連を考える論考が多かった。しかし、一九七〇年代に入って、国際情勢への対応を重視する見方が強まった（石母田正『日本の古代国家』）。実際には、国際情勢への対応を軸とする、国内における権力集中の模索、また大王位継承をめぐる争い、さらには蘇我氏内部における本宗家《ほんそうけ》争いこそが、その主要なものであったと考えるべきであろう（倉本一宏『蘇我氏』）。

鎌足と葛城王子は、六四五年六月、飛鳥板蓋宮《あすかいたぶきのみや》で入鹿を謀殺した。翌日、蝦夷は自殺し、蘇我氏本宗家は滅亡した。皇極は退位して弟である非蘇我系王統庶流の軽《かる》王に「譲位《じょうい》」し（孝徳《こうとく》）、新たな政権が発足した。まず、中央豪族の代表として、阿倍内麻呂《あべのうちまろ》が左大臣、蘇我倉山田石川麻呂《くらやまだのいしかわまろ》が右大臣に任命された。鎌足は内臣（ウチツマヘツキミ）という地位に就いたとされ、唐から帰国していた僧旻《みん》（日文《にちもん》）と高向玄理《たかむこのくろまろ》が国博士《くにはかせ》として、政権のブレーンとなった。

ただし、鎌足の「功業《こうぎょう》」は、その実体としては不明な箇所が多い。律令《りつりょう》制下の不比等《ふひと》以下の藤原《ふじわら》氏の側から、自己の政治的地位の根拠として、「大化改新」前後の鎌足の「功業」が創作され、偉大な藤原氏創始者として鎌足像が形成されたとも考えられるのである。いわば鎌足という人物は、藤原氏の始祖伝承というわけである（倉本一宏『藤原氏』）。

なお、大化という年号は存在しなかったと考えられる。大宝《たいほう》元年（七〇一）以前の木簡《もっかん》や金石文《きんせきぶん》では年紀が干支《かんし》で書かれていることから、その次の白雉《はくち》・朱鳥《しゅちょう》も存在せず、史実としては大宝が最初の年号だったと考えられる。

改新詔

翌大化二年（六四六）の元旦、四箇条からなる改新詔《かいしんのみことのり》が発せられたと『日本書紀《にほんしょき》』は記すが、この詔の信憑性についてはさまざまな議論がある。

そのうち、第二条の信憑性をめぐる論争が郡評論争《ぐんぴょうろんそう》である。改新詔には地方行政組織として国《くに》・郡《こおり》・里《さと》を定めたことが見えるが、当時の金石文や氏族系譜などの諸史料には「郡」ではなく「評」と記したものが多く見られる。これに基づいて、もとの改新詔には「評」とあったのが、『日本書紀』編纂《へんさん》時の大宝律令《たいほうりつりょう》によって文飾を受けている、つまり後代に書き換えられた、という説が井上光貞氏によって出された。なお、評も郡も同じく「コオリ」と訓《よ》む。

それ以降、盛んな論争が続いたが、決着を付けたのは藤原宮《ふじわらのみや》跡から出土した木簡であった。文武《もんむ》四年（七〇〇）以前の木簡にはすべて「評」と記され、大宝元年以降の木簡には「郡」と記されていた。つまり、大宝律令を境に「評」から「郡」に変わったことが明らかとなったのである。

こうして郡評論争には決着が付いたが、改新詔の他の部分については、いまだ定見を得るには至っていない。ただ現在では、『日本書紀』に記載されたままの詔の存在は疑わしいにしても、その基となる詔（原詔《げんしょう》）が出されたとの説が主流となっている（吉川真司『飛鳥の都』、吉村武彦『大化改新を考える』）。

ただし、『日本書紀』の改新詔がどこまで原詔の姿を伝えているかは難しい問題である。第一条は、王族や豪族の土地・人民の所有を禁止し（公地《こうち》公民制《こうみん》）、豪族に食封《じきふ》を支給することを定めたものである。しかし、この当時にこのような改革を宣言するとは考えにくい。諸豪族の部曲《かきべ》・田荘《たどころ》の領有は、かなり後まで認められているからである。

第二条は、京師《けいし》、畿内《きない》、国・郡という地方行政組織を定め、中央集権的な政治体制を作ることを定めたものである。この内、「郡」の字が大宝律令施行以前には「評」であったことが確認されているが、用字はともかく、評という行政組織は数年後には設定されており、この時に目標として定められた可能性もある。同様、畿内国の制も、この時に定まったものであろう。

第三条は、戸籍《こせき》・計帳《けいちょう》を造り、班田収授法《はんでんしゅうじゅほう》を行なうことを定めたものである。これらの用語は、いずれも大宝律令の修飾を受けている。後に述べる東国国司《とうごくこくし》が行なった、人口と田地の調査を踏まえて定められたものであろうが、実際に戸籍が作成されるのは、庚午年《こうご》（六七〇）を待たなければならない。

第四条の新税制は、田の調《みつき》・戸別の調・官馬・仕丁《しちょう》・庸布《ようふ》・庸米《ようまい》・采女《うねめ》であるが、田の面積に応じて徴収する「田の調」は畿外《きがい》を、戸数に応じて徴収される「戸別の調」は畿内国を対象としたものであろう。他の税についても、大化以前から行なわれていたもので、この時に新しい徴収基準が定められたと考えられる。

「大化改新」の実像

改新詔の信憑性は別にして、乙巳の変に続く一連の諸改革の実像は、どこまで推定できるのであろうか。まず改新詔に先立つ大化元年八月に東国に東国国司が派遣され、国造《くにのみやつこ》の支配の実態や人口・田地を調査している。同時に男女の法を制定し、生まれた子供を父方・母方のいずれに所属させるかを明確にした。大化五年（六四九）には先ほど述べた「評」が全国に立てられており（天下立評《てんかりつぴょう》）、東国国司の派遣や男女の法は、造籍《ぞうせき》の準備段階と考えられる。

また、大化二年の旧俗廃止詔は葬儀・婚姻・交通など従来の共同体的習俗の改正を命じるものであった。そのうち、葬儀に関する部分を、特に「薄葬令《はくそうれい》」と称する。これによって、文明国家への道が示されると共に、大規模古墳《こふん》の造営が終焉《しゅうえん》を迎えた。

その他、難波宮《なにわのみや》（前期難波宮）への遷都、推古《すいこ》朝の冠位《かんい》十二階を改めた七色十三階（後に十九階）からなる新しい冠位制の制定などが行なわれている。これは大臣をも授位範囲に含むもので、臣下はすべて官僚制に組み込まれることになった。

二〇〇〇年前後から、飛鳥や難波宮跡で七世紀の木簡が多く出土している。特に飛鳥の石《いし》神遺跡《がみ》から出土した乙丑《いっちゅう》年（天智《てんじ》四、六六五）の年紀を持つ「大山五十戸《おおやまのさと》」木簡は、国・評・里に相当する国・評・五十戸《さと》（後の「里」）という地域編成が行なわれ、拠点支配ではなく領域支配が早期に確立していた可能性を示唆している（市大樹『飛鳥の木簡』）。ただし、この木簡は「大化改新」の成果と考えるよりは、天智二年（六六三）の白村江《はくそんこう》をはじめとする百済復興戦争の敗戦以降の国家体制の整備によるものと考えた方がよかろう。

しかし、中大兄王子や鎌足の目指した中央集権国家の建設は、孝徳の代では完成に至っていない。例えば、公地公民を謳《うた》って班田収授法を行なうというが、豪族の所有していた土地や人民を国家のものとして収公《しゅうこう》するのは、容易なことではない。このののち約半世紀の長い道のりと、百済復興戦争や壬申《じんしん》の乱など幾多の政変・戦乱を経て、はじめて完成されていったのである。

3　百済復興戦争の目的は何だったのか

百済滅亡

六六〇年三月、唐《とう》の高宗《こう》は、水陸軍十三万を百済《ひゃくさい》に進軍させた。また新羅《しんら》の武烈《ぶれつ》王は五万の兵を率い、金庾信《きんゆしん》らと共に五月に出発し、これを応援させた。唐は海上から、新羅は陸上から、それぞれ百済に侵攻し、これを挟撃《きょうげき》したのである。

唐軍は白江《はくこう》（白村江《はくそんこう》）、新羅軍は炭峴《たんけん》を、それぞれ突破した。百済は五千人の決死隊で七月に黄山《こうざん》で迎撃《げいげき》して激戦となったものの、新羅に降《くだ》り、義慈《ぎじ》王は太子や近臣と共に熊津《ゆうしん》城に逃亡して避難したが、ついに降服した。

百済滅亡の報《しら》せは、いち早く倭《わ》国にもたらされた。倭国の受けた衝撃は想像に余りあるが、しかしながら、それもすぐに別の方向に向かったことであろう。この使節が続けて語ったのは、残された百済遺臣《いしん》の唐への叛乱《はんらん》と、あと一歩で王城を奪還できそうだという情報であった。

百済遺臣の叛乱と救援軍派遣要請

百済が滅亡したとはいっても、実は王都が陥落《かんらく》して国王とその一族、そして貴族が唐に連行されただけに過ぎず、すぐに百済遺臣による叛乱が起こったのである。

百済からの使者は遺臣鬼室福信《きしつふくしん》の挙兵を告げ、救援軍の派遣と百済王族余豊璋《よほうしょう》の帰国を請うてきた。

大王斉明《だいおうさいめい》はこの要請に対し、豊璋を護衛するための軍兵を派遣し、新羅の地を目指すと言っている。これは、この戦闘の相手を新羅と認識していたことを示すものである。

この派兵については、一般的には、中大兄《なかのおおえ》王子と中臣鎌足《なかとみのかまたり》を中心とする当時の倭国の支配者が、大唐帝国と新羅の連合軍に対して無謀な戦争をしかけたという理解がなされている（森公章『「白村江」以後』）。

しかしながら、百済復興軍の派兵は、本当に無謀な蛮行《ばんこう》だったとは思えない。中大兄たちが派兵に踏み切ったこの段階というのは、福信たちが唐の進駐軍に対して叛乱を起こし、各地で勝利を収めていた時期であった。その時点で倭国に使者を遣わして戦果を誇大に報告し、援軍の派兵を要請してきたということを忘れてはならない。

また、緊迫する北東アジア情勢は、現代でいう集団的自衛権を意識せざるを得ない情勢であった。倭国と敵対する新羅と世界帝国の唐が軍事同盟を結び、倭国の同盟国である百済を滅ぼしたということは、いずれ近いうちに朝鮮半島の南端まで、敵対勢力の領土となることが予測された。そうなった場合の倭国の安全は、危機的な状況に陥ってしまうことになる。半島南部に緩衝勢力として、倭国の同盟国が存在することが、防衛上、必要であると認識されていたであろう。

たとえ倭国が百済復興を支援せず、百済を見捨てて唐に服従していたとしても、倭国は必ず高句麗《こうくり》との戦いに投入されたはずである。

百済救援軍の派遣

斉明や中大兄、鎌足は、この要請を受けて、三次にわたって大軍を派遣した。その思惑の深層については、後に詳しく述べよう。

斉明七年（六六一）正月、斉明を先頭に、中大兄王子・大海人《おおしあま》王子ら、倭王権《わおうけん》の中枢部を載せた船団は難波《なにわ》を出発した。八日には吉備《きび》の大伯海《おおくのうみ》、十四日には伊予《いよ》の熟田津《にきたつ》から石湯行宮《いわゆのかりみや》（久米官衙《くめかんが》遺跡群）に到達した。両地とも、徴兵を行なっていたのであろう。

三月、一行は九州の娜大津《なのおおつ》に着いたが、斉明は七月に朝倉橘広庭宮《あさくらのたちばなのひろにわ》で死去してしまう。中大兄は称制《しょうせい》（大王位に即《つ》かずに政事《まつりごと》を聴くこと）を行ない、軍事指導にあたった。

倭国では、八月に五千余人からなる第一次の百済救援軍が編成された。九月には、中大兄は当時の倭国の冠位《かんい》の最高位である織《しょく》冠を豊璋に授け、また多蔣敷《おおのこもしき》の妹を妻として娶《めあわ》せ、百済に送らせた。冠位というのは君主が臣下に授けるものであり、倭国と百済が君臣関係となったという主張を示すものであった。また、倭国の女性を豊璋の妃《きさき》とするということは、やがてこの女性が産むであろう王子がその次の百済王にでもなれば、倭国の血の入った王子が百済王となることになる。

なお、この度の派兵は、百済救援の物資を送り、豊璋衛送《えいそう》の軍を護送することだけが目的で、任務が終わると、すぐに百済から帰国したと推定されている（森公章『「白村江」以後』）。翌天智《てんじ》元年（六六二）五月、豊璋は百済王の位に即いた。

天智二年（六六三）三月、中大兄は第二次の百済救援軍（新羅侵攻軍）を編成した。まさに倭国の全力を傾けた派兵だったことが推測できる。六月には新羅の沙鼻《さび》・岐奴江《きぬえ》の二城を攻め取っている。この軍は旧百済領ではなく、新羅を目指したのである。

それに対応し、唐の鎮将《ちんしょう》である劉仁軌《りゅうじんき》は五月に兵の増員を本国に請い、唐は兵七千を出動させた。この増援軍は海軍を主力としたものであると指摘されている（盧泰敦『古代朝鮮』）。やがてこの海軍が、倭国軍を壊滅《かいめつ》に追い込むことになる。

八月になり、倭国は東国《とうごく》の地方豪族の率いる一万余人の第三次派兵を行なった。これは直接百済に向かったもので、当初から旧百済領に駐留する唐軍、あるいは唐本国から新たに派遣されてきた水軍との対決を目的とした出兵であると見られているが（森公章『「白村江」以後』）、私はむしろ、この第三陣は、唐軍と海戦を行なうために行ったのではないのではないかと考えている。余豊璋をはじめとする旧百済軍は、都の南方にある周留《する》城（位金岩山《いきんがんさん》城）に立て籠っていた。この旧百済軍の援軍として向かった第三陣が、たまたま陣を布《し》いて待ち構えている唐の水軍と遭遇して、これに無謀な突撃を繰り返し、敗北したのではないかと考えられるのである（倉本一宏『戦争の日本古代史』）。

白村江の戦

八月十七日、唐・新羅連合軍の陸上軍は周留城に到り、これを包囲した。一方、水軍は軍船百七十艘を率いて白村江に戦列を構えた。倭国の水軍の先頭がようやく白村江に到着したのは、それから十日を経た八月二十七日のことであった。この水軍は、『旧唐書《くとうじょ》』劉仁軌伝

白村江（セマングム干拓地）

によると「舟四百艘」、『三国史記《さんごくしき》』新羅《しんら》本紀《ほんぎ》によると「倭船千隻」とある。数は唐の船よりも多いのであるが、その大きさや装備は、とても比較できるものではなかったことであろう。唐の戦艦《せんかん》は、鉄甲《てっこう》で装備された巨大な要塞《ようさい》であるのに対し、倭国の「舟」は文字どおり小型準構造船《じゅんこうぞうせん》の輸送船であったものと思われる。

『日本書紀《にほんしょき》』が、「日本の軍船の先着したものと大唐の軍船とが会戦《かいせん》した。日本は敗退し、大唐は戦列を固めて守った」と記すように、それは勝敗以前の問題であった。まさに先着順に唐軍の餌食《えじき》となってしまったのである。

二十八日、倭国軍は唐の水軍と決戦を行なった。

日本の将軍たちと百済の王とは、戦況（「気象〉をよく観察せずに、「我が方が先を争って攻めかかれば、相手はおのずと退却するであろう」と協議し、日本の中軍の兵卒を率い、船隊をよく整えぬまま、進んで陣を固めた大唐の軍に攻めかかった。すると大唐は左右から船を出してこれを挟撃し、包囲攻撃した。みるみる官軍は敗れ、多くの者が水に落ちて溺死《できし》し、舟の舳《へさき》をめぐらすこともできなかった。……この時、百済の王豊璋は、数人と船に乗り、高麗（高句麗）へ逃げ去った。

というのが、『日本書紀』の語る白村江の戦である。一方、『旧唐書』劉仁軌伝は、次のように記す。

仁軌は白江の入口で倭軍と出会い、四度戦ってみな勝ち、彼らの舟四百艘を焼いた。その煙と焔《ほのお》は天にみなぎり、海の水もみな赤くなった。賊の軍兵は大潰《たいかい》した。余豊は身を抜け出して逃げて行った。

前日の失敗を反省することなく、船隊を整えないまま、戦列を構えた唐軍に向かって我先にと突撃し、唐軍に左右から挟撃されて包囲されることとなった。倭国の舟は方向転換することもできなかった。しかも唐軍は倭国の舟を火攻めにした。水に落ちて溺死する者が多かったというのは、火を避けて重い甲冑《かっちゅう》を着けたまま海に飛び込んだ結果であろう。

白村江の敗戦から十日後の九月七日、周留城もついに陥落した。ここに「百済の余燼《よじん》は悉《ことごと》く平定された」という状況となった。

百済復興戦争派兵の目的

ここでこの戦争に踏み切った際の中大兄と鎌足の思惑について、考えてみたい。

白村江の戦の対外的な目的は、「東夷《とうい》の小帝国《しょうていこく》」、つまり中華《ちゅうか》帝国から独立し、朝鮮諸国を下位に置き、蕃国《ばんこく》を支配する小帝国を作りたいという願望が、古くから倭国の支配者には存在し、中大兄と鎌足もそれにのっとったのだということなのであろう（石母田正『日本の古代国家』）。

それでは、国内的な目的、対内的な目的というのは、いかなるものだったのであろうか。

第一の可能性として、中大兄が派兵に踏み切った段階というのは、百済の遺臣鬼室福信たちが唐の進駐軍に対して叛乱を起こし、各地で勝利を収めていた時期であった。その時点で百済遺臣は倭国に使者を遣わして、援軍の派兵を要請してきたのである。

中大兄と鎌足は、使者の情報が誇張を含んだものであると判断したとしても、あながち虚偽の情報でもあるまいと判断し、倭国からの援軍が合流すれば、本当に最終的な勝利を得ることができると考えたとしても、不思議ではない。当時の情勢としては、本気で勝つ目算もあったという可能性、また実際に勝つ可能性もあったのである。

第二の可能性として、もしかしたら負けるかもしれない、けれども朝鮮半島に出兵して、戦争に参加するのだ、と中大兄が考えていた可能性を考えてみたい。唐に負けた場合にでもなお、唐が倭国に攻めてくるとは想定せずに、国内はこれによって統一されるであろうということを、中大兄と鎌足は考えたのではあるまいか。中大兄にとっては、中央集権国家を作りたい、だけど支配者層はバラバラである、地方豪族は言うことを聞かない、というような時に、ここで対外戦争を起こしてみたら、国内が統一できるだろう、という思いを持っていたのではないか。

さらに第三の可能性として、たとえ倭国の敗北が国内の誰の目にも自明なほどの敗北を喫したとしても、「大唐帝国に対して敢然と立ち向かった偉大な中大兄王子」という図式を、倭国内で主張することは可能である。つまり、中大兄たちの起こした対唐・新羅戦争というのは、勝敗を度外視した、戦争を起こすこと自体が目的だったのであり、それによって倭国内の支配者層を結集させ、中央集権国家の完成を、より効果的に行なうことを期したものであるという側面があった可能性を考えたい。

あるいは、もっと深刻な第四の可能性として、倭国の敗北が国内で周知の事実となってしまった場合でもなお、中大兄は自らの国内改革の好機と捉えていたのではないか。あたかもこれから、唐・新羅連合軍が倭国に来襲してくるという危機感を国内に煽《あお》り、戦争で負けた、これから両国が倭国に攻めてくるぞ、それに立ち向かって我らが祖国を守るためには、このままの体制ではいけない、国内の権力を集中して軍事国家を作り、国防に専念しなければいけない、軍国体制を作るためには、これまでとは異なる権力集中が必要である、国内の全権力を自分に与えろ、と主張しようとしていたのではないであろうか。

最後に第五の可能性も提示しておきたい。白村江の戦に参加したのは、倭国の豪族軍と国造《くにのみやつこ》に率いられた国造軍の連合体であった（鬼頭清明『白村江』）。中央集権国家の建設を目指していた中大兄にとって、最も深刻な障碍《しょうがい》となっていたのは、まさに自己の既得権益《きとくけんえき》ばかりを主張し、中央政府の命に容易に服そうとしない豪族層だったはずである。中央集権国家の建設というのは、取りも直さず豪族層の伝統的な権益（私地私民）を剝奪《はくだつ》することに他ならないのである。

中大兄と鎌足にしてみれば、乙巳《いっし》の変以来、自分たちの改革に対して障碍となってきていた、そして次なる改革に際しても、邪魔な存在となる可能性の高かった豪族層を、対唐・新羅戦争に投入して戦死させれば、それらの障碍を取りのぞくことができる（中国でいう、いわゆる「裁兵《さいへい》」）と考えたのではないであろうか。

事実、中大兄の思惑通り、敗戦によって豪族の勢力は大幅に削減され、全国の人民の姓の確定を伴う庚午年籍《こうごねんじゃく》の作成をはじめとして、中央権力はかなりの程度、地方にまで浸透していったのである。

いずれにせよ、白村江の戦をはじめとする百済復興戦争は、必ずしも無謀な戦争だったのではないし、勝敗をまったく度外視していたわけでもない。なおかつ、負けてもかまわない、戦争を起こすこと自体が目的だった、という側面を強調したい。しかもそれは、対外的な目的よりも、国内的な要因によるものであったのである。

4　壬申の乱の歴史的意義は何だったのか

壬申の乱の歴史的意義

壬申《じんしん》の乱は、西暦六七二年に起こった古代史上最大の戦乱である。戦線の範囲は近畿・東海地方のかなりの地域に及んだ。また、壬申の乱の特徴は、朝廷に対して反旗を翻した側が勝利しているという点にある。

そして、壬申の乱は、倭《わ》国にはじめて体系的な国家が誕生し、天皇《てんのう》という君主号、日本《にっぽん》という国号が成立する直接的な契機となった。壬申の乱は単なる大王《だいおう》位継承争いにとどまらない歴史的意義を持つのである（以下、倉本一宏『壬申の乱』）。

天智の大王位継承構想

壬申の乱は天智《てんじ》が死去した後の大王位継承争いを、直接の原因としている。天智が構想していた大王位継承予定者は、伊賀《いが》の地方豪族という卑母《ひぼ》から生まれたことによって大王位継承権がなかった大友《おおとも》王子ではなかった。当時の慣例として、大王位に即《つ》くには三十歳程度の年齢と統治経験が必要とされており、大友には、その資格もなかった。

天智としては、同母弟《どうぼてい》の大海人《おおしあま》王子（後の天武《てんむ》天皇）を即位させ、その次に世代交代を行なう際に、大友の子である葛野《かどの》王（母は天武王女の十市《とおち》女王）や、大海人の子である大津《おおつ》王

（母は天智王女の大田《おおた》王女）か草壁《くさかべ》王（母は大田王女同母妹の鸕野《うの》王女）、あるいはもう一代中継ぎとして自分の王女である鸕野（後の持統《じとう》天皇）を想定していたものと思われる。

大海人にとっても、天智の死後は自分に大王位がまわってくることは確実なのであるから、ことさらに事を荒立てる必要はなく、天智に協力していればよかったはずである。天智と大海人の間には、きわめて濃密な姻戚《いんせき》関係が存在した。両者はけっして敵対関係にあったのではなく、いわば一体となった王権として認識していたはずである。

吉野退去の事情と鸕野王女の思惑

天智十年（六七一）十月に大王位の禅譲《ぜんじょう》を要請された大海人であったが、日本古代の儀礼的な慣習として、これを辞退した。ここで辞退しておいて、天智からの次の即位要請を待っていればよかったのであるし、天智が死去してしまった場合でも、その後の群臣による推戴《すいたい》を待てばよいと考えていたはずである。

しかし、大海人と鸕野は大津《おおつ》宮を退去した。大海人二男の草壁王と四男の忍壁《おさかべ》王を伴い、一男の高市《たけち》王と三男の大津王をわざわざ大津宮に残してである。天智からの次の即位要請や、天智の死を待っていればよかったのに、どうして大海人は吉野《よしの》にまで退去してしまったのであろうか。

先に述べた大王位継承資格者のうち、葛野王や大津王であっては困るのは、鸕野ただ一人であった。大海人を中継ぎとして、確実に自分が産んだ草壁王へと継承させたいという鸕野の思惑としては、まず大友を斃《たお》して葛野王を排除し、そしてその次に、大海人の子の中での草壁王の優位性を確立する必要があった。その後、草壁王即位の障碍《しょうがい》となるのは、かつての正妃《せいひ》的存在であった大田が産んだ大津王であったはずである（大田は大津王を出産した後に死去していた）。

鸕野にとって、大友を斃し、同時に草壁王の優位性を確立し、さらには大津王を危険にさらすための手段として選ばれたのが、武力によって近江《おうみ》朝廷を壊滅させること、そしてその戦乱に自身と草壁王だけをできるだけ安全に参加させるということであった。

国際情勢と壬申の乱

もう一つ、壬申の乱と密接に関連しているのが、北東アジア国際情勢であった。天智は国内改革を推進して、甲子《かっし》の宣による支配者層の再編成と、天智九年（六七〇）に造られた庚午年籍《こうごねんじゃく》に代表されるような地方支配の徹底を目指した。特に戸籍《こせき》を造るということは、地方豪族の権力に対する中央権力の介入につながり、その反発を招いたことであろう。

倭国の中央・地方の支配者層は、天智の作戦に見事に乗せられ、いつ果てるとも知れない戦時態勢の中、自己の伝統的な権益を放棄し、天智に協力して、中央集権的な国家体制建設への道を歩み始めたのである。

ところが、唐《とう》と新羅《しんら》は、高句麗《こうくり》を滅ぼした後に、険悪な関係になってしまった。そして天智七年（六六八）に、十二年ぶりに新羅から倭国へ使節がやってきた。新羅としては、唐と険悪な関係となっているこの時期、背後の倭国と友好関係を結ぼうとしたのであろう。

一方、唐・新羅の本格的な開戦を控えていた天智十年正月、唐の百済鎮将《ひやくさいちんしよう》が、使節を倭国に遣わした。この使節は、対新羅戦における不利な状況に際して、倭国に対して軍事的援助を求めてきたものと考えられている。

ここに至って、倭国の支配者層は、天智の煽った危機が、実は自らに権力を集中させるための策略に過ぎず、実際にはそれが虚偽（あるいは読み違い）であったことを知った。百済救援の際に多大な犠牲を出したのみならず、多くの山城《さんじよう》の築造を行ない、戸籍の作成にも協力してきた豪族層は、天智に対する怨嗟《えんさ》の念を強めたはずである。一方、大海人にとってみれば、何とかしてこの批判を自分から逸《そ》らす必要を直感したことであろう。

そして天智十年十一月、百済救援戦における倭国の捕虜《ほりょ》千四百人を引き連れた唐使が倭国に送り込まれた。大友とその周囲の五大官、そしてブレインの亡命百済人のみによって運営されていた近江朝廷は、急速に親唐外交路線へと傾斜していき、対新羅戦用の徴兵を急いだ。ただし、西国《さいごく》は百済救援のための徴兵と山城の造営によって疲弊しており、今回の徴兵は美《み》濃《の》や尾張《おわり》・伊勢《いせ》をはじめとする東国《とうごく》を中心としたものとなった。

まさか吉野に隠遁《いんとん》している大海人が挙兵してその東国の兵を接収《せっしゅう》し、近江朝廷を倒すなどとは考えていなかった親唐派の大友としては、ここで唐に協力して新羅を倒せば、半島における倭国の優位を取り戻すことができるとでも考えたのであろう。

また、唐と新羅が戦争を行なえば、唐の勝利を予測するのが自然であり、朝鮮《ちょうせん》半島が唐によって全面的に直轄支配されるという事態も予想していたであろう。その際、唐と敵対的な関係のままでは、倭国の存続も危うくなる。

もっとも、唐・新羅両面外交を推進してきた中臣鎌足《なかとみのかまたり》もすでに死去しており、新羅寄りであった大海人もすでに吉野に退去してしまっていた。大友の周囲では、亡命百済人のスタッフが外交方針の策定を主導していた可能性が高い。彼らにとっては、新羅というのは、外国である唐の軍隊を半島に引き入れて祖国を滅ぼした仇敵《きゅうてき》であり、ここで大友を動かして敵《かたき》を取りたいと思ったのであろう。

大海人としては、対外戦争反対を旗印として、対新羅戦計画を主導している大友を斃すことによって、百済救援戦の責任を回避することもできると考えたかもしれない。

なお、天智は十二月に死去した。諸豪族の怨嗟が自己に向かってくる前に、無事に生を終えることができたことになる。

東国では徴兵が進み、各国の拠点となる地域に国宰《こくさい》に率いられた兵士が集結した、という時点で、壬申の乱は起こっている。もちろん、そのタイミングを狙って、大海人と鸕野は吉野を出発したのである。

壬申の乱の勃発

大海人と鸕野の立場に立てば、天智の大后《おおきさき》であった倭《やまと》女王が、このまま癸酉《きゆう》年（六七三）の初頭に女帝として即位した後の近江朝廷を倒すというのは、まったく大義名分に欠ける。大友が朝廷を主宰して天智の殯《もがり》が行なわれている空位期間こそ、絶好のタイミングだったことになる。

吉野にあった大海人と鸕野にとっては、そのあいだに、進撃路を地盤とする豪族との連携や、対新羅戦用の徴兵を行なっていた国宰の調略《ちょうりやく》、大津・高市王という、大津宮に残してきた二人の子との連絡などの戦争準備を整え、大友による対新羅戦争用の徴兵が東国で完了する時期を覗《うかが》っていたことであろう。

『日本書紀《にほんしょき》』では、壬申年（六七二）五月、朴井雄君《えのいのおきみ》が、美濃・尾張の国宰が山陵《さんりょう》を造るための人夫を徴発し、それらに兵器を持たせていたという情報を、大海人に報告したことになっている。この雄君の報告は明らかに、近江朝廷による対新羅戦用の徴兵が完了し、美濃と尾張の各拠点に多数の兵が集結し終わったことの確認だったのであろう。

六月二十二日、大海人は行動を開始した。三人の舎人《とねり》を美濃に先遣し、多品治《おおのほんじ》に機密を打ち明けて美濃の兵を徴発し、美濃国宰にも連絡して軍勢を発し、不破道《ふわのみち》を塞ぐことを命じた。東国と近江とを遮断し、近江朝廷の使節が東国に入るのを防ぐためである。

六月二十四日、大海人と鸕野は吉野を出発した。この時に大海人に従っていた者の名が壬申紀に列挙されているが、鸕野の名が記されていないのは、鸕野はこの戦乱の主体者として、彼らを率いていたということなのであろう。

「東国虎歩」の行程

一行は二十四日夜半、伊賀に到達した。隠《なばり》（名張）の横河《よこかわ》において、大海人は占いを行ない、「天下両分」を謳《うた》って、「自分が最後には天下を得るであろう」と宣言した。その後、伊賀の中山《なかやま》において、伊賀の兵を自己の傘下に組み入れた（倉本一宏『壬申の乱を歩く』）。

一行が二十五日に積殖《つむえ》の山口《やまぐち》に到ると、大津宮を脱出した高市王が合流した。そして一行は、この行程最大の難所である大山《おおやま》（加太越《かぶと》）を越え、伊勢の「鈴鹿郡《すずか》」に入った。伊勢に入ると、国宰たちが兵を率いて一行を出迎えた。大海人は、その兵の一部で鈴鹿山道《すずかのやまみち》を閉塞《へいそく》させた。

翌六月二十六日の朝、一行は「朝明郡《あさけ》の迹太川《とお》の辺《へ》」に到達し、「天照太神《あまてらすおおみかみ》」（太陽のことか）を望拝《ぼうはい》した。この時、大津宮を脱出してきた大津王がやって来た。

この日、美濃から不破道を閉塞することに成功したという知らせが届いた。これで近江朝廷の使者や軍は、東国に出ることができなくなった。すでに兵が集結している東国が大海人の掌中のものとなったことによって、壬申の乱の大勢は決したのである。

大海人は「朝明郡家」に着くと、高市王を不破に遣わして軍事を監督させ、この日は鸕野たちと共に「桑名《くわな》郡家」に留まった。

六月二十七日になると、美濃の高市王の許《もと》から、近くに来てほしいという要請が届いた。これを承《う》けた大海人は、鸕野や草壁王・大津王たちを安全な桑名に残し、最前線に近い野上《のがみ》に向かった。大海人が「不破郡家」に到着しようとしていた頃、尾張の国宰が率いる二万の兵を接収した。五月に朴井雄君が確認した例の兵であろう。大海人は、この兵を三方に分け、七月二日に近江・伊賀・大和《やまと》という三つの戦線に投入した。

開戦

六月二十九日、飛鳥宮《あすかのみや》で戦端が開かれた。すでに内応していた飛鳥宮留守司や大和の豪族たちは、大海人王子方の大伴吹負《おおとものふけい》の許に続々と集結してきた。

吹負が七月一日、乃楽《なら》(奈良)の手前の稗田《ひえだ》にまで到った時、河内《かわち》から大軍が来襲してきているとの情報が入ってきた。近江朝廷軍は、河内方面の大津《おおつ》道・丹比《たじひ》道という二つの道から、大軍を進軍させていた。七月二日に衛我《えが》河の西で会戦が行なわれたが、近江朝廷軍の勝利に終わった。

近江朝廷の河内方面軍は、七月四日に懼坂《かしこざか》道・大坂《おおさか》道・石手《いわて》道といった三つのルートから進撃し、吹負が配置した大海人軍は、総退却を余儀なくされた。

一方、河内軍の大和来襲と呼応して、大津宮から南下して直接飛鳥宮をめざす大和方面軍も迫ってきていて、乃楽山において吹負と対戦し、これを散々に破った。吹負はわずか数騎で南へと敗走し、飛鳥宮を横目に見て左折し、伊賀方面へと逃走した。

戦局の転回

大海人方の大和方面軍は、吹負の敗戦を聞くと、急ぎ大和方面軍のうちの一部の騎馬兵を割いて、大和救援軍を派遣した。敗走していた吹負は、墨坂《すみさか》で大和救援軍と遭遇するや、すぐさまとって返し、金綱井《かなづなのい》で四散した兵を再結集し、大坂道と石手道が交差する当麻《たぎま》の衢《ちまた》に兵を集中させた。大海人軍は葦池《あしいけ》の畔《ほとり》で近江朝廷軍と戦って勝利を収めた。

七月七日から八日にかけて、紀阿閉麻呂《きのあへまろ》の率いる大和方面派遣軍の本隊が、続々と到着してきた。吹負はこれを上中下の三道に分けて駐屯させた。箸墓《はしはか》古墳の近辺で戦闘が繰り広げられたが、弓射騎兵《きゆうしやきへい》を擁した大海人軍は近江朝廷軍を破った。

近江路決戦

近江路方面における主力軍同士の戦闘が始まったのは、七月七日の息長横河《おきながのよこかわ》の戦であった。

最初の主力軍同士の激突という、壬申の乱全体の中でも、最も戦略的な意味の大きかったこの戦闘であったが、近江朝廷軍は総崩れとなり、将も見捨てて逃走を始めた。

息長横河の戦から二日後の七月九日、鳥籠山《とこ》において、芹川《せり》を渡河しきれなかった近江朝廷軍将兵の掃討《そうとう》が繰り広げられた。

七月十三日、息長横河に続く二回目の決戦が、安河《やす》の畔で行なわれた。しかし、二回目の決戦も、結果は近江朝廷軍の大敗であった。

四日後の七月十七日、栗太《くるもと》において敗残兵の掃討作戦が行なわれている。この後は、大津宮までの間には、もはや瀬田《せた》川しか防衛線は残っていない。

瀬田川の最終戦と大友王子の最期

近江朝廷軍は残存する全勢力の結集を行なった。そこには左右大臣に加えて、大友も最前線にまで出馬してきた。場所は瀬田橋の西である。

七月二十二日に行なわれた最終戦も、大海人軍の勝利に終わり、大友や左右大臣も皆、逃走を始めた。大友が逃げた方向は西。山科《やましな》から摂津《せつつ》を目指していたのだろうか、それともさらに西国、白村江《はくそんこう》の捕虜を留めていた筑紫《つくし》に落ちのびるつもりだったのであろうか。

しかし、それくらいのことは、すでに大海人軍にはお見通しであった。山前《やまさき》の河の南と淀《よど》川下流の難波《なにわ》で待ち構えるという、二段構えの捕捉線を敷いていたのである。ここに一行は進退に窮まり、大友は山前（天王山《てんのう》の南東山麓あたり）に隠れて自経《じけい》した。

壬申の乱の結果、律令《りつりょう》に基づく中央集権国家の建設という命題が道程に乗った。それについては、次節で述べることとしよう。

5　律令体制はどのようにして完成したのか

天武「天皇」の国家建設

大海人《おおしあま》王子は、天武《てんむ》二年（六七三）に飛鳥浄御原《あすかきよみはら》宮で即位した（天武天皇）。即位した年を二年と数えるのは、すでに壬申《じんしん》の乱の最中に即位していたと主張し、臨時軍事政府を成立させていたと解釈したことによるものである。

それまで「大王《だいおう》（オホキミ）」とされていた君主号に代わるものとして、「天皇《てんのう》（スメラミコト）」号を制定したのも、天武であった。「天皇」とは道教《どうきょう》の最高神を表わす称号であるが、まさに道教や卜占《ぼくせん》に傾倒していた天武に相応《ふさわ》しい君主号であった。中国の「皇帝《こうてい》」と対置し、新羅《しんら》の「王」を従える、「東夷《とうい》の小帝国《しょうていこく》」の君主として、自らを位置付けたのである。

天武は、大臣を置かず、皇后鸕野《うの》皇女（後の持統《じとう》天皇）や、草壁《くさかべ》皇子・大津《おおつ》皇子・高市《たけち》皇子などの皇子、六世紀以来の大王の子孫である諸王などの、皇族・皇親《こうしん》を重く用いることによって、律令《りつりょう》体制国家の早急な建設を目指した。この律令制成立期に特有の政治体制を、「皇親政治《こうしんせいじ》」と呼ぶ（倉本一宏「律令制成立期の「皇親政治」」）。

「政《まつりごと》の要は軍事なり」と詔した天武にとっては、畿内《きない》を武装化した軍国体制の下、強大な自己のカリスマを利用して、国家という機構的な権力体を組織し、皇族・皇親や諸豪族をその中に再編成することが、最大の目標となった。

唐《とう》と新羅の戦争は、六七六年の唐軍の惨敗と翌六七七年の安東都護府《あんとうとごふ》の撤退によって事実上終結したが、その第一報が新羅によって天武にもたらされたのは、天武七年（六七八）のことであり（半島の完全な安定を知るのはさらに後のことだったであろう）、それ以前においては、大唐と新羅が戦えば唐の勝利を予測するのが当然であったはずであるし、その結果が倭《わ》国にどのように影響するかを考えることは、支配者層に大きな緊張感をもたらしたはずである。したがって、天武朝の前半はきわめて強い軍事的緊張の中にあった国際的「非常時」と見るべきであり、それに対処するための権力集中がなされていたと考えられる。また、天智《てんじ》（および中大兄《なかのおおえ》王子）が行なってきたのは、所詮は宮中や大和における暗殺や謀略による粛正であり、特に地方豪族にとって大きな恐怖の対象ではなかった。それに比べると、天武（大海人王子）は自ら東国《とうごく》へ赴き、武力で近江《おうみ》朝廷を倒して即位したのであり、地方豪族にとって大きな恐怖の対象であったはずである。その天武のカリスマを血縁的に付与された皇親が各地方に派遣されて国家の建設を推進したことは、大きな実効性をもたらした。

そのためにまず着手されたのは、豪族を官人に登用する際の出身法や、勤務評定と昇進の制度であった。ここに個人の能力と忠誠を昇進条件とする官僚制が、本格的に始動したのである。その一方では、天武四年（六七五）には、大王天智が定めた氏族単位の民部《かきべ》を廃止し、天武十一年（六八二）に、官人個人に食封《じきふ》を給与する制度を定めた。

天武は天武五年（六七六）以降、全国に国司《こくし》を派遣して常駐させていた。これら国司の下で、豪族の私有していた部曲《かきべ》を五十戸に編成していったものとみられる。

律令国家への道

唐と新羅の戦争が終結し、北東アジアの軍事的緊張がほぼ消滅した天武十年（六八一）、天武は律令の制定に着手した。天武十四年（六八五）には、その内の冠位《かんい》制のみを先行して施行したが、この冠位には、皇子も授位範囲に含まれており、すべての支配者層を官僚化しようとする天武の意図が窺《うかが》える。

同じ天武十年、国史《こくし》の編纂《へんさん》が開始された。国の起源を神話にまで遡って記述し、現皇統《こうとう》の支配の正統性を主張すると共に、各氏族の「仕奉《しぶ》の根源《こんげん》」を、これも各氏族の祖を神話世界に組み込むことによって確立しようとしたものである。ただし、『日本書紀《にほんしょき》』の完成までには、四十年近い年月を要した。

天武十二年（六八三）から十四年にかけて、皇親を長官とする巡察使《じゅんさつし》が全国に派遣され、国境を画定した（鐘江宏之「「国」制の成立」）。これによって、従来の豪族を仲介とする拠点支配に代わって、領域編制による地方支配が大きく進展したのであり、我が国は国家への道を進めたのである。

また、天武十三年（六八四）には八色《やくさ》の姓を定め、天武朝時点の勢力や功績に対応したかたちで、姓を再編成した。八色の姓は、真人《まひと》・朝臣《あそん》・宿禰《すくね》・忌寸《いみき》・道師《みちのし》・臣・連・稲置《いなぎ》からなり、上位四姓が、上級貴族を出す母体の氏族とされた。元々臣・連の姓を持っていた氏族の内で、有力なものはそれぞれ朝臣・宿禰姓を賜わったが、この時の賜姓から漏れたものは、第六・第七の格に落とされたことになる。なお、最上格の真人は、六世紀以降の王統《おうとう》から分かれた皇親氏族に加えて、継体《けいたい》擁立に功績のあった地方豪族、そして壬申の乱に功績のあった地方豪族に賜わったものである（倉本一宏「律令制成立期の皇親」）。

天武は、我が国最初の条坊《じょうぼう》制（碁盤目状の都市区画）を持った都城《とじょう》である藤原京《ふじわらきょう》の建設にも着手していたことが、発掘調査の結果から明らかになっている（林部均『飛鳥の宮と藤原京』）。しかし、律令制定・国史編纂・都城建設という諸事業の完成を見ないまま、朱鳥《しゅちょう》元年（六八六）九月に死去した。

持統天皇の達成

天武の跡を嗣《つ》いで、即位せずに称制《しょうせい》を行なった皇后鸕野皇女は、草壁皇子の即位を実現するため、朱鳥元年十月に大津皇子を謀反《むへん》の疑いで葬った。

しかし、持統称制三年（六八九）、草壁皇子は死去してしまった。この時点で天武の皇子は八人も残っており、それらへの皇位継承を阻止し、草壁と天智皇女（つまり持統の妹）の阿陪《あべ》皇女（後の元明《げんめい》天皇）との間に生まれた珂瑠《かる》（軽）王（後の文武《もんむ》天皇）の成人を待つため、自身が即位した。

こうして、斉明《さいめい》以来、三人目で四代目の女帝、そして法制化された最初の天皇として、持統天皇が誕生したのである（倉本一宏『持統女帝と皇位継承』）。

持統は、持統三年（六八九）に飛鳥浄御原令《あすかきよみはらりょう》を施行した。特筆すべきは、この間、天智十年（六七一）から大宝二年（七〇二）に至るまで、倭国は唐との外交関係を持たなかったということである。一般に日本の律令は、六五一年に制定された唐の永徽律令《えいきりつりょう》を白雉《はくち》四年（六五三）から天智八年（六六九）にわたる第二次から第六次の遣唐使《けんとうし》がもたらし、それを範としたものと考えられている。しかし、この時期は唐と倭国とは交戦状態にあったのであり、唐が交戦国の倭国に律令の持ち出しを許容したとは思えない。

一方、天武十三年（六八四）に留学生《るがくしょう》の土師甥《はじのおい》と白猪宝然《しらいのほね》が帰国しているが、この二人が後に大宝律令《たいほうりつりょう》の撰定《せんてい》に参画していることから考えると、永徽律令はこの時にもたらされたと考えるべきである。また、六三七年に制定された唐の貞観律令《じょうがんりつりょう》も、『日本国見在書目録《にほんこくげんざいしょもくろく》』に見えないのみならず、舒明《じょめい》十二年（六四〇）に帰国した南淵請安《みなぶちのしょうあん》や高向玄理《たかむこのくろまろ》が貞観律令をもたらし、それを改新政府の政策に反映させた形跡も見られない。貞観律令は結局日本には受け継がれず、永徽律令の受け入れも天武朝末年以降と考えるべきであり、しかもその成果は大宝律令に至ってようやく結実したことになる。すなわち、天武朝に編纂が開始されていた浄御原令に関しては、唐律令の直接的な影響はなかったのである。

ともあれ持統は、飛鳥浄御原令の「戸令《こりょう》」に基づいて、戸籍《こせき》の作成を命じた。これは庚寅《こういん》年籍《ねんじゃく》として、翌持統四年（六九〇）に完成したが、五十戸を一里として国―郡―里―戸の制を確立したのも、この戸籍の時であった。領域編成による支配は、この時に完成したのであり、国家という機構が完成する大きな画期となった。

戸には成年男子を平均四丁含むように編成され、一戸から一人の兵士を徴発することと定めた。しかし、この時期には、すでに直接的な対外戦争の危機は去っていたのである。

また、持統六年（六九二）には班田使《はんでんし》が派遣されたが、この時から全国的な班田収授《はんでんしゅうじゅ》が始まったとされる。

持統八年（六九四）には、藤原京（新益京《しんやくのみやこ》）が飛鳥の北方に完成し、遷都が行なわれた。従来はそれぞれの地盤で在地との関係を結んでいた豪族は、都城の中に集住させられることとなり、この後は都市官僚である貴族として、国家機構内部に編成されることとなった。

ただし、この藤原京は、中国の『周礼《しゅらい》』に記されている理想の都城の姿を、ほぼそのまま実現させたものであり、正方形の都城の中央に宮を置いたことなど、当時の現実の唐の都を模したものではない。この点も、唐との外交を行なわないまま、中国の古典に基づいて都城を建設してしまったという事情が露呈してしまっている。

ともあれ、このようにして、大化改新《たいかのかいしん》以来進められてきた、天皇制と官僚制を軸として地方を領域支配する、中央集権的律令国家体制の建設は、ようやく完成へと近付いたのである。

文武天皇の即位

持統十年（六九六）七月、天武第一皇子の高市《たけち》皇子が死去した。それでも、いまだ天武皇子が七人も生存しており、すでに成人していて即位の可能性を有していた者も、舎人《とねり》皇子・長《なが》皇子・弓削《ゆげ》皇子・穂積《ほづみ》皇子と四人も存在していた。特に、阿倍《あべ》氏と天智との間に生まれた皇女と天武との間に生まれた舎人皇子がすでに成人していたという状況で、それをさしおいて、天皇を父としていない天武二世王である珂瑠王へ皇位を継承させるということは、いかにも強引な措置であった。

六世紀以来の大王位継承において、これほど大量の旧世代を残しての世代交代というのは、歴史上、例のないことであった。しかも、天智の皇子や皇女も、大量に生存しているのである。皇女にも即位の可能性があったことを考えると、珂瑠王への世代交代は、まったく異例の出来事だったのである。

このような情況であったにもかかわらず、持統は、藤原不比等《ふじわらのふひと》と葛野王《かどの》（大友王子の子）を協力者として、持統十一年（六九七）の初頭、珂瑠王の立太子を強行した。これが日本ではじめての皇太子《こうたいし》ということになる。この年、十五歳。この年齢もまた、例のないことであった。律令制に基づく最初の皇太子は、これまでの年齢の慣例や、執政経験とは無縁の地位ということなのであった。

そして八月、ついに持統は皇太子珂瑠に譲位《じょうい》した。文武天皇の誕生である。十五歳の君主もはじめてのことであったが、皇太子に立ってから、わずか半年足らず、皇太子としての経験もほとんど経ないままの即位であった。生前譲位というのも、皇極《こうぎょく》の場合を例外とすれば、はじめての例である。

王権の「共同統治」

その即位宣命では、文武は自らの即位の根拠を、高天原《たかまがはら》から始まるその子孫が、神武《じんむ》天皇以来、「天に坐《ま》す神」の委任を受けて統治してきたことに随《したが》って、持統から授けられたものであると主張している。こうして日本古代天皇制は、制度として確立したのである。

そして文武の経験不足の故でもあろうか、日本古代の王権は、天皇個人のみに権力を集約させず、天皇、それに親権《しんけん》を及ぼす太上天皇《だじょうてんのう》、天皇生母、天皇生母の近親者（外戚《がいせき》）などから構成され、「天皇家の長」としての持統の主導の下、それらによる共同統治を行なうというような形態を取った（倉本一宏『持統女帝と皇位継承』）。

特に太上天皇という制度は、律令に天皇と同格の君主として規定され、天皇大権を行使することとなる、法制化された地位であった。これは中国の太上皇《だじょうこう》・太上皇帝《だじょうこうてい》とは異なる、日本独自の制度であるが（春名宏昭「太上天皇制の成立」）、もちろん、持統と文武の権力行使の実体を反映させて、大宝律令で制定されたものであろう。

最初の太上天皇となった持統は、直系の孫にあたる文武と「並び坐して」共同統治にあたり、文武に対しての親権と天皇としての経験によって、文武を後見《こうけん》していたのである。そしてその根拠として、天智の定めた「不改常典《ふかいのじょうてん》」が続いて語られることになる。

なお、法制上は天皇と太上天皇とが同格とはいっても、太上天皇が天皇に対する親権行使者である場合（つまり、直系の尊属《そんぞく》である場合）、太上天皇の方が天皇よりも強い発言権を持つのは自然なことであるし、太上天皇が天皇に対して直接に教唆や指導を行なうということも、しばしば起こり得たことだったであろう。

大宝律令の完成

文武の即位後、持統太上天皇と藤原不比等の主導の下、新たな律令の編纂が進められ、大《たい》宝《ほう》元年（七〇一）、はじめて律・令共に具《そな》わった大宝律令が完成した。この時にはじめて、唐の律令が全面的に受け入れられたのである（大津透『律令制とはなにか』）。

律令体制の建設自体が、激動の北東アジア世界に対応するために軍事国家を作るための権力集中の一環だったわけであるが、当時の倭国の国力や社会の成熟度から考えると、無理のある制度であった。しかも、すでに対外戦争の危機は消滅していたのである。

しかも中国においては、長い歴史の中で培われた礼《らい》という倫理秩序の一環として、刑法としての律と行政法としての令が制定されたのであって、律令が支配法のすべてではなかった。もちろん、耕地の量や生産力、人口、とりわけ知識人の数も、倭国とは比べものにならない巨大さを有していた。律令を適用するための基盤に欠けていた我が国は、現実的な支配に都合のいい部分だけを、即席に、そして表面的に倣《なら》ったという側面が強いのである。

そして、氏族制《しぞくせい》的な原理が在地社会で生き続けている日本の社会においては、律令は「統治技術の先取り」に過ぎず、律令国家は、中国的な律令制（その代表が太政官《だいじょうかん》―国司）と、倭《わ》王権《おうけん》以来の氏族制（郡司《ぐんじ》が象徴する）とが重層する二重構造を内包していた。

とはいえ、我が国はこれで文明国家としての体裁を整えることができた。国号を、「小柄、従順」という意味を持つ「倭」から、太陽の昇る地を表わす「日本（ニッポン）」と替えたのも、この時のことである。なお、東アジア世界の中で律令を制定したのは、中国以外では日本とベトナムだけである。

大宝元年の元日には、文武は大極殿《だいごくでん》に出御して、朝賀《ちょうが》を受けた。その儀は、正門に烏形《うけい》の幢《はた》、左に日像《じつしょう》・青竜《せいりょう》・朱雀《すざく》の幡、右に月像《げつしょう》・玄武《げんぶ》・白虎《びゃっこ》の幡を樹《た》て、蕃夷《ばんい》（新羅）の使者が左右に列するというものであった。『続日本紀《しょくにほんぎ》』は、「文物の儀は、ここに備わった」と、この盛儀を謳歌している。

第四章

律令国家の展開

平城宮復元大極殿

日本の律令《りつりょう》は、国家や社会の成熟度がまったく異なる唐《とう》の律令を受け継いだものであり、建設すべき国家の理想や目標としての側面が強かった（吉田孝『日本の誕生』）。

専制君主《せんせいくんしゅ》であった中国の皇帝《こうてい》とは異なり、日本古代の天皇は貴族層、特に外戚《がいせき》氏族である藤原《ふじわら》氏とは相互依存関係にあった。しかも地方支配においては、旧国 造《くにのみやつこ》を中心とする在《ざい》地《ち》首長《しゅちょう》層の伝統的な支配を前提としていた（石母田正『日本の古代国家』）。しかし、日本古代の支配者層は、この理想国家の実現に、精一杯の注力を行なった。班田収授《はんでんしゅうじゅ》制や租庸調《そようちょう》をはじめとする税制、律令官僚制、そして何より律令天皇制などである。

ただし、律令国家の政治過程では、王権と結び付くことを目指した貴族層と、すでに王権の一部としての地歩を約束されていた藤原氏との間に、天武《てんむ》天皇の子孫である皇親《こうしん》を巻き込んで、激しい政権抗争が繰り広げられた（倉本一宏『奈良朝の政変劇』）。

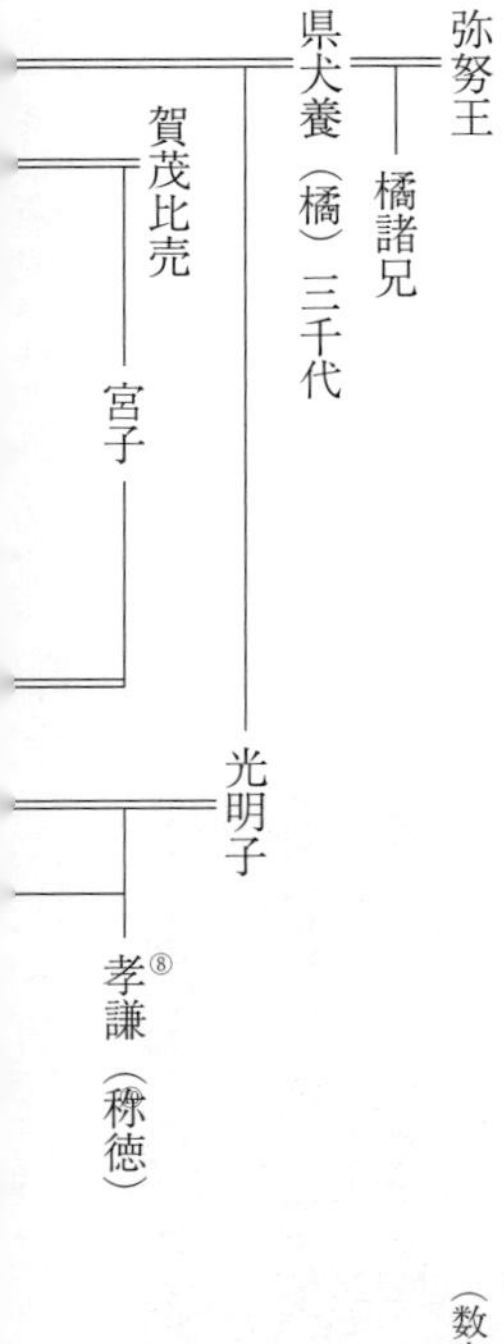

（数字は即位順）

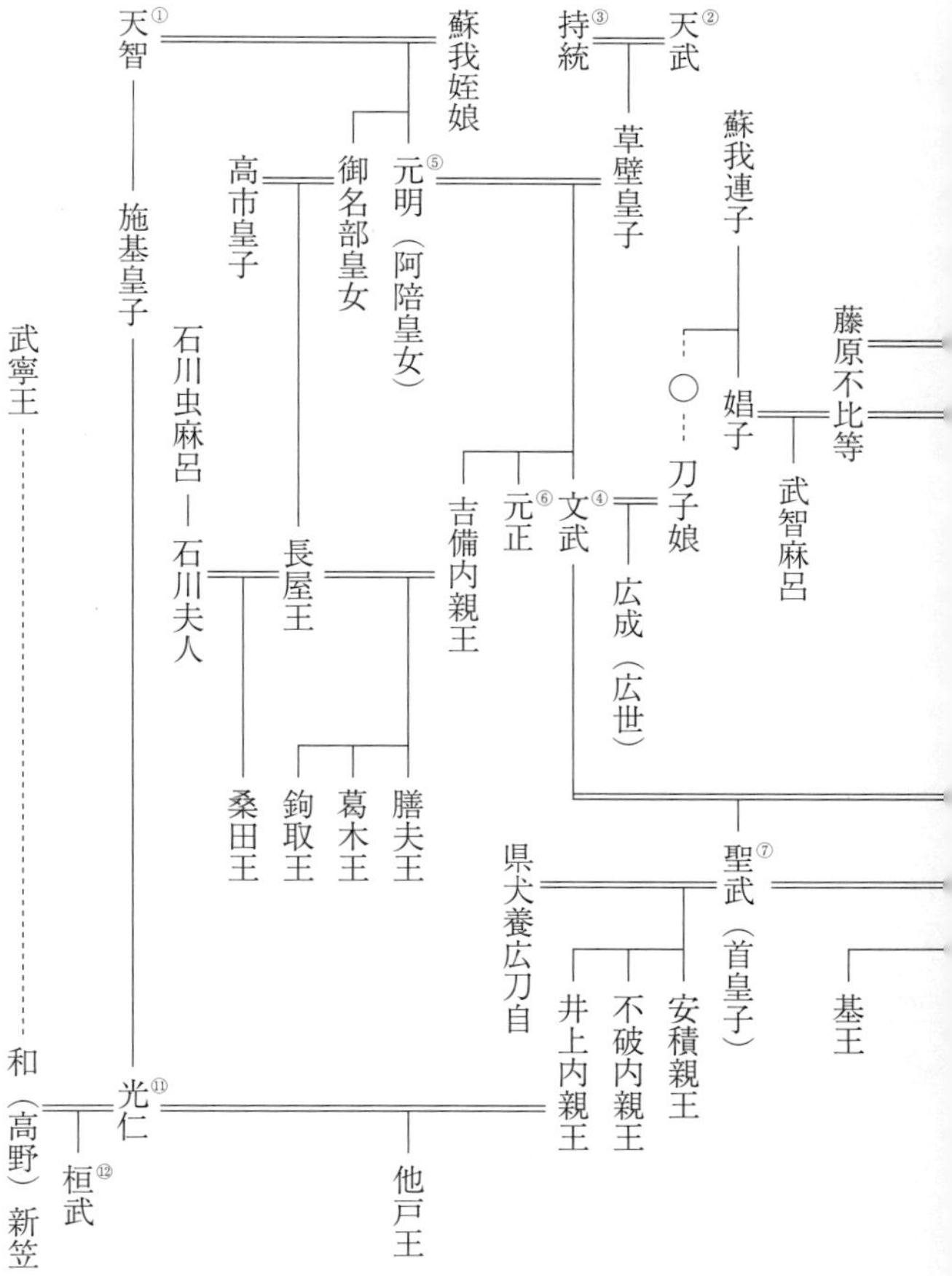
天武②
持統③
草壁皇子
蘇我連子
藤原不比等
娼子
武智麻呂
刀子娘
文武④
広成（広世）
元明⑤（阿陪皇女）
元正⑥
吉備内親王
蘇我姪娘
天智①
御名部皇女
高市皇子
長屋王
膳夫王
葛木王
鉤取王
桑田王
石川虫麻呂
石川夫人
施基皇子
聖武⑦（首皇子）
基王
県犬養広刀自
安積親王
不破内親王
井上内親王
光仁⑪
他戸王
桓武⑫
武寧王
和（高野）新笠

1　藤原不比等が果たした役割は何か

日本天皇制の確立

大宝律令撰定《たいほうりつりょうせんてい》を主導した藤原不比等《ふじわらのふひと》は、その制定と共に大納言に任じられた。これに先立ち、即位した文武《もんむ》天皇の後宮《こうきゅう》に、一女である宮子《みやこ》を入れていた。宮子は大宝元年（七〇一）に首《おびと》皇子（後の聖武《しょうむ》天皇）を産んでいる。なお、同年、不比等は県犬養三千代《あがたのいぬかいのみちよ》との間に安宿媛《あすかべひめ》（後の光明《こうみょう》皇后）を儲《もう》けている。

翌大宝二年（七〇二）に大宝律令の施行を促進するための東国行幸《とうごくぎょうこう》を強行した持統太上天皇《じとうだじょうてんのう》は体調を崩し、五十八歳の生涯を閉じた。

大宝三年（七〇三）、大倭根子天之広野日女尊《やまとねこあまのひろのひめのみこと》（大和《やまと》の国の中心となって支える広野姫尊）という和風諡号《わふうしごう》が贈られ、俗人としては初めて火葬に付されて、天武《てんむ》天皇の「大内山陵《おおうちのみささぎ》」に合葬された。

ところが、持統の和風諡号は、かなり早い時期に改変され、「高天原広野姫《たかまのはらひろのひめ》天皇」とされたのである。この頃、高天原《たかまがはら》神話が成立したと考えれば、持統をその中心の天照大神《あまてらすおおみかみ》に擬そうという動きがあったものかとも考えられよう。

天照大神が、子の天忍穂耳尊《あまのおしほみみのみこと》を地上に降臨《こうりん》させようとしたものの、それは果たせず、天忍穂耳尊と万幡豊秋津師《よろずはたとよあきづし》比《ひ》売命《めのみこと》との間に生まれた天孫《てんそん》の瓊瓊《にに》杵尊《ぎのみこと》を降臨させ、それを天児屋《あめのこやねの》命《みこと》が五伴緒《いつとものお》を率いて随伴《ずいはん》するという構造は、持統が、子の草壁《くさかべ》皇子を即位させようとしたものの、その夭折《ようせつ》によって果たせず、草壁皇子と阿陪《あべ》皇女（後の元明《げんめい》天皇）との間に生まれた孫の文武を即位させ、それを藤原不比等が百官を率いて輔佐《ほさ》するという構造と同じものである（遠山美都男『古代の皇位継承』）。

これによって、中国のように天の天帝《てんてい》が地上の支配を皇帝《こうてい》に委任するという構造ではなく、高天原から降臨した天孫の子孫が天皇を血縁によって継承するという日本天皇制と、藤原氏が永遠に天皇の輔政《ほせい》を行なうという権力構造が、共に確立したのである。

藤原氏の確立と蔭位制

不比等は、大宝令《たいほうりょう》による蔭位《おんい》制が成立する三年前の文武二年（六九八）に、鎌足《かまたり》が賜わった藤原の姓を不比等の子孫のみに限定せよとの詔を得た。これは藤原氏が政事《まつりごと》、中臣氏が神事という分掌を意味しており、大宝令官制で太政官《だいじょうかん》と神祇官《じんぎかん》が二官として並び立つことになったことに対応するものである。ここに不比等とその子孫のみが王権の輔政にあたることを宣言したことになる。

大宝元年にスタートする蔭位制は、鎌足の大織冠《だいしょくかん》を正一位と解釈し、その蔭《おん》は孫に至るまで、高い蔭階《おんかい》を約束するものであった。鎌足の蔭の及ぶ範囲が不比等の家のみに限定されたこと、大宝元年が嫡子《ちゃくし》である武智麻呂《むちまろ》が官人として出身する年にあたっていたことにも注目すべきであろう。高い蔭階《おんかい》を得て若年の内から上級官人としての歩みを始めることのできた藤原氏と、祖父や父の冠位《かんい》が低く、低い蔭階からスタートしなければならない他氏族との差は歴然としており、やがて上級官職は藤原氏によって占められていくことになる（倉本一宏「議政官組織の構成原理」）。

平城遷都

頻発した災害や飢饉《ききん》によって、律令《りつりょう》制の運用は早くも大きな岐路を迎えていた。元々、律令の定める租税《そぜい》の量や品目、兵役の負担は、とうてい当時の日本の農民に堪えられるものではなかったのである。不比等は平城京《へいじょうきょう》への遷都を主導し、この危機を乗り切ろうとした。

慶雲《けいうん》四年（七〇七）に文武は二十五歳で死去し、生母の阿陪皇女が即位した（元明天皇）。和銅《わどう》元年（七〇八）正月の和銅改元《かいげん》の後、不比等は正二位に叙され、二月の平城遷都の詔を経て、三月に右大臣に任じられた。上席に六十九歳の左大臣石上麻呂《いそのかみのまろ》が存在したものの、これで五十歳の不比等は実質的に太政官を制覇したことになる。

そして和銅三年（七一〇）、平城京への遷都が行なわれた。この平城京は、大宝の遣唐使《けんとうし》が見聞した唐《とう》の長安《ちょうあん》に倣《なら》ったものであるが、私にはむしろ、平城宮《へいじょうきゅう》の東張出《ひがしはりだし》部分と、平城京の東張出部分にこそ、不比等の主導によって造営された平城京の眼目が存在すると思われるのである。

平城宮の東張出部分は『続日本紀《しょくにほんぎ》』に見える「東宮《とうぐう》」「東院《とういん》」であるが、その南半には皇《こう》太子《たいし》の宮殿が造営された。もちろん、首皇子のために不比等が設けたものである。そしてその東端に隣接して、不比等邸が造営された。後に光明子に相続され、法華寺《ほっけじ》となる地である。不比等邸と東宮とは門で行き来ができるように造られており、両者の密接な関係が窺《うかが》える。

一方、平城京の東張出部分は、一般には「外京《げきょう》」と称されるが（私は「東京《とうきょう》」と称している）、この部分に造営された主要な施設は、和銅三年に厩坂寺《うまやさかでら》を移築して造られた興福寺《こうふくじ》である。それは平城宮の地よりも高い位置にあり、平城宮を見下ろす場にあったのである。不

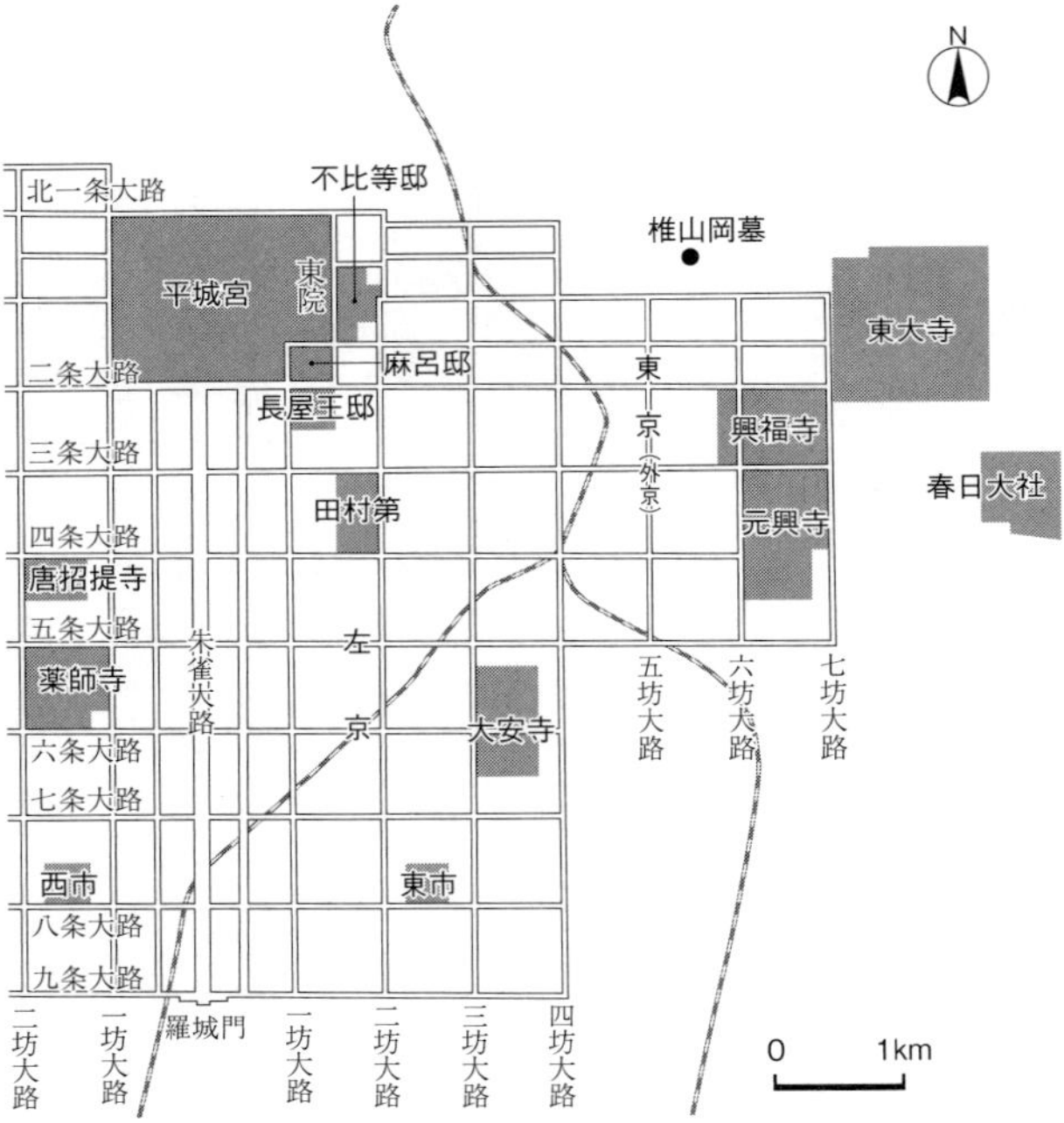
N
北一条大路
不比等邸
椎山岡墓
平城宮
東院
東大寺
麻呂邸
二条大路
東
長屋王邸
京
興福寺
三条大路
（外京）
春日大社
田村第
元興寺
四条大路
唐招提寺
五条大路
左
朱雀大路
薬師寺
京
大安寺
五坊大路
六坊大路
七坊大路
六条大路
七条大路
西市
東市
八条大路
九条大路
二坊大路
一坊大路
羅城門
一坊大路
二坊大路
三坊大路
四坊大路
0
1km

平城京略図

比等の思いは、推して知るべきであろう。

広成皇子の皇籍剝奪と首皇子立太子

和銅六年（七一三）十一月、唐突に、「石川《いしかわ》・紀《き》二嬪《ひん》の号を貶《おと》して、嬪と称することができないようにせよ」という決定がなされた。首皇子を擁する不比等や三千代の執拗《しつよう》にして巧妙な術策によって二嬪は后妃《こうひ》の地位を追われ、石川刀子《とねのいらつめ》娘の産んだ広成《ひろなり》皇子が皇籍《こうせき》を剝奪《はくだつ》されたと推測する説もある（角田文衞「首皇子の立太子」）。いまだ尊貴な存在とされた蘇我《そが》氏の血を引く刀子娘所生の皇子から皇位継承権を奪うために、刀子娘を嬪の位から貶すという陰謀が存在したという角田説を認めるならば、この事件の黒幕が不比等と三千代であったという推測も首肯《しゅこう》すべきであろう。

最大の障碍《しょうがい》を除外した不比等は、翌和銅七年（七一四）六月、あまりに怪しいタイミングで、元服《げんぷく》した首皇子の立太子に成功している。

房前、朝政に参議

養老《ようろう》元年（七一七）、左大臣石上麻呂が死去した。これで不比等は名実共に太政官の第一人者となったことになる。同じ年、不比等二男の房前《ふささき》を朝政《ちょうせい》に参議《さんぎ》させるという決定がなされた。

一氏族から二人の議政官《ぎせいかん》を出すというのは、律令制成立後では、はじめての事態である。また、不比等が嫡子である武智麻呂ではなく、庶子の房前を参議に任じたという点も注目すべきである（倉本一宏『藤原氏』）。

不比等の病悩と死

皇太子首の即位を待っていた不比等であったが、養老四年（七二〇）正月にはすでに病床にあったものと思われる。そして不比等の存命中に間に合わせようとしたのか、五月に『日《に》本書紀《ほんしょき》』が完成して奏上された。

八月には病悩は篤《あつ》くなり、三日、不比等は死去した。六十二歳。十月には太政大臣《だいじょうだいじん》正一位が贈られ、これで不比等の孫の世代も、一位の孫として出身できることになった。

不比等は皇太子首の即位を見ることなく死去した。しかし、その生涯において、律令国家を完成させ、律令天皇制（および太上天皇制）を確立し、それにもまして、藤原氏の輔政を永続化する基礎を固めた。いずれも持統との協力によるものであるが、この古代国家の枠組みの確定が、その後の日本の歴史に与えた影響は、きわめて大きなものであった。
それは単に藤原氏の栄華の継承にとどまるものではなく、日本の権力行使の有り様や、意思決定システムの様相、地位継承に関する構造など、政治や社会のあらゆる方面に及ぶものである。「この国のかたち」を作ったのは、まさに不比等と持統であったと言えよう。

2　聖武天皇と光明皇后の目指した国家とは

古代天皇制の変質

先にも述べたように、日本天皇制の根幹は、その支配の根源が、高天原《たかまがはら》の「皇祖神《こうそしん》」天照大神《あまてらすおおみかみ》から続く「天孫《てんそん》」瓊瓊杵尊《ににぎのみこと》、「初代」神武《じんむ》天皇、そしてその子孫が「万世一系《ばんせいいっけい》」に血縁で皇位を継承するというものであった。この原理によって、日本では易姓革命《えきせいかくめい》のない王権が現在まで継続することになった。

しかしながら、長い歴史過程においては、天皇制も様々な変質を経験することとなった。むしろ、それぞれの政治情勢に応じて、自らが変質を遂げることによって、その永続をはかってきた観が強い。

その最初のものが、聖武天皇《しょうむ》（と光明皇后《こうみょう》）による仏教国家への変質であろう。そもそも、藤原氏《ふじわら》から生まれたはじめての天皇である聖武の即位には、天皇家内部（ほとんどは蘇我系《そが》皇族）も含め、隠然たる反対や抵抗が存在した。神亀元年《じんき》（七二四）に即位した時の即位詔でも、聖武は、

天地《あめつち》の心も労《いたは》しく重《いか》しく、百官《もものつかさ》の情《こころ》も辱《かたじけな》み愧《はづか》しみなも、神《かむ》ながら念《おもほ》し坐《ま》す。


と告白し、その劣等感を隠そうとしなかった。いったい、「官人たちの内心を思うと恥ずかしく気遅れする」天皇など、前代未聞であろう。

次の節で述べることになるが、天平元年《てんぴょう》（七二九）の長屋王《ながや》の変で長屋王一族を殲滅《せんめつ》することで、蘇我系皇族は一掃されたのであるが、その直後の光明子立后《りつごう》に際しても、霊亀二年《れいき》（七一六）に、元明《げんめい》が安宿媛《あすかべひめ》（光明子）を首皇子《おびと》（聖武）に下さり、「女といえばみな同じであるから光明子を妃《きさき》とせよ、というのではない。この女の父である不比等《ふひと》は自分を助け輔《たす》けて、敬い謹んで、夜中や暁も休むことなく丁寧に仕奉《しぶ》してきたのを見てきたので、その人の喜ば

しい性格や、勤勉なことが忘れられないので、この忠臣の女に過ちも罪もなければ、お捨てになるな、お忘れになるな」と諭《さと》した、と言っている。そして仁徳《にんとく》天皇の妃であった葛城襲津彦《かずらきのそつひこ》の女《むすめ》である磐之媛命《いわのひめのみこと》が皇后となった先例があるので、臣下の女である光明子を皇后に立てるのは初例ではないと強弁して、立后を強行したのである。

もちろん、皇后は皇女と後宮職員令《こうきゅうしきいんれい》に規定してある律令制下《りつりょう》と、伝説上の人物である仁徳や襲津彦や磐之媛とを、同列に論じることは、まったく説得力に欠ける。それにもまして、天皇の意思は律令に優先するのであるから、このようなくどくどしい弁解を弄さなくても、光明子を皇后に立てればいいのである。

聖武（と光明子）の時代に見られた天皇制の変質も、このような聖武自身の個性に起因するものなのである。

同様に、天平十二年（七四〇）に九州で勃発した藤原広嗣《ひろつぐ》の乱に際して、聖武は十月二十六日、

朕（聖武）は、思うところが有るので、今月の末よりしばらくの間、関東《かんとう》（三関《さんげん》の東）に往こうと思う。行幸に適した時期ではないが、事態が重大でやむを得ない。将軍（大野《おおのの》

東人《あずまひと》）らはこのことを知っても、驚いたり怪しんだりしないようにせよ。

と宣言し、平城京《へいじょうきょう》を棄てて、東国《とうごく》への行幸を開始した。以降、彷徨《ほうこう》は四年半にも及んだ。

十月二十三日に広嗣は捕えられ、十一月一日に斬殺されていたのであるが、広嗣捕捉の報は十一月三日に、伊勢《いせ》国一志《いちし》郡の河口頓宮《かわぐちのかりみや》に滞在している聖武の許《もと》に届いた。やがて広嗣処刑の報も届いたはずであるが、聖武が平城京に戻る気配はなかった。その後の変転する宮都も含め、これもまた、聖武の個性なのであろう。

仏教国家の構築

その決着点が、国分寺《こくぶんじ》と東大寺《とうだいじ》、そして盧舎那大仏《るしゃなだいぶつ》の造顕という、仏教を支配イデオロギーに据え、天皇自ら仏に臣従《しんじゅう》するという、新しい国家体制の構想である。

すでに天平六年（七三四）から聖武の発願《ほつがん》（神仏に願をかけること）、天平八年（七三六）に光明皇后の発願によって、それぞれ一切経《いっさいきょう》の書写が始められていた。聖武の思いは、『雑集《ざっしゅう》（聖武天皇宸翰《しんかん》雑集）』末尾の、「自らの内にある悪しき心を抑《あ》え、他人との縁を絶ち切ることができる」という言葉によく表われており、光明皇后は願文《がんもん》で、「仏教を通じ、災いのない世界を作り上げたい」と宣言しているという（渡辺晃宏『平城京と木簡の世紀』）。

そして天平九年（七三七）以来、諸国に僧寺・尼寺を建立する計画が進められた。天平九年に国毎《ごと》に丈六釈迦像《じょうろくしゃかぞう》と脇侍《わきじ》の文殊《もんじゅ》・普賢菩薩像《ふげんぼさつぞう》を造顕し、大般若経《だいはんにゃきょう》を書写することが命じられ、天平十二年（七四〇）に七重塔を中心とする伽藍《がらん》の造立と法華経《ほけきょう》の書写が命じられた。こうして天平十三年（七四一）になって、これらの集大成として、七重塔と金字の金光明最勝王経《こんこうみょうさいしょうおうきょう》を中心とする「国分寺建立の詔」が発せられた。

これらの政策の背景には、光明皇后とそのブレーンの玄昉《げんぼう》があり、唐《とう》の武則天《ぶそくてん》による大雲寺《だいうんじ》の制がモデルにされたと考えられている（吉川真司『聖武天皇と仏都平城京』）。

大仏造顕と「三宝の奴」

天平十五年（七四三）十月、いよいよ紫香楽宮《しがらきのみや》（甲賀宮《こうかのみや》）において、盧舎那金銅像を造立することが宣言された。その中で聖武は、「仏教の力によって世界を豊かなものとする」ことを願い、「世の中の富は朕のものであり、世の中の勢いも朕のものである」として、「もし一枝の草でも一把《つかみ》の土でも持ち寄って造立に力を貸してくれる者がいたら、これを許そう」と呼びかけている。

東大寺

翌天平十六年（七四四）十一月、現在の甲賀寺《こうかでら》の地で、大仏の体骨柱を立てる儀式が行なわれ、聖武は自ら柱を引く綱を手にした。しかし、天平十七年（七四五）には、宮都は久しぶりに平城京に還《かえ》ることを余儀なくされ、大仏造立は外京《げきょう》（東京）東山山麓にあった大和《やまと》国国分寺の金光明寺《こんこうみょうじ》（金鐘寺《こんしゅじ》）で再開されることとなった。八月には基壇を作るにあたって、聖武も自ら袖に土を入れて運んだという。

すでに政治への関心を失っていた聖武は、大仏造顕に残った日々を費やした。そしてついに天平《てんぴょう》勝宝《しょうほう》元年（七四九）正月、聖武は大僧正《だいそうじょう》に出世させていた行基《ぎょうき》から菩薩戒《ぼさつかい》を受けて出家し、「太《だ》上天皇沙弥勝満《じょうてんのうしゃみしょうまん》」と自称したのである。天皇の出家は初めてのことで、聖武にとっては、天武《てんむ》が確立した現人神《あらひとがみ》たる天皇の上に仏を位置付けたことになる（渡辺晃宏『平城京と木簡の世紀』）。これは政治史的にも思想史的にも画期的な事件で、後に聖武皇女である称徳《しょうとく》天皇が道鏡《どうきょう》に皇位を譲ろうとした動きの先駆けともなった。

この年の二月、陸奥《むつ》国から金の産出が報告された。もちろん、大仏にメッキを施すためのものである（実際には必要量にははるかに足りず、新羅《しんら》からの貢上品でまかなったのであるが）。四月に東大寺（金光明寺）に行幸した聖武は、造顕途中の大仏の前に、臣従を意味する北面《ほくめん》というかたちで立ち、「三宝《さんぼう》（仏法僧）の奴《やつこ》の天皇」としての詔を奏上させた。天皇と仏教との関係が、百官の前で宣言されたのである。

そして天平勝宝四年（七五二）四月、孝謙《こうけん》天皇・聖武太上天皇・光明皇太后は東大寺に行幸し、大仏開眼《かいげん》供養会が行なわれた。ただし、大仏はいまだ完成しておらず、頭部のみが完成していたと見られている（渡辺晃宏『平城京と木簡の世紀』）。開眼師菩提僊那《ぼだいせんな》が持つ筆からは長い縄が伸ばされ、聖武以下がそれを握って参加した。「仏教東漸《とうぜん》以来、これほど盛大な儀式はかつて無かった」と賞されはしたものの、それは日本の国家や政治、思想が大きく変質した表象でもあったのである。

墾田永年私財法をめぐって

なお、その間の過程で出されたのが、墾田永年私財法《こんでんえいねんしざいほう》である。かつては、奈良時代から平安時代にかけての歴史は、律令制が徐々に崩れていく過程として描かれていた。

聖徳太子《しょうとくたいし》が目指した中央集権国家は蘇我氏によって妨害され、「大化改新《たいかのかいしん》」以来の中央集権国家建設が律令制の確立で完成したものの、その後は律令制が解体し、平安貴族が荘園《しょうえん》という私有地を増やし私腹を肥やして衰退していく。腐敗し堕落した貴族の収奪に対抗して武士が台頭し、中世社会が生み出されていった、という構図である。

そして、律令制においては班田収授法《はんでんしゅうじゅほう》による公地公民《こうちこうみん》が謳《うた》われていたが、天平十五年に出された墾田永年私財法は、開墾した田地の私有を永年にわたって保障するものであり、律令制を崩壊させた原因の最たるものとされたのである。

だが、現在ではこうした見方は、完全に改められている。吉田孝氏によって、墾田永年私財法は律令の修正であり、むしろ律令国家の基盤を広げるものであったことが解明されたのである（以下、吉田孝「墾田永年私財法の基礎的研究」）。

大宝律令《たいほうりつりょう》で定められた班田制は、熟田《じゅくでん》（既耕田）だけを固定的に把握して、それを口分田《くぶんでん》として実際に班給《はんきゅう》しようとする硬直した制度であった。当時の水田は開墾と荒廃を繰り返す不安定なものであったが、日本の班田制は農民による小規模な開墾田をそのまま口分田に組み込む仕組みにはなっておらず、開墾者の権利も公認されないまま、収公の対象となっていた。その対策として、まず養老《ようろう》七年（七二三）に三世《さんぜ》一身法《いっしんのほう》が定められた。

そして開墾を行なったものの開墾者が死亡して墾田が荒廃しているという事態を承《う》けて、天平十五年に定められたのが、墾田永年私財法である。これによって日本律令国家の土地支配体制が後退したのではなく、むしろこれまで十分に把握できていなかった未墾地と新墾田を土地支配体制の中に組み込むことができるようになった。

唐の均田法《きんでんほう》では、このような内容を実質的には内包していたとされるが、これでやっと、日本律令国家も、墾田をも含む土地支配体制を確立することになった。開墾された田は租《そ》を収める輸租田《ゆそでん》として田図《でんず》に登録された。そして三世一身法では不可能であった民間の開墾への意欲に火を付け、天然痘《てんねんとう》の大流行によって荒廃した国土を開発し、日本全体の水田の面積を増大させる契機となったのである。

3　奈良朝の政変劇はどのようなものだったのか

律令国家の権力構造と政変劇

律令《りつりょう》国家が完成すると、貴族層の中での藤原《ふじわら》氏の優位が確定した。しかしながら、藤原氏の専権《せんけん》に反感を持つ他の氏族たちは、一族の再興を賭けて陰謀を巡《めぐ》らした。日本古代氏族は、自らが王権を樹立することなど思いもよらず、新たな皇嗣《こうし》を擁立《ようりつ》することでしか、国家に対する反逆を行なうことができなかったのである。

また、八世紀の天皇は文武《もんむ》から桓武《かんむ》まで九代八人を数えるが、その内で男性天皇は五人に過ぎない。しかも律令制がスタートした八世紀前半における二人の男性天皇（文武と聖武《しょうむ》）が、ほとんど皇子を残すことができなかったという事態は、天武《てんむ》皇子の子孫たちに新たな悲劇をもたらした（以下、倉本一宏『奈良朝の政変劇』）。

天武の二世王（孫王《そんおう》）たちが、皇位継承権を持ってしまったのである。謀反《むへん》を企てた氏族は、そのための「玉《ぎょく》」として、天武系諸王たちを策謀《さくぼう》の場に引き入れた。しかし、それらの企てはすべて失敗に帰し、その犠牲となった諸王たちは、一つまた一つと系統毎《ごと》に滅ぼされ、宝亀《ほうき》元年（七七〇）、称徳《しょうとく》女帝の死に際しては、ついに皇位を伝えるべき天武系皇親《こうしん》は一人も残っていないという事態となってしまっていた。

皇親にとっては、これらの事変への関与を避けるためには、政治への積極的な関心を持たずに不熱心な勤務態度を取り、高位高官に上ることは望まないようにすること、それでも安心できない場合は、さらなる放蕩《ほうとう》を続けるか、出家してしまう、また皇位継承権を放棄《ほうき》する証《あかし》として、皇親籍を離れて一般の貴族となる（臣籍降下《しんせきこうか》）ことしか、選択肢は残されていなかった。

天武（持統《じとう》）系皇親が皇位を嗣《つ》いでいた奈良時代には、とうてい皇位を望むべくもなかった天智《てんじ》孫王の白壁《しらかべ》王（後の光仁《こうにん》天皇）でさえ、王権からの危険視を恐れながら、（天平《てんぴょう》）勝宝《しょうほう》以来、皇統《こうとう》には皇嗣がなく、人はあれこれを疑って、罪し廃された者が多かった。天皇（白壁王）は深く横禍《こうか》の時を顧《かえり》み、或いは酒を縦《ほしいまま》にして能力を隠し、この故によって害を免れたのは数多《あまた》であった。

という時期を過ごしていたのである。

長屋王の変

それでは、いくつかの政変について、その経緯と背景を眺めてみよう。少し時代が戻るが、藤原不比等《ふひと》が死去した後、高市《たけち》皇子と天智皇女の御名部《みなべ》皇女の間に生まれた長屋《ながや》王が政権首班となった。不比等の存命中は、その枠内において能力を発揮していた長屋王であるが、不比等が死去して藤原四子の世代を迎えると、そうはいかなかった。五月に元明太上天皇《げんめいだじょうてんのう》が病悩すると、その権力は徐々に揺らいでいったのである。

神亀《じんき》元年(七二四)、首《おびと》皇子が即位し、聖武《しょうむ》天皇となった。その日、聖武の生母で文武《もんむ》夫人であった藤原宮子《みやこ》を「大夫人《だいぶにん》」と称するという決定が下されたが、この決定には異議が出て、結局、宮子の称号は文書《もんじょ》上は「皇太夫人《こうたいぶにん》」となることで結着した。藤原氏出身の宮子の称号に「皇(スメラ)」字を付けることに成功したことは、藤原氏が准皇親《じゅんこうしん》としての地位を得ることができたことを意味し、後の光明子立后《こうみょうしりつごう》への制約を一つ取り除いたことになったものである(倉本一宏「律令貴族論をめぐって」)。

神亀四年(七二七)には、官人を召集し、聖武の勅を長屋王が口頭で宣布した。「災異《さいい》がしきりに起こるのは、自分（聖武）が徳を施す方途を知らないため、懈《おこた》り欠けることがあるからであろうか、それとも百寮の官人が奉公に努めないためであろうか」と言っている。天皇の不徳《ふとく》と官人の怠慢とを、共に責めているのである。このような長屋王の態度は、王権からも官人層からも、その存在を孤立させてしまうことになったはずである。特に天皇の不徳を責めるという態度は、日本古代天皇制の根幹を否定することにもつながり、長屋王の変に際しても大きな影響を与えたに違いない。

そのような政治状況の最中、閏九月に光明子が基皇子《もといのみこ》（「某王」の誤写か）を産み、十一月に皇子の異例の立太子が行なわれた。しかし、この藤原氏の行動は、いかにも強引であり、藤原氏の専権に反感を持つ勢力の反発を生むこととなった。百官が皇太子《こうたいし》拝謁《はいえつ》のため、旧不比等邸を訪れたが、長屋王はこれを欠席した。天皇にも現実の「徳」を要求する長屋王の立場からは、統治能力のまったくない赤子の皇太子などは、考えられなかったことであろう。

その一方で、藤原氏の期待を一身に集めた皇太子基は病悩し、はじめての誕生日を目前にした九月に夭死《ようし》してしまった。この間、おそらくは神亀四年十二月、県犬養広刀自《あがたのいぬかいのひろとじ》から安積《あさか》親王が誕生している。皇太子基の死去と安積親王の誕生とが、ほぼ同時期に起こっているということは、藤原氏の危機感を高揚させたに違いない。何よりも、長屋王とその一族の皇位継承資格者としての存在価値が、再び上昇してきたと、支配者層に認識されたはずだからである。

そして神亀六年（天平《てんぴょう》元年、七二九）二月十日、長屋王の「謀反」に関する密告が行なわれた。翌十一日に長屋王の罪を尋問させ、十二日、長屋王は自害、妃の吉備《きび》内親王と所生の膳夫王《かしわでおう》・葛木王《かずらきおう》・鉤取王《かぎとりおう》、石川夫人《いしかわふじん》所生の桑田王《くわたおう》は縊死《いし》となった。不比等女《むすめ》の長娥子《ながこ》が産んだ安宿王《あすかべおう》・黄文王《きふみおう》・山背王《やましろおう》・教勝《きょうしょう》が不問に付されていることからも、この事件の標的がどこにあったか、またこの事件を策謀した者が誰であったかが窺《うかが》える。

直後の三月、武智麻呂《むちまろ》が大納言に昇任して政権首班の座に就き、変から半年を経た八月、天平への改元と光明子の立后が行なわれた。安積親王が成長する中、光明子の地位を上げておくという措置は、藤原氏にとっても必要だったのであろう。なお、安積親王は天平十六年（七四四）に急死してしまう。

橘奈良麻呂の変

天平勝宝《てんぴょうしょうほう》元年（七四九）、大仏の前で北面《ほくめん》し、産金を感謝する法要《ほうよう》を営んだ聖武は、閏五月には天皇の座を捨ててしまい、七月、光明子が産んだ皇太子阿倍《あべ》皇女が即位した。未婚の女帝孝謙《こうけん》天皇の誕生である。光明皇太后と結んだ藤原仲麻呂《なかまろ》(武智麻呂二男)は、八月に紫微令《しびりょう》という地位、九月に紫微中台《しびちゅうだい》という官司を手に入れた。孝謙の天皇大権を光明皇太后が代行し、それを太政官《だいじょうかん》組織とは別個の経路で仲麻呂が取り仕切るという形で行使し、左大臣橘《たちばなの》諸兄《もろえ》(光明子異父兄)の権力はますます圧迫されることとなったのである。

天平勝宝七歳(七五五)十月、諸兄が宴席において、反状《はんじょう》(天皇批判に関わることか)に及んだ言辞を発したという密告がなされた。諸兄はそれを知って、天平勝宝八歳(七五六)二月に官職を辞した。聖武は天平勝宝八歳五月、諸兄は天平宝字《てんぴょうほうじ》元年(七五七)正月に、それぞれ死去した。

この間、仲麻呂の専権と孝謙に反感を持つ橘奈良麻呂《ならまろ》(諸兄の一男)によって、何度かのクーデター計画が立てられた。「他氏」(藤原氏)が王を立てたならば橘氏は滅びるから、黄文王(長屋王の遺児)を立てて「他氏」に先んじるべきであるというものである。

一方、仲麻呂は三月、聖武の遺詔《いしょう》によって皇太子に立てられた道祖《ふなど》王の廃太子《はいたいし》を強行し、大炊《おおい》王を新しい皇太子に決定した(後の淳仁《じゅんにん》天皇)。仲麻呂の長子の寡婦《かふ》の婿として、仲麻呂邸に迎えられていた人物であった。

この頃から仲麻呂の許《もと》には盛んに密告が行なわれ、仲麻呂は六月九日に平城京を戒厳令下に置いた。七月二日、孝謙や光明皇太后は、事態の鎮静化を求める戒告《かいこく》の詔を宣《の》り聞かせた。武力衝突による対決を回避させ、事を穏便に収めようとしたのであるが、仲麻呂は追捕《ついぶ》を行ない、関係者の弾圧に着手した。

三日から尋問が行なわれ、四日、関係者の自白が始まり、首謀者たちは一挙に拘禁《こうきん》され、尋問を受けた。この後、皆を獄に下し、拷問を行なったところ、ほとんどは杖に打たれて死に、残った者は配流《はいる》された。追及の手は仲麻呂同母兄の右大臣豊成《とよなり》にまで及んだ。

恵美押勝の乱

独裁権力を手に入れた仲麻呂は、天平宝字二年（七五八）八月に皇位を大炊王に譲らせ、ここに淳仁天皇が即位した。高齢と病悩によって天皇大権を行使し得なくなった光明皇太后に代わって、自己の意思に忠実な天皇を即位させ、それに大権を委譲したいという仲麻呂（そして光明子）の思惑に対して、天皇大権を手に入れることのないまま皇位を譲らねばならなくなった孝謙の思いは、推して知るべきであろう。

この月、仲麻呂は右大臣（大保《だいほう》）に任じられて、ついに太政官をも制覇した。同日、恵美《えみ》の姓、押勝《おしかつ》の名を淳仁から賜わり、自己の家（恵美家）のみを藤原氏からも分離し、天皇家との一体化をはかって准皇親化するという志向を示し始めている。

天平宝字四年（七六〇）正月、押勝は諸臣としてはじめて太政大臣《だいじょうだいじん》（大師《だいし》）に任じられたが、それもつかの間、その権力は決定的な打撃を蒙《こうむ》った。三月以来、光明皇太后が病悩し、六月に死去してしまったのである。

それまで天皇大権の行使を抑えられてきた孝謙太上天皇が「天皇家の長」の立場に立ち、傍流《ぼうりゅう》である（と孝謙が考えた）淳仁と衝突し、天皇権力は分裂してしまった。加えて孝謙は、天平宝字五年（七六一）十月以来、道鏡《どうきょう》を「寵幸《ちょうこう》」して押勝＝淳仁とは一線を画し、天平宝字六年（七六二）六月に決定的な分裂を迎えた。

天平宝字八年（七六四）九月二日、押勝は大軍を都に集結させようとした。その後、「朝《ちょう》庭《てい》の咎《とが》」を並べ立てた文書を進上しようとしていたらしい。この頃、押勝が兵備を整えているという密告が次々に行なわれた。

先手を取ったのは孝謙側であった。十一日、孝謙は淳仁の在所にあった鈴印《れいいん》（駅鈴《えきれい》と天皇《てんのう》御璽《ぎょじ》）を回収しようとしたのである。これを聞いた押勝は、息男に鈴印を奪わせようとしたが、孝謙はこれを射殺させた。ここに至って孝謙は、押勝とその子や孫が、兵を起こして反逆したとの勅《ちょく》を下し、伊勢《いせ》国鈴鹿《すずか》・美濃《みの》国不破《ふわ》・越前《えちぜん》国愛発《あらち》の三関《さんげん》を固く守らせた。押勝の勢力を三関から畿外《きがい》に出すことを阻止しようとした参謀吉備真備《さんぼうきびのまきび》の戦略的見通しは、まさに壬申《じんしん》の乱を逆手《さかて》に取ったものである。

この夜、仲麻呂は淳仁の身柄を確保できないまま、すでに手許《てもと》にあった太政官印と氷上塩焼《ひかみのしおやき》（元塩焼王）だけを伴って近江《おうみ》に逃走し、「官軍《かんぐん》」はこれを追討した。真備は先回りして近江に入り、勢多《せた》橋を焼かせていた。

勢多橋が焼かれていたことを見た仲麻呂は色を失い、琵琶《びわ》湖の西岸を通って北に向かった。追討軍の方は琵琶湖の東岸を通って北に向かい、越前国に到って、これを制圧した。

その間の過程において、画期的な措置が執られた。九月十五日、仲麻呂は帯同《たいどう》していた氷上塩焼を天皇に「偽立《ぎりつ》」して今帝《きんてい》としたのである。日本の歴史において、臣下が自己の擁する皇親を、（皇嗣ではなく）天皇そのものに立てるということは、この時以外にはなかったはずである（倉本一宏『内戦の日本古代史』）。

しかしながら、彼らに残された時間は、ほとんどなかった。創出したばかりの新皇統の行く末を案ずるいともなく、三日後には全員、湖上の露と消えてしまったのである。

この戦乱は、臣下が王権に対して組織的な軍事力を直接行使した、奈良時代における唯一の事例であるという点において、国家史上、画期的な意義を持つ事件であった。しかし、その結末は、いかに独裁的な権力を掌中に収めた専権貴族といっても、その野望は、王権の意思の前には、容易に崩れ去るものであることを示してしまった。

仲麻呂の暴発と挫折は、藤原氏をはじめとする日本の支配者層の内部で、以後の歴史における負の教訓として、長く記憶に刻まれることとなったであろう（倉本一宏『藤原氏』）。

また、貴族層は決起して押勝の専制《せんせい》を倒したが、その後に現われたのは、またしても道鏡と結合した称徳女帝（孝謙が重祚《ちょうそ》したもの）の専制政治であった（笹山晴生「奈良朝政治の推移」）。

「道鏡事件」について

神護景雲《じんごけいうん》三年（七六九）五月頃、大宰主神《だざいのかんつかさ》が、宇佐《うさ》八幡神《はちまんしん》の命として、道鏡を皇位に即《つ》けよという神託《しんたく》をもたらした。これに先立ち、称徳天皇は道鏡を太政大臣禅師《だいじょうだいじんぜんじ》に任じ、さらに天皇に準じる法王《ほうおう》という地位に上らせていた。だが、事件は九月に決着し、道鏡を皇位に即けようという動きは失敗に終わった。翌宝亀元年八月に称徳は死去し、皇太子白壁王は道鏡を造下野国薬師寺別当《ぞうしもつけのくにやくしじべっとう》として都から追放した。

この宇佐八幡神託事件は、皇族以外の人物が皇位を覬《うかが》った、あるいは天皇が皇族以外の人物に皇位を嗣がせようとした特異な事件だが、「道鏡事件」と俗称されるように、道鏡主導で語られることが多い。

道鏡は、いまだ「悪僧」のイメージが強いが、近年の研究では、サンスクリットの経典研究を行なった学問僧であると同時に、葛城《かつらぎ》山中で修行して山岳仏教にも通じ、如意《にょい》輪法《りんぽう》や宿曜《すくようひ》秘法《ほう》を修めたとされている。もちろん、女帝と不適切な関係であったわけではない。

また、神託事件も道鏡主導ではなく称徳主導であることが明らかになっている。称徳は、自身の主導する専制体制のもとで、仏教と天皇との共同統治体制を構想していたと考えられる。在位中に出家し、出家したまま重祚していた称徳は、仏教と神祇の思想が混淆《こんこう》した「天」によって認められた人物であれば天皇になれると考え、その結果が道鏡を天皇にしようとする動きだったのである（勝浦令子『孝謙・称徳天皇』）。もちろん、その先例は称徳の親である聖武と光明子にあった。

なお、造下野国薬師寺別当に左遷《させん》された道鏡はその後も造営や布教に努め、下野国からは第三代天台座主《てんだいざす》となる円仁《えんにん》をはじめ、多くの名僧を輩出した。

4　皇統の交替はなぜ起こったのか

中継ぎとしての光仁天皇

神護景雲《じんごけいうん》三年（七六九）九月、神託《しんたく》事件が決着し、道鏡《どうきょう》を皇位に即《つ》けようという称徳《しょうとく》天皇の企ては失敗に終わった。十月に称徳は、皇位を狙う動きを戒める宣命を発した。

翌神護景雲四年（宝亀《ほうき》元年、七七〇）以来、病悩していた称徳は、厳戒態勢の中、八月、ついに死去した。皇嗣《こうし》が決定していない状況の中、左大臣藤原永手《ふじわらのながて》、右大臣吉備真備《きびのまきび》、参議《さんぎ》藤原宿奈麻呂《すくなまろ》・藤原縄麻呂《なわまろ》・石上宅嗣《いそのかみのやかつぐ》、近衛大将藤原蔵下麻呂《くらじまろ》は、合議の結果、文室浄三《ふんやのきよみ》や文室大市《おおち》という天武《てんむ》系元皇親《こうしん》を推した吉備真備の意見を退け、宣命《せんみょう》を偽作《ぎさく》して、天智《てんじ》天皇の孫（施基《しき》親王の第六子）にあたる六十二歳の白壁王《しらかべ》を立てて皇太子《こうたいし》とした。年長であるということと、天智の功績をもって、皇太子とするというのである。

真備が天武系にこだわった理由としては、それが真に称徳自身の意中を体したものであったからであろう。晩年の百余日の間、称徳は群臣に謁見《えっけん》することなく、典蔵《くらのすけ》吉備由利《ゆり》のみが、臥内に出入りして伝奏《てんそう》してきたが、真備は女《むすめ》の由利を通じて、あくまで天武系にこだわる称徳の意向を知っていたのであろう。

白壁王は、聖武《しょうむ》皇女の井上《いのうえ》内親王と結婚し、すでに他戸《おさべ》王を儲《もう》けていたことを考えると、それへの中継ぎの男帝として、即位したものと言えよう。父も母も即位していない他戸王に直接皇位を継承させることは無理があり、聖武の血を引く他戸王への中継ぎとして、いったん老齢の白壁王を立てることは、臣下に降《くだ》った者を立てるよりも、支配者層のいずれにも納得しやすい選択肢であったに違いない。他戸王が支配者層の総意として後見《こうけん》されている限り、藤原氏の策謀は筋書き通りに成功したかに見えていたはずである。

宝亀元年十月、皇太子白壁は即位した（光仁《こうにん》天皇）。ただし、その高齢を考えれば、本来はこの年十歳の他戸王への適当な時期における禅譲《ぜんじょう》が予定されていたはずである。

十一月、井上内親王を皇后と定め、翌宝亀二年（七七一）正月、他戸親王が皇太子に定められた。その宣命では、山部《やまべ》親王（後の桓武《かんむ》天皇）らの兄親王をさしおいて立太子した事情を、皇后の子であるからと、ことさらに述べている。

井上内親王巫蠱事件と他戸親王の廃太子

ところが、宝亀三年（七七二）三月に、皇后井上内親王が呪詛《じゆそ》に連坐《れんざ》して廃されるという事件が起こった。その詔では、裳咋足島《もくいのたるしま》なる人物が、何年も前の謀反《むへん》を自首して位階を上げられ、二人の女性（巫蠱にあたったとされた女官か）が遠流《おんる》に処されたというのであるが、ここでは井上内親王の廃后の詳細に関しては、何も語っていない。これは百川《ももかわ》や良継《よしつぐ》という藤原式家《しきけ》を中心とした陰謀と推定されている。

次いで五月、皇太子他戸が、その地位を追われて、庶人《しよにん》とされた。その詔では、「井上内親王の厭魅大逆《えんみたいぎやく》の事」が何度も発覚しているので、「謀反大逆の人の子」を皇太子にしておくわけにはいかない、という理由が語られている。皇太子の地位を追われた親王が、一挙に庶人にまで落とされるというのは、きわめて異例のことである。

いったい、この年六十四歳という老齢の天皇の後継者に定められていた皇太子や、その母の皇后が、天皇を呪詛するということが、あり得るのであろうか。数年間に及ぶ呪詛ということになると、他戸の立太子直後、あるいは光仁の即位直後からということになるが、それはあまりにも現実離れしている。

山部親王の立太子

宝亀四年（七七三）正月、山部親王が皇太子に立てられたが、この八カ月の皇太子の空白は、支配者層全体への山部立太子の正当性の説得が、予想以上に困難であったことを物語っている。立太子宣命にある「このようになった事情をよく理解して、百官人たちは皇太子にお仕えするように」という異例の語は、光仁の苦悩を物語っているようである。

山部は光仁の第一皇子ではあったが、生母の和《やまと》（高野《たかのの》）新笠《にいがさ》は、武寧《ぶねい》王の末裔《まつえい》を称する百《ひゃく》済《さい》系氏族の出身であった。これまでの天皇家（および大王《だいおう》家）の歴史をまったく逸脱した出自を持っていたのである。非常手段を使って山部の立太子を実現した式家に対する反感と、支配者層全体における戸惑いは、想像に余りある。

これによって、内臣《ないしん》に任じられ、「一人で政治を動かすことができるようになり、志がかなった。官人の昇進や降格も思うままになった」と称された良継や、「天皇は甚だ信任し、腹心の臣として政務を委《まか》せた。内外の重要な政務で関係しないものはなかった」と称された百川による式家の専権《せんけん》が確立したのである。なお、良継の女乙牟漏《おとむろ》（後に皇后、安殿《あて》親王［平城《へいぜい》天皇］・神野《かみの》親王［嵯峨《さが》天皇］の母）、百川の女旅子《たびこ》（母は良継女諸姉《もろね》、後に夫人、大伴《おおとも》親王［淳和《じゅんな》天皇］の母）は、山部の妃《ひ》になっている。

母子の死

さて、宝亀四年十月の難波《なにわ》内親王（光仁の同母姉）の死去が、これまた井上内親王の呪詛によるものとされ、内親王と他戸とは、大和国《やまとのくに》宇智《うち》郡の没官《もつかん》された宅に幽閉されてしまった。その二年後の宝亀六年（七七五）、母子は同日に卒《しゅっ》した。『続日本紀《しょくにほんぎ》』の、

井上内親王と他戸王とが共に卒した。

という素気ない記述からは、二人の死の背景は読み取れないが、この死が尋常のものではなかったことは、容易に察せられる。

その後、宝亀八年（七七七）十二月以来、病悩の続いた皇太子山部は、井上内親王の怨《おん》霊《りょう》に悩まされたらしい。病悩の三日後には、井上内親王の遺骨を改葬し、その塚を御墓と称する措置が執られるなど、その地位の復権がはかられたが、即位後の延暦《えんりゃく》十九年（八〇〇）には、ついに皇后の称を復され、同年末には、皇太后を贈られた。

その一方では、まったく罪もないまま廃太子《はいたいし》された他戸の方は、遂《つい》に復権はかなわず、後

世の史料にも「庶人他部」という表記をされたままである。それはかえって、桓武系王権側が、いかに他戸の存在を恐れていたかを示すものであろう。

天武系皇統《こうとう》から天智系皇統への転換に際して、その両者の血を引いているが故に、最大の犠牲者となってしまったことになる。

桓武天皇の即位

天応《てんおう》元年（七八一）四月三日、光仁が譲位《じょうい》して皇太子山部が即位し（桓武天皇）、翌四日、同母弟ですでに出家して東大寺《とうだいじ》や大安寺《だいあんじ》に住していた早良《さわら》を還俗させて親王とし、これを皇太子とした。光仁が譲位の宣命の中で、

このような皇位に変動のある時には、人々がよくない陰謀をめぐらして天下を乱し、かえって自分の一族一門を滅ぼしてしまう人が出たりすることが多い。もしこのようなことのある人がいるならば、それを自分が教え諭《さと》し、よく言い聞かせて、各自それぞれの祖先伝来の家門を滅ぼすことなく、祖先以来の忠誠をいよいよ継ごうと思い慎んで、清らかで正直な心を持って仕えるべきであると思う。

と述べているのは、その苦悩の生涯の最期に際しての、支配者層への遺戒《ゆいかい》であろう。なお、光仁太上天皇《だじょうてんのう》は、その年十二月に死去している。

桓武の即位は、他戸王への中継ぎという意味を持った光仁の即位とは異なり、まったくの新王朝《おうちょう》の到来を意味するものであった。その即位宣命に即位の根源として、「近江《おうみ》の大津の宮で天下を統治された天皇（天智）が始められ、お定めになった法（不改常典《ふかいのじょうてん》）」が強調されているのも、そのあたりの事情を勘案してのことであろう。

なお、この時に皇太弟に立てられた早良親王にも、やがて苛烈《かれつ》な運命が訪れるのであるが、それは次の都においてのことである。

第五章

平安王朝の確立

京都御所

即位した桓武《かんむ》天皇は、新都の造営と「蝦夷《えみし》」の征討に腐心したが、廃した皇太弟早良《こうたいていさわら》親王の怨霊《おんりょう》に悩まされた。早良に代わって即位した桓武嫡流《ちゃくりゅう》の平城《へいぜい》天皇は、藤原式家《ふじわらしきけ》と結んで積極的な国政改革に取り組んだが、貴族層の意識からは離れていった。

皇位を同母弟の神野《かみの》親王（嵯峨《さが》天皇）に譲った平城は、平城《へいじょう》旧宮に居住し、平城還都を号令したが、嵯峨に拒絶され、拘束されて出家させられた。こうして平安京《へいあんきょう》が「万代宮《よろずよのみや》」としての帝都の地位を確立した。この間の過程で、嵯峨の蔵人頭《くろうどのとう》となった冬嗣《ふゆつぐ》をはじめとする藤原北家《ほっけ》の優位が確定した。嵯峨は皇太弟に大伴《おおとも》親王（後の淳和《じゅんな》天皇）を立てた。

皇位は嵯峨皇統《こうとう》（仁明《にんみょう》天皇）と淳和皇統（恒貞《つねさだ》親王）が交互に皇位に即《つ》く迭立《てつりつ》状態が続くかに見えたが、嵯峨が死去すると承和《じょうわ》の変が起こり、皇太子《こうたいし》恒貞が廃されて仁明皇子の道康《みちやす》親王（冬嗣女《むすめ》の順子《じゅんし》所生、後の文徳《もんとく》天皇）が皇太子に立てられ、嫡流となった。

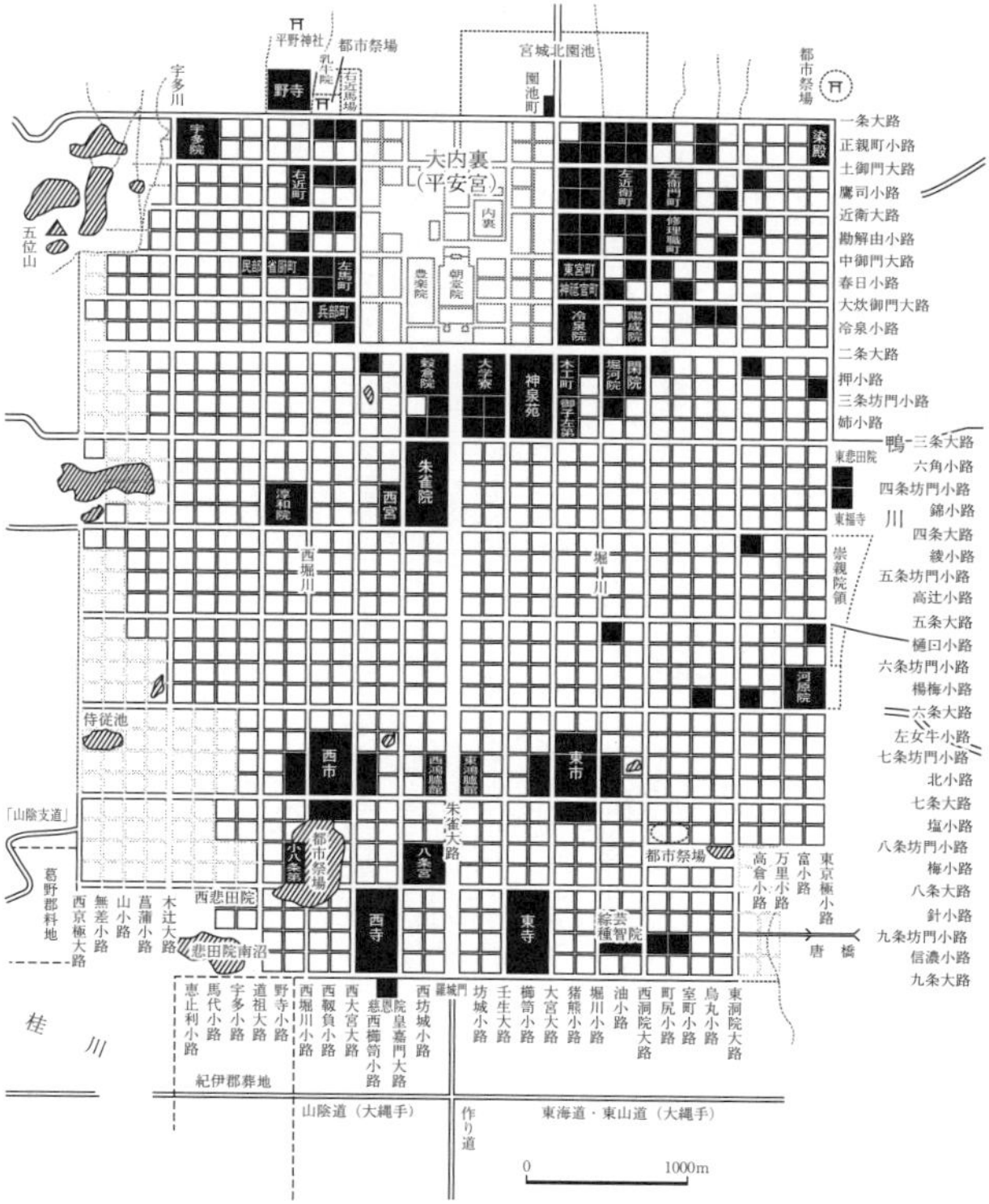

「前期平安京」推定復元図
（山田邦和『京都都市史の研究』より）

1　桓武天皇はどうして造都と「征夷」を行なったのか

長岡京遷都

日本ではじめて郊祀祭天《こうしさいてん》（中国において天子《てんし》が郊外で天地を祀る祭）を行なうなど、皇統《こうとう》創始者としての意識が強かった桓武《かんむ》天皇は、「軍事と造作」、つまり三度の「征夷《せいい》」と二度の造都（長岡京《ながおかきよう》と平安京《へいあんきよう》）を遂行した天皇であった。桓武の信任を得た藤原式家《ふじわらしきけ》の種継《たねつぐ》は、長岡京への遷都、そして暗黙裡《あんもくり》に進行していた安殿《あて》親王への皇太子《こうたいし》の交代を推進した。延暦《えんりやく》三年（七八四）には遷都詔が宣せられないまま、長岡遷都が行なわれている。もちろん、宮内のすべての建物が完成していたわけではないし、平城宮《へいじよう》や後期《こうき》難波宮《なにわ》からの移築も多かったのであろう。

桓武が遷都を急いだ背景は、甲子革令《かっしかくれい》（干支《かんし》の組み合わせの一番目である甲子《きのえね》の年は政治上の変革が起こる運にあたるという、中国の未来予言説）、反桓武勢力の排除、仏教勢力との隔絶、複都制《ふくとせい》の廃止、水運の便、秦《はた》氏などの渡来《とらい》氏族の存在、などと考えられている（佐藤信「長岡京から平安京へ」)。他戸王《おさべ》への中継ぎとしての性格が強かった光仁《こうにん》天皇に比べて、まったくの新皇統を創出した桓武としてみれば、皇統の祖として新都に移ろうと考えたのであろう。

延暦四年(七八五)に入っても長岡京は完成せず、日夜兼行の突貫工事が続いていた。その時、長岡宮で造営を督促していた種継が二人の賊に射られ、その矢傷が原因となって翌日に死去した。この時には死去していた大伴家持《おおとものやかもち》を首謀者として、種継を暗殺し、桓武を殺害して、皇太子早良《さわら》を即位させようというものであったという。桓武は早良を幽閉し、早良は抗議のために絶食したが、淡路《あわじ》に配流《はいる》される移送中に死去した。それでも屍は淡路に送られたが、これが後に桓武自身や新たに立太子した皇太子安殿に災厄《さいやく》をもたらす。

長岡遷都も、種継暗殺と早良廃太子《はいたいし》を乗り越えて強行したものの、桓武は早良の怨霊《おんりょう》に苦しむこととなり、新都では洪水や疫病《えきびょう》にも悩まされた。

延暦八年の「征夷」

実際の「蝦夷《えみし》」征討は延暦八年(七八九)に始まり、数えて三回に及ぶが、実は五年前の延暦三年と桓武最晩年の延暦二十三年(八〇四)にも、「征夷」が計画されていた。

延暦三年、大伴家持が持節征東将軍《じせつせいとうしょうぐん》に任じられた。この年は長岡京への遷都が強行された年であるが、革令の年に当たる甲子年のこの年、桓武は自己の皇位の正統性を「征夷」と造都に求めたことになる。

しかし、翌延暦四年に家持が死去し、種継が暗殺されて家持の関与が発覚し、皇太子早良が廃されるに及んで、この年の「征夷」は中止とされた。

桓武は怯《ひる》むことなく、延暦五年（七八六）から軍士と武器の点検、延暦七年（七八八）には兵糧の備蓄を始め、坂東《ばんどう》諸国から歩《ほ》兵《へい》・騎《き》兵《へい》五万二千八百人を徴発して明年三月までに多《た》賀《が》城に集結させることを命じた（以下、倉本一宏『内戦の日本古代史』）。

大軍は延暦八年三月には多賀城に集結したようであるが、なかなか進軍しようとはしなかった。五月、中軍・後軍各二千人の兵が北上《きたかみ》川を渡った。ただし、遠征軍の上層部は多賀城や衣《ころも》川の軍営などの後方で指揮を執っていたのである。

四千人の兵士が「賊帥《ぞくすい》」である阿弖流為《あてるい》の居所に近づいたところ、「蝦夷」三百人ほどが応戦した。「官軍《かんぐん》」の勢いは強く、「蝦夷」は退却した。「官軍」は村を焼き払いながら進軍し、前軍二千人と合流しようとしたが、実はこれは阿弖流為の仕掛けた罠《わな》であった。

前軍は「蝦夷」に阻まれて北上川を渡ることができず、そこに「蝦夷」八百人ほどが来襲した。「官軍」が少し退却したところに、今度は東の山から「蝦夷」四百人ほどが出てきて

「官軍」の背後の道を断ち、前後から攻撃して、別将《べつしょう》以下を戦死させ、多くの兵士は河に飛び込んで溺死《できし》した。

この報告を受けた桓武は、作戦の誤りや、指揮官の地位の低さ、後方に留まった副将たちを激しく非難した。ところが、この叱責が現地に届く前に、征東大使《せいとうたいし》は征討軍の解散と敵地離脱を決定していた。軍粮《ぐんろう》の不足が、その理由である。これに桓武が激怒したことは、言うまでもない。しかし、将軍たちは入京し、論功行賞《ろんこうこうしょう》を受けた。これが桓武にとってはじめての「征夷」である。

平安京遷都

それでも桓武は、軍事と造作を中止することはなかった。それどころか、両政策をさらに推進すべく考えられたのが、延暦十三年（七九四）の「征夷」と平安京の造営であった。この両者が同じ年に行なわれたことは、けっして偶然ではない。

平安京遷都の動きが始まったのは、延暦十二年（七九三）のことであった。桓武自身が何度も山背国《やましろ》葛野郡《かどの》に行幸して、新京を巡覧している。そして延暦十三年、新都への遷都が行なわれ、平安京と名付けられた。山背国も山城国《やましろ》に改められた。ただし、平安宮（内裏《だいり》や大内裏）がこの時点で完成していたわけではないし、平安京に至っては、そもそも右京《うきょう》も含めた条坊《じょうぼう》が実際に建設された形跡もない。教科書や辞典に載っている「平安京図」は、単なる机上の設計上の姿なのである。

延暦十三年の「征夷」

前回の「征夷」と造都の失敗を共にリセットし、新たな都と新たな「征夷」を行なうことで、桓武は自己の権威の確立を期した。

延暦九年（七九〇）から「征夷」の準備をはじめた桓武は、延暦十年（七九一）に大伴弟《おと》麻呂《まろ》を征夷大使《せいいたいし》、坂上田村麻呂《さかのうえのたむらまろ》らを副使《ふくし》に任じた。ここに後の「征夷」の「英雄」田村麻呂の名が挙がってきたのである。彼らは平安京の造営と時期を合わせて、延暦十三年正月に十万と号される「征夷」の軍を進発させた。

六月には、「征夷副将軍《せいいふくしょうぐん》坂上大宿禰《おおすくね》田村麻呂以下の者が『蝦夷』を征討した」という記事があり、この間、戦闘、あるいは交渉が繰り広げられていたことが推測できる。そして十月に平安京遷都が行なわれたのに合わせるかのように（偶然ではない）、征夷将軍弟麻呂が戦果を奏上してきた。これで今回の「征夷」は成功したということになったのであろう。同じ日

志波城復元外郭南門

に遷都詔を発している。

延暦二十年の「征夷」

阿弖流為はまだ健在、「蝦夷」支配の拠点としての城柵も設置していないという状況の中、延暦十六年（七九七）に三度目の「征夷」が企画された。田村麻呂が征夷大将軍《せいいたいしょうぐん》に任じられ、延暦二十年（八〇一）に進軍した。

やがて「夷賊《いぞく》を討伏《とうふく》した」という戦勝報告があり、入京している。これで胆沢《いさわ》・志波《しわ》の「蝦夷」は完全に制圧された。翌延暦二十一年（八〇二）には田村麻呂を派遣して胆沢城を造営し、延暦二十二年（八〇三）にはさらに六十キロメートル北に志波城を造営している。

そして延暦二十一年に、「蝦夷」の族長である阿弖流為と母礼が、同類五百余人を率いて降服してきた。田村麻呂との政治的妥協によるものであろう。田村麻呂は阿弖流為と母礼を伴って入京したが、二人は人通りの多い場所で公開処刑されてしまった。二人の助命《じょめい》を請うた田村麻呂の意見を、公卿《くぎょう》たちが斥《しりぞ》けたものである。未服属の「蝦夷」支配に二人の持つ権威を利用しようとした田村麻呂の思惑に対し、国家の威信を重視した桓武の意向が反映されたものと考えるべきであろう（鈴木拓也『蝦夷と東北戦争』）。

四度目の「征夷」計画

志波城の造営を承《う》けて、桓武はさらに北方への「征夷」を計画した。延暦二十三年（八〇四）、再び田村麻呂を征夷大将軍に任じたのである。しかし、田村麻呂は出発することはなかった。

そして翌延暦二十四年（八〇五）十二月の「徳政相論《とくせいそうろん》」を承け、「征夷」と造都は共に中止となった。「徳政相論」というのは、桓武が側近参議《さんぎ》の藤原緒嗣《おつぐ》と菅野真道《すがののまみち》に「天下の徳政」を議論させ、「現在、天下の人民が苦しんでいるのは軍事と造作ですので、両者を停止すれば、百姓《ひゃくせい》を安楽にすることができるでしょう」と言った緒嗣の意見を容れ、両者を停止したというものである。もちろん、桓武自身の意向を踏まえた意見である。

桓武は三カ月後の大同《だいどう》元年（八〇六）三月に死去する。「即位すると政治に務め、内には平安京の造営を行ない、外に向かっては「蝦夷」を征討した。これらは当年の財政負担となったが、後世はこの恩恵に与《あず》かった」と評されたものの、その最期まで怨霊に苦しめられた生涯であった。

「小帝国」と「征夷」

「征夷」という事業は律令《りつりょう》国家の標榜《ひょうぼう》した「東夷《とうい》の小帝国《しょうていこく》」という国家観と密接に関連したものであった。「征夷」が律令国家の建設過程と軌を一にして始められ、それが本格化したのは「東夷の小帝国」の再編がはかられた時期、終結したのも律令国家が「東夷の小帝国」という自己認識を放棄した時期と一致したものであった。

たしかに、異民族を従えることが帝国の重要な構成要件であってみれば、律令国家が「蝦夷」や隼人《はやと》を異民族として支配したいという願望を持つのも、国家史的には理解できる発想である。しかしながら、縄文《じょうもん》時代以来、独自の社会と文化を維持して平和に暮らしていた「蝦夷」（と律令国家から呼ばれた人々）にとっては、これはまことに迷惑千万な話で、国家の侵攻に対して抵抗を行なったのも、当然のことであった。

とはいえ、「征夷」とはいっても、そのほとんどは軍事力行使を伴わない制圧であることが多かった。大軍を編制して行軍したとはいっても、それは「蝦夷」を威圧するための装置に過ぎなかったであろうし、ほとんどの兵士は戦意も低く、実際の戦闘を想定していなかったであろう。

ただし、抵抗すれば武力行使もしばしば行なわれたし、「官軍」に屈服すれば俘囚《ふしゆう》として強制的に移住させられ、国司《こくし》や軍団《ぐんだん》の監視の下、農業を営むことを義務づけられたのである。元「蝦夷」たちの思いの火種は、やがて関東《かんとう》各地における群盗《ぐんとう》問題や俘囚の反乱として燃え広がることになる。

2　平安京の確立と藤原北家との関係は何か

平城天皇の政治

平城《へいぜい》天皇は、山部《やまべ》親王（後の桓武《かんむ》天皇）が皇太子《こうたいし》となった翌年の宝亀《ほうき》五年（七七四）に第一皇子として誕生した。母は後の皇后で式家《しきけ》藤原良継《ふじわらのよしつぐ》の女《むすめ》の乙牟漏《おとむろ》。諱《いみな》は小殿《おて》王であったが、後に安殿《あて》（高貴を意味する「貴《あて》」に因《ちな》む）に改められた。延暦《えんりゃく》四年（七八五）に皇太弟早良《こうたいていさわら》親王が廃された後を承《う》けて、十二歳で立太子《りったいし》した。父が天皇、母が皇后という血縁を持つ男性の皇太子は、実は律令《りつりょう》制成立後はじめての例である。大同《だいどう》元年（八〇六）の桓武の死去を承けて践祚《せんそ》（天皇の位を受け継ぐこと）した。時に三十三歳。この時点では、平城は桓武に始まる皇統《こうとう》の嫡流《ちゃくりゅう》であった。同母弟の神野《かみの》親王（後の嵯峨《さが》天皇）を皇太弟とした。

なお、平城には大宅《おおやけ》内親王・朝原《あさはら》内親王という桓武皇女と、式家の藤原百川《ももかわ》の女である帯《たい》子《し》が後宮《こうきゅう》にいたが、いずれも皇子を産むことはなく、皇統の嫡流の座から外れた。特に朝原内親王は井上《いのうえ》内親王を通して聖武《しょうむ》の血も受け継いでおり、父系にも母系にも自分の血を引く天皇の出現を望んだ桓武の皇位継承構想（春名宏昭『平城天皇』）とも合致し、天武《てんむ》系・天智《てんじ》系を統合した新たな嫡流皇統の創出となるはずであった（河内祥輔『古代政治史における天皇制の論理』）。しかし、平城は桓武の、また藤原氏の皇位継承構想に反旗を翻《ひるがえ》したことになる。

また、平城の目指した「改革」も、藤原氏をはじめとする貴族層から反発を免れないものであった（倉本一宏『平安朝　皇位継承の闇』）。まず即位直後の大同元年（八〇六）に六道観《ろくどうかん》察使《さっし》を設置した。参議《さんぎ》が六道一つずつを担当し、地方の実状を把握しようとしたものである。

大同二年（八〇七）には参議を廃止し、観察使のみとした。これは太政官《だいじょうかん》組織にとっての危機であり、特に公卿《くぎょう》と称される上級貴族の動揺と反発は想像に余りある。

また、平城は大同元年七月から諸司の廃止・改編を積極的に行なった。大同三年（八〇八）に入ると、多くの官司が整理統合され、官員の増減、給与体系の再構築、大学《だいがく》入学の義務化などの措置が命じられ、官人体系そのものが大きく動揺することとなった。

平城としては、無駄を省き、官僚組織を効率化することを目指したのであろう。しかし、天皇は支配者層全体の利害を体現するために存在する。このような「やる気のあり過ぎる天皇」は、概して貴族社会から浮き上がり、やがて悲惨な末路をたどることになる。

平城天皇の譲位

大同三年の春から病悩していた平城は、大同四年（八〇九）、突然に皇太子神野に譲位《じょうい》した（嵯峨天皇）。この時に病んでいた「風病《ふうびょう》」を精神的な疾患だと評価する考え方については、明確に否定すべきである（倉本一宏『平安朝　皇位継承の闇』）。

むしろ、自身の皇子である高岳《たかおか》親王（生母は伊勢《いせ》国の地方豪族出身の伊勢継子《いせのけいし》）を嵯峨の皇太子に立てるために、早期に譲位を行なったという側面もあったものと思われる（河内祥輔

『古代政治史における天皇制の論理』)。即位式《そくいしき》を挙げた嵯峨は、翌日に高岳を皇太子に立てた。この時点では、平城の思惑は実現しかかっていたことになる。

譲位した平城は病気回復を願って、十一月に平城旧宮《へいじょうきゅう》に離宮《りきゅう》の用地を占定《せんてい》し、十二月に平城宮に遷幸《せんこう》した。なお、難波宮《なにわ》が置かれて以来、古代日本では主都《しゅと》と副都《ふくと》が併存するのが通常の姿であった。もちろん、中国の長安《ちょうあん》と洛陽《らくよう》に倣《なら》ったものである。長岡京《ながおか》に至って二つの都が統合されたのであるが、ここに再び二つの宮が併存するようになるのも、それほど不自然な事態ではなかったのである。

「薬子の変」の勃発

嵯峨の方も大同三年七月から体調を崩していて、大同二年に謀叛《むほん》の疑いで幽閉されて服毒死した伊予《いよ》親王や、延暦四年(七八五)に廃太子《はいたいし》されて絶食死した早良親王、さらには平城や嵯峨の生母である藤原乙牟漏の霊を鎮撫《ちんぶ》する措置がとられている。

翌弘仁元年(八一〇)になっても嵯峨の病悩は回復しなかった。そして三月、嵯峨は蔵人所《くろうどどころ》を設置し、嵯峨の勅令《ちょくれい》を(藤原薬子《くすこ》などの女官《にょうかん》を介さず)直接に太政官組織に伝える態勢を整えている。蔵人頭《くろうどのとう》に補されたのは、北家《ほっけ》藤原内麻呂の子である藤原冬嗣《ふゆつぐ》であった。内麻呂は嫡子の真夏《まなつ》を平城の側近に配し、次男の冬嗣を嵯峨に接近させたのである。

七月、内裏《だいり》を出た嵯峨は、平城太上天皇《だじょうてんのう》に神璽《しんじ》を返し、退位しようとしたことを、後の淳和《じゅんな》への譲位詔で語っている。これを平城が真に受けたとすれば、それから後の平城の行動も、嵯峨の即位要請を承けたものであることになる（春名宏昭『平城天皇』）。

そして九月六日、平城は平城旧京への遷都を号令する。これに対し嵯峨は、九月十日、遷都によって人々が動揺するというので伊勢・美濃《みの》・越前《えちぜん》の三関《さんげん》を固め、宮中を戒厳《かいげん》下に置いた。そして薬子の兄で専権を振るっていた仲成《なかなり》を拘禁《こうきん》し、薬子と仲成の罪状を詔として読み上げ、薬子を官位剥奪《はくだつ》・宮中追放に処し、仲成を佐渡権守《さどのごんのかみ》に左遷した。

「薬子の変」か「平城太上天皇の変」か

かつてはこの政変の首謀者を平城に帰するわけにはいかないという判断から、「薬子の変」と呼ばれていたが、近年では、やはりこの政変の責めは平城が負わねばならないとの考えから、「平城太上天皇の変」と呼ばれることが多くなってきた。

しかし、春名宏昭氏は、この事変の本質を、嵯峨天皇の政権が平城太上天皇の専制《せんせい》的な国政運営を押し止《とど》めるために起こしたクーデターであると断じ、真の罪人が平城ということは、論理的に成立しないことを明確に論じられた。

そもそも春名氏によれば、太上天皇という地位は、（天皇と並んで）国家の主人、国家の所有者であるから、平城太上天皇がどのような国政運営を行なおうが、それを押し止めることなど誰にもできない。したがって、歯向かってはならない平城に歯向かった嵯峨側の行為こそ、クーデターと呼ぶしかない。クーデターを起こした嵯峨の政権としては、自分たちが悪者になるわけにはいかないから、どうしても代わりの者が必要である。平城に責めを負わせるわけにもいかないから、薬子と仲成が悪の張本に祭り上げられたというわけである（春名宏昭『平城天皇』）。

ただし、当時、嵯峨自身は病に臥《ふ》せっていた。嵯峨天皇の名の下に嵯峨の朝廷を動かしたのは、むしろその周辺にいた北家の内麻呂や冬嗣を中心とした政治勢力であったと考えるべきであろう。

「薬子の変」の顚末

平安京《へいあんきょう》政権の動きを知った平城は激怒し、諸司・諸国に軍事防衛体制を取るよう命じると共に、畿内《きない》と紀伊《きい》の兵を徴発して、十一日の早朝に東国《とうごく》に赴こうとした。

東国で態勢を立て直し、武力で平安京政権を打倒しようとしたのではなく、藤原広嗣《ひろつぐ》の乱に際し伊勢《いせ》神宮《じんぐう》に行幸《ぎょうこう》し、行幸途中で乱が鎮圧された聖武天皇の故事《こじ》を思い出し、伊勢に赴こうとしたと考えられる。平城はクーデターを謀った嵯峨の命にこれほど多くの官人たちが従うとは想像もせず、平安京の動きはすぐに鎮圧されると思って疑わなかったのであろう（春名宏昭『平城天皇』）。

一方、嵯峨（と内麻呂）は坂上田村麻呂《さかのうえのたむらまろ》を美濃道に派遣すると共に宇治《うじ》・山埼《やまさき》・淀《よど》などの水陸交通の要衝《ようしょう》に頓兵《とんぺい》を配備し、拘禁していた仲成を射殺した。

翌十二日、平城の一行は、直線距離で五キロほど進んだ大和《やまと》国添上《そうのかみ》郡越田《こしだ》村で行く手を遮《さえぎ》られた。平城は平城宮に引き返して剃髪《ていはつ》、薬子は服毒自殺した。平城への忠誠を貫いた内麻呂嫡男《ちゃくなん》の真夏は備中権守《びっちゅうのごんのかみ》に左遷され、政治生命を終えた。

というのが「薬子の変」の顚末《てんまつ》である。もちろん、以上はすべて、クーデターに成功した嵯峨側の残した記録に基づく「正史《せいし》」の叙述である。

皇太子の廃立

こうして、「薬子の変」は、あっけなく決着した。九月十三日、嵯峨は、平城の一行に従った官人の罪を不問にすると共に、皇太子高岳親王を廃し、皇太弟に大伴《おおとも》親王（後の淳和天皇）を立てた。この迅速にして果断な処置が、この事変の本質を雄弁に物語っていると言えよう。出家した高岳（真如《しんにょ》）は唐《とう》に渡り、さらにインドに向かった途中、（一説には「虎害《こがい》」によって）命を落としたとされる。

嵯峨としても、高岳が即位した後の皇太子に自分の皇子を立ててくれる保証はなく、ここで平城の皇統を排除したうえで高岳に替えて弟の大伴を皇太弟に立てれば、その次に自分の皇子にまわってくる公算も高い。ここには、病床にあった嵯峨の思惑も見え隠れする。

思惑どおりに平城とその皇統を葬った嵯峨とその朝廷であったが、その後は当初の予定どおりにはいかなかった。妃《ひ》である桓武皇女の高津《たかつ》内親王は業良《なりよし》親王を産んだものの、後に妃を廃され、業良も不審な死を遂げる。結局、嵯峨は内麻呂の女である夫人の緒夏《おなつ》からも子を成すことはなく、後継者である正良《まさら》親王（後の仁明《にんみょう》天皇）を産んだのは、何と橘嘉智子《たちばなのかちこ》であった。あの橘奈良麻呂《ならまろ》の孫から生まれた正良が、嵯峨皇統の嫡流となっていく。

平安京の確立と北家の政界制覇

鎌倉《かまくら》時代初期に鴨長明《かものちょうめい》が『方丈記《ほうじょうき》』で、平安京に都が定まったのが嵯峨天皇の時代であったと回顧したように、ここに平安京が「万代宮《よろずよのみや》」の帝都の地位を確立した。

一方、仲成たちの式家を没落させた藤原北家が急速に勢力を伸張し、政界制覇の道を直進することになったのである。変の翌弘仁二年（八一一）正月には冬嗣が参議に任じられた。冬嗣は弘仁七年（八一六）に権中納言《ごんちゅうなごん》、弘仁八年（八一七）に中納言、弘仁九年（八一八）に大納言と、急速に昇進していった。そして弘仁十二年（八二一）にはついに右大臣に上っている。

こうして、平安京を舞台として、天皇家では嵯峨—仁明が皇統を嗣《つ》ぎ、藤原氏では内麻呂—冬嗣が嫡流となったのである。

3　律令体制の行き詰まりはどのようなものだったのか

個別人身支配の転換

もともと、律令《りつりょう》の規定は唐《とう》の律令に倣《なら》ったものであり、当時の日本社会に適用させるには無理があった。ただ、平安時代の研究が進むにつれ、奈良時代から平安時代にかけての歴史過程は、律令国家の崩壊過程としてではなく、日本の社会や経済の実情に合わせて制度が整備されていった過程であったことが明らかになってきた。

つまり、律令国家はあくまでも国家目標であって、平安時代中期に生まれた「王朝国家《おうちょうこっか》」こそが日本的な古代国家と考えられるようになったのである。

律令制の原則では、「戸」毎《ごと》に戸籍《こせき》・計帳《けいちょう》に登録された六歳以上の男女に口分田《くぶんでん》が班給され、租《そ》・庸《よう》・調《ちょう》・雑徭《ぞうよう》などの税が課せられた。特に調庸は人別に課されることから、これを個別人身支配と呼ぶ。しかし、当時の日本の耕地の面積は、すべての公民《こうみん》に口分田を班給するには不足しており、また産業のあり方から見て、一般の農民が繊維製品（麻布や糸）の現物税が多い調を貢進するのはきわめて困難であった（庸の代替品も布）。自身で都まで運搬するとの規定にも無理があったし、そもそも構成員が流動的であった家族を政治的に「戸」で把握しようとしたこと自体が無理なことであった。加えて、すでに対外戦争の危機は去っていたにもかかわらず、正丁《せいてい》（二十一～六十歳の健康な男子）三ないし四人に一人（現実には一戸に一人）の割合で兵士を徴発し、装備や食糧は自分で賄《まかな》うという兵役の制度にも無理があった。

この籍帳《せきちょう》制度の崩壊は、個別人身支配を拒絶する人々の積極的な反抗から始まった。浮《ふ》浪《ろう》・逃亡《とうぼう》と呼ばれる、戸籍に登録された本貫地《ほんがんち》からの離脱である。律令国家は本貫地への帰還を求めたが、多くの人は権門《けんもん》の大土地所有へと吸い込まれていったものと思われる（以下、坂上康俊『律令国家の転換と「日本」』）。

また、戸籍の記載自体にも、次第に虚偽のものが多くなった。女性の率が異様に多かったり、百歳以上の老人がやたらいたりといったものである。

こういった事態を承《う》けて、次第に課税の単位を、公民といった個別の人間ではなく、土地そのものに比重を移していくことになるのである。具体的な措置については、後に述べることにしよう。

各税の顚末

それでは、それぞれの租税《そぜい》が、この時代にどのような顚末をたどったのかを、いくつか眺めていくことにしよう。

まず租と租を貸し付けた公出挙《くすいこ》の利稲《りとう》は、穀の状態で倉に入れられて鎰《かぎ》（鍵）をかけ、不《ふ》動穀《どうこく》とされるものであった。鎰は中央に召し上げられ、天皇の許可がないと開けられないことになっていた。ところがこの不動穀が、「蝦夷《えみし》」征討の軍粮《ぐんろう》、中央諸司の衛士《えじ》・仕丁《しちょう》・

采女《うねめ》の大粮米《たいろうまい》（年料租舂米《ねんりょうそしょうまい》）、貴族の位禄《いろく》や季禄《きろく》その他の給与（年料別納租穀《ねんりょうべつのうそこく》）などに用いられるようになった。

元来が、租というのは神に捧げる初穂《はつほ》という名目で取りたてたものであり、用途も飢饉《ききん》などの備荒《びこう》用に限られていた。それをこのような目的で使われては、たまったものではないが、言い換えれば、本来、これらの費目に使うべき租税が納められなくなっていたのである。

次に律令制租税の根幹である調であるが、古くは訓で「ミツキ」また「ツキ」と読まれたように、元来は貢物という意義を持っていた。地方豪族である国造《くにのみやつこ》から大王《だいおう》への貢物を、唐の調に倣って成人男子の負担する税のように改変したものである。中央に運ばれた調は、官人の位禄・季禄・時服《じふく》や、諸官司の運営費に充てられた。

ところが、その貢上に関して、貢納時期に遅れる違期《いご》や貢納しない未進《みしん》が多くなってきた。元々が公民に都まで持って来いという規定自体に問題があったのであるが、それらが期日どおりに貢納されないとなると、国家の運営自体に多大な影響をもたらしたのである。

庸は成人男子が年間十日の労役の代わりに布を貢納するもので、訓は「チカラシロ」であった。実際には、采女・兵衛《ひょうえ》・衛士・仕丁などの必要物資を、郷里から仕送りするという性格のものであった。

しかし、平安時代になると、これら大化前代に由来を持つ地方豪族子女の中央での勤務は、もはや形骸化していた。そのため、それらを資養する物資を送るという意義も薄らいでいき、当然ながら、違期や未進が一般的になってきた。

最後に兵役であるが、国際情勢が緊迫していた時期には、それなりに説得力もあったものの、北東アジアに平和が訪れてしまうと、公民が過大な負担に苦しむことへの疑問が起こってきた。

奈良時代を通じて、何度か徴兵が停止されたり、軍団《ぐんだん》が縮小されたりしたが、平安時代になると、後に述べるように、対外関係自体が変質していった。こうして延暦《えんりやく》十一年（七九二）には、辺境の陸奥《むつ》・出羽《でわ》・佐渡《さど》および大宰《だざい》管内諸国を除いて兵士は廃され、代わって兵庫・鈴蔵・国府《こくふ》などを守衛するために、郡司《ぐんじ》の子弟などの有力者から採用された健児《こんでい》が兵役に就いた。その後、軍団制は廃止されたが、健児の方も、軍事的には目立った活躍をすることなく、やがて消滅した。

中国と同じく、軍国体制としてスタートした律令制であったが、その地理的環境から、対外戦争の危機がほとんどなかったという歴史的条件により（倉本一宏『戦争の日本古代史』）、日本はこのような平和な国家に変貌することができたのである。

群盗の横行

とはいえ、地方、特に東国《とうごく》では、大きな社会変動が起こっていた。律令体制の行き詰まりを最も先鋭に象徴するものとして、東国の在地におけるいくつかの動きを追っていくことにしよう。

平安時代になると、先進技術の流入によって、東国各地で空閑地の開発が盛んに行なわれ、それに伴って「富豪の輩《ふごうのともがら》」が成長した。彼らは国司《こくし》を中心として国府に結集した国衙《こくが》権力と結合しながらも、一方では国家秩序を破壊する反体制的行動を取る「盗賊」としての一面も持っていた。

承和《じょうわ》十二年（八四五）に武蔵権守《むさしのごんのかみ》、同十三年（八四六）に武蔵守《むさしのかみ》に任じられた丹墀門成《たじひのかどなり》の薨伝《こうでん》では、武蔵国は土地が広大であって、千人以上の盗賊が充満していたという状況を述べ、門成は着任後すぐに風俗を粛清し、盗賊たちを懐柔したことが見える。ここで門成が懐柔した「盗賊」とは、在地に基盤を持った富豪層と考えられる。ただし、丹比《たじひ》（丹墀）氏自身も武蔵国で勢力を伸張し、その後裔を名乗る武士集団丹《たん》党が勢力を持つようになり、武蔵七党の一つとして力を振るうことになる。

貞観《じようがん》三年（八六一）には、凶猾《きようかつ》の者が党を成し、群盗《ぐんとう》が山に満ちているという武蔵国の状況に対処するため、郡毎に検非違使《けびいし》一人を置くことになった。すでにこれ以前に武蔵国には国検非違使が置かれていたことが窺《うかが》える。

令制では、国司が部内の糺察権《きゆうさつ》（警察・検察権）を有していたが、国検非違使、郡検非違使の設置以後は、所轄内における司法警察権の行使を、順次これらに委任していったことになる。これらの地位に補任されたのは、在地の有力者であったと思われる。

つまり、彼らは「盗賊」と呼ばれた反体制的な連中と同じ社会階層に属していたのであり、「富豪の輩」は、一面では、日常的な非法の検察を行ない、多くの兵士を徴発して隣国の叛《はん》乱《らん》の鎮圧のために出動するという体制的な存在であり、また一面では、国家の支配収奪に反逆するという反体制的な「盗賊」としての相貌も併せ持っていたのである。

中央政府にとっては、これらへの対応が、地方支配において重要な位置を占めることになったのであり、また地方においては、これらの活動が、将門《まさかど》の乱、忠常《ただつね》の乱の史的前提となったのである。

僦馬の党と反国衙闘争

『類聚三代格《るいじゅうさんだいきゃく》』所引昌泰《しょうたい》二年（八九九）太政官符《だいじょうかんぷ》に引かれた上野国解《こうずけこくげ》は、強盗蜂起の有様を述べ、上野国ではそれを隣国（武蔵国）と共同して追討したが、散開した類が相模国足柄坂《さがみあしがら》および上野国碓氷坂《うすい》の方面に逃亡《とうぼう》してしまうので、この両所に関所を設けて通行の人馬を検問することを請うている。

この文書《もんじょ》によると、第一に当時頻発していた強盗蜂起の中核的存在として僦馬《しゅうば》の党という組織結合があったこと、第二に僦馬の党の構成員は「坂東《ばんどう》諸国富豪の輩」であったこと、第三に僦馬の党は駄馬《だば》で荷を運ぶ運送業者であったことがわかる。

ただし、この駄馬は皆、掠奪《りゃくだつ》によるものであって、東山道《とうさんどう》の駄馬を盗んでは東海道《とうかいどう》に就き、東海道の駄馬を掠《かす》めては東山道に赴く、とされている。関東地方における交通の発達がもたらした、運送・流通専業者の発達と、その反体制的行動の現われであろう。

これら「僦馬の党」の活動は、上野国に限ったものではなく、上野・武蔵・相模・甲斐《かい》など、関東西部一帯に拡《ひろ》がっていた。昌泰三年（九〇〇）には武蔵国において強盗が蜂起したことが見えるし、延喜《えんぎ》元年（九〇一）には寛平《かんぴょう》七年（八九五）以来の坂東における群盗の鎮定のために諸社に奉幣が行なわれているが、信濃・上野・甲斐・武蔵国の被害が最も甚大であったことが述べられている。

しかしながら、これらを単なる盗賊団と見るわけにはいかない。彼らは、交通の発達によって発生した、運送・流通業者なのであり、例えば東海道と東山道との間の物価や物品数量の差異を利用して、各々の貢納物を調整し合い、その価格差で利益を得ていたものと思われる。

一定の地方から、一定の期日に、一定の物品が、一定の経路を辿《たど》って、貢納されることを建前としていた律令国家（および国司）の立場からは、これらの行為は、掠奪、あるいは強盗と認識されたのであろうが、現代的な発想から言うと、きわめて当たり前な商業活動と考えるべきであろう。事実、摂関期《せっかんき》には、国司自らがこれらのような流通活動に乗り出すことになる。これらの史料に語られているのは、国家（および国司）の側からの、一方的な認識、あるいは反発である。

これら富豪層による活動は、国司の遵守しようとした建前に必ずしも従わないという点において、反体制的活動と称することもできようが、それとても、商業活動をめぐる私闘において、一方の当事者が国司の関係者であった場合に、他者は公権力への反抗と見做《みな》された可能性もあったわけであり、単純に反体制活動と言うわけにはいかない。

ただし、このような行動が蓄積されると、いずれ支配者層に属する有力者を巻き込んだ反国衙闘争に発展する素地を持つことになる。延喜十五年（九一五）、上野介藤原厚載《こうずけのすけふじわらのあつのり》が、上《かみつ》毛野《けのの》基宗《もとむね》に殺害されるという事件が起こった。また、延喜十九年（九一九）には、前武蔵権《さきのむさしのごん》介《のすけ》源仕《みなもとのつこう》（嵯峨《さが》天皇曾孫、足立郡箕田《みだ》源氏《げんじ》の祖）が、官物《かんもつ》を奪い、官舎を焼き、武蔵守の高《たか》向利春《むこのとしはる》を襲おうとした、という事件が起こっている。

これら関東各地で起こった反国衙闘争は、富豪層を中心とする反体制的商業活動に、受《ず》領《りょう》クラスの有力者や「皇胤辺境軍事貴族《こういんへんきょうぐんじきぞく》」が加わったことによって、国衙勢力への直接的な武力闘争へと昇華してしまった例であろう。常陸国府《ひたちこくふ》と闘争を続けていた藤原玄明《はるあき》をはじめとして、やがてこれらは、平将門の乱の直接的前史となることになる。

第六章

王朝国家の成立

因幡堂薬師縁起
（東京国立博物館所蔵 ©Image: TNM Image Archives）

嘉祥《かしょう》三年（八五〇）に文徳《もんとく》天皇が即位し、藤原良房《ふじわらのよしふさ》は生後八カ月の惟仁《これひと》親王（良房女《むすめ》明子《めいし》所生、後の清和《せいわ》天皇）を皇太子《こうたいし》に立てた。そして文徳が死去すると、九歳の幼帝《ようてい》清和が誕生した。天皇の歴史、日本の歴史における大転換点である。良房は外祖父《がいそふ》として天皇大権を代行し、実質上の摂政《せっしょう》の役割を果たした。

清和の後宮《こうきゅう》に入内《じゅだい》した藤原基経《もとつね》（良房養子）妹の高子《こうし》は、貞明《さだあきら》親王（後の陽成《ようぜい》天皇）を産んだ。陽成は九歳で即位したが、その八年後に基経は陽成を退位させ、代わりに仁明皇子で二世代も遡《さかのぼ》る五十五歳の時康《ときやす》親王を擁立した（光孝《こうこう》天皇）。

仁和《にんな》三年（八八七）、光孝は臣籍《しんせき》に降下させていた源定省《みなもとのさだみ》を親王に復し、定省親王は践祚《せんそ》して宇多《うだ》天皇となった。宇多と基経は対立を続けたが、基経が死去すると、宇多は菅原道真《すがわらのみちざね》や藤原時平《ときひら》を重用して国政改革に乗りだした。宇多を嗣《つ》いだ醍醐《だいご》天皇は道真を左遷《させん》し、時平、後には藤原忠平《ただひら》を用いて、新しい国家体制を完成させた。

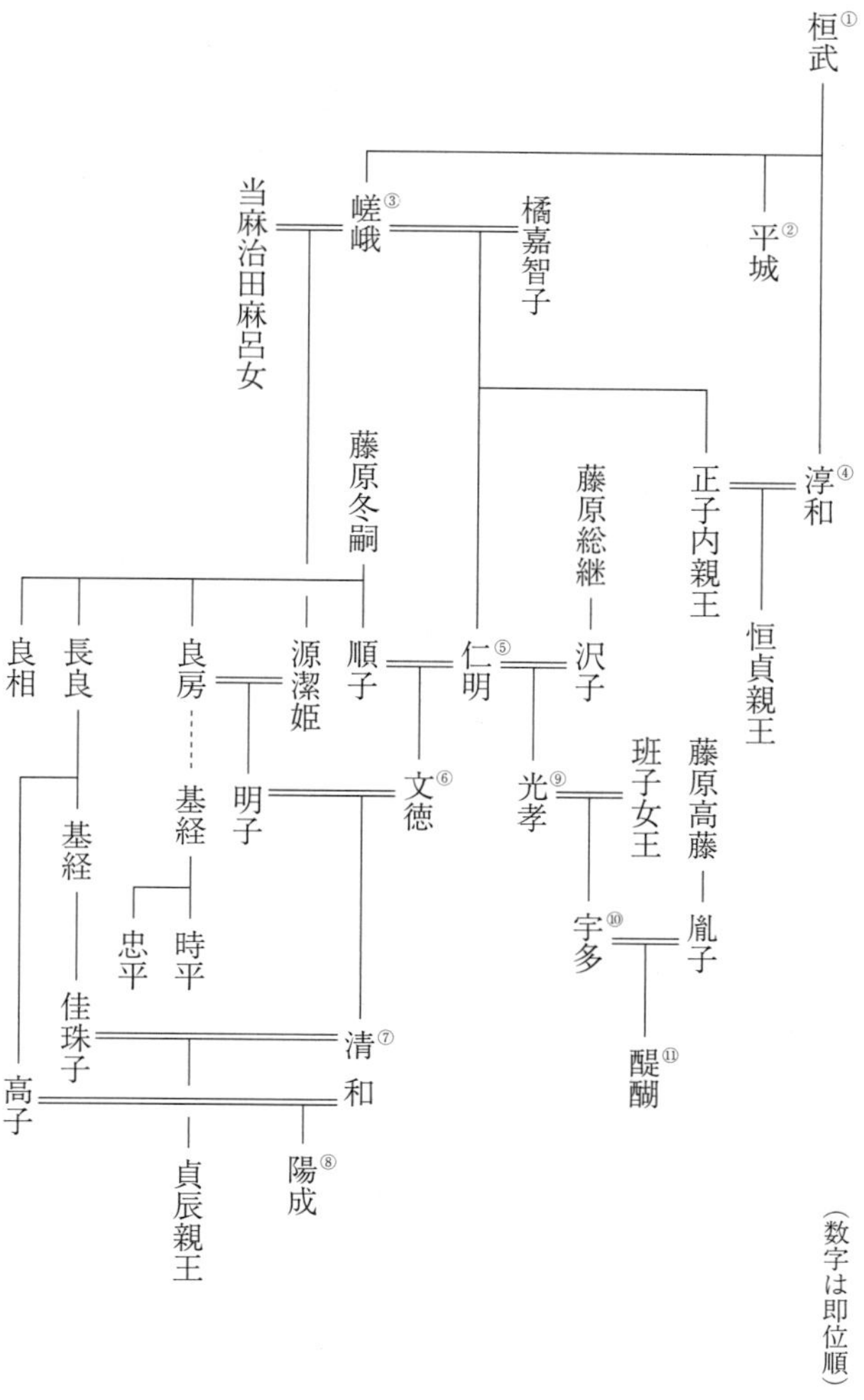

桓武①
平城②
淳和④
嵯峨③
橘嘉智子
当麻治田麻呂女
正子内親王
恒貞親王
藤原総継
沢子
藤原冬嗣
仁明⑤
順子
源潔姫
良房
長良
良相
光孝⑨
班子女王
藤原高藤
胤子
宇多⑩
醍醐⑪
文徳⑥
明子
基経
時平
忠平
基経
佳珠子
清和⑦
高子
陽成⑧
貞辰親王
（数字は即位順）

1　平安時代、どのような外交政策の変化があったのか

平安初期の新羅との「外交」

平安時代に入ると、日本の外交方針や対外認識に変化が生じてきた。遣唐使《けんとうし》が二回しか派遣されずに、寛平《かんぴょう》六年（八九四）の派遣が停止されたうえに（その後、唐《とう》の滅亡によって、必然的に遣唐使はなくなった）、公的な新羅《しんら》使節の往来も途絶えた一方、日本政府は増加する「帰化《きか》」新羅人や、新羅海商《かいしょう》、また漂着民への対応を行なわざるを得なかった。

平安時代の日本外交も、秩序だって日羅《にちら》貿易、帰化新羅人を受け入れ、漂着者の送還を行なってきたのである（石上英一「古代国家と対外関係」）。

十世紀前半には、北東アジアの動乱が日本国内に波及する、もしくは日本国内で新羅勢力と西辺の反政府勢力が連携した内乱が発生し得る現実が存在すると、中央政府は認識していた。そのため日本の外圧および内乱・国内治安問題、異民族間戦争への危険性の認識によって、「積極的孤立主義」とも呼び得るような外交方針を選択した（石上英一「日本古代一〇世

紀の外交」）。

また、十世紀後半になると、宋《そう》帝国の成立に伴う安定した北東アジアの世界秩序に参加することは、政治的・経済的・文化的に必要不可欠な行動であった。日本も独立の国家としての立場を維持しつつ、公的な使命を帯びた入宋僧《にっそうそう》の皇帝《こうてい》への拝謁《はいえつ》によって、宋の帝国秩序に位置づけられていった（石上英一「日本古代一〇世紀の外交」）。

ただし、それらはあくまでも、「閉鎖的」「退嬰《たいえい》的」と考えられてきた従来の説にくらべれば、の話であって、これまでの倭《わ》国や日本古代国家の外交方針と比較すると、それほどの熱情や積極性を感じることができないこともまた、事実であろう。倭国の成立以来、中国・朝鮮諸国に使節を派遣して政治・経済・文化の導入を行なってきた我が国の基本方針は、ここに大きな転換を迎えることになった。

その後も五代呉越《ごだいごえつ》・宋および高麗《こうらい》から外交の働きかけがあったが、結局、正式な外交関係の樹立には応じようとはしなかった。日本の国際関係は、外交は求めないが貿易は進めるという基本方針に大きく転換したのである（石井正敏「十世紀の国際変動と日宋貿易」）。

新羅の入寇

交易《こうえき》のために日本に来航する新羅海商の他、飢饉《ききん》や疫病《えきびょう》に苦しむ新羅の民衆の中には、日本に漂着する者も現われた。海商や漂流民たちは、自らの身を守るために武装していた者も多かったであろうから、彼らが前触れなしに日本の沿岸に現われた場合、日本側からは「海賊」と見做《みな》される事件も起こった。

弘仁《こうにん》二年（八一一）、新羅船三艘《そう》が対馬《つしま》の西海に現われた。着岸した一艘には十人ほどが乗っていたが、言語が通じず、事情は知りがたかった。他の二艘は闇夜に流れ去り、行方が分からなくなった。翌日、燭火《しょっか》を灯《とも》して連なった二十余艘の船が島の西の海中に姿を現わし、これらの船が賊船であることが判明した。新羅方面を眺めると、毎夜、数箇所で火光が見えるので、疑いや懼《おそ》れが止《や》まなかった。

弘仁四年（八一三）には、新羅人百十人が五艘の船に乗って、五島《ごとう》列島の北端にある小近《おちか》島に上陸した。小近島の「土民《どみん》」がこれと戦い、新羅人九人を殺し、百一人を捕獲した。

朝廷では、弘仁六年（八一五）に対馬島に新羅語の通訳を置き、承和《じょうわ》二年（八三五）に壱《い》岐島に三百三十人の防人《さきもり》を配置し、弩師《どし》を復活させて、承和五年（八三八）に壱岐島に、嘉《か》祥《しょう》二年（八四九）に対馬島に配備するなどの措置を講じている。

そして貞観《じょうがん》十一年(八六九)、新羅の海賊が船二艘に乗って博多津《はかたのつ》に来着《らいちゃく》して豊前《ぶぜん》国の貢《こう》調船《ちょうせん》を襲撃し、年貢《ねんぐ》の絹綿を掠奪《りゃくだつ》して逃げ去った。兵を発して追ったものの、賊を獲ることはできなかった。

朝廷は大きな衝撃をもってこの事件を受けとめたが、結局、執った措置は、伊勢《いせ》神宮・石《いわ》清水八幡宮《しみずはちまん》などの諸社や山陵《さんりょう》に事件を奉告《ほうこく》することであった。

また、新羅に対して、「日本の国と久しい世から相戦ってきた」としたうえで、「日本は久しく軍旅《ぐんりょ》(戦争)がなかったので警備を忘れていた。しかし日本の朝は神明《しんめい》の国であるから、神明が護助《ごじょ》するので兵寇《へいこう》が近づくことはできない」と言っている。

王土王民思想

これらの事件は新羅に対する敵視、賊視を決定的にし、九世紀中頃までの比較的開放的な対外諸交流を閉鎖的な方向へと導くことになった。さらには、国内における新羅と関係する不穏な情勢と、平安時代に拡《ひろ》まった穢《けがれ》意識の肥大化による境外《きょうがい》の穢《けが》れた空間への恐怖とがあいまって、支配層の中に新羅に対する強烈な排外意識が生まれてきたなかで、このような思想状況に火をつけた(村井章介「王土王民思想と九世紀の転換」)。

元慶《がんぎょう》元年（八七七）までに編纂《へんさん》された『貞観儀式《じょうがんぎしき》』では、陸奥《むつ》国以東、五島列島以西、土《と》佐《さ》国以南、佐渡《さど》国以北は穢れた疫鬼《えきき》（疫病を引き起こす鬼神《きじん》）の住処《すみか》と規定された。対新羅関係の悪化と並行して、天皇《てんのう》の支配する領域の外は穢の場所とする王土《おうど》王民《おうみん》思想が、神国《しんこく》思想と共に形成されていったのである。

寛平の新羅入寇

九世紀末になると、末期となった新羅からの来寇《らいこう》も増加した。寛平五年（八九三）、「新羅の賊」が肥前《ひぜん》国松浦《まつら》郡に現われ、朝廷では追討《ついとう》を命じている。「新羅の賊」は肥後《ひご》国飽田《あきた》郡において人宅を焼亡《じょうもう》し、肥前国松浦郡に逃げ去ったことが知らされた。この時も追討を命じているが、今回はこの程度で事なきを得ている。

翌寛平六年（八九四）、大宰府《だざいふ》から相次いで「新羅の賊」の侵寇《しんこう》が飛駅《ひえき》によって伝えられた。朝廷ではその追討と北陸《ほくりく》・山陰《さんいん》・山陽道《さんようどう》諸国の警固を命じたが、五月に至って、賊が逃げ去ったという報《しら》せが届いた。

ほっとしたのもつかの間、九月にはさらに大規模な来寇に見舞われることとなった。船四十五艘に乗った「新羅の賊徒《ぞくと》」が対馬島に到った。

対馬守文室善友《つしまのかみふんやのよしとも》は、郡司《ぐんじ》・士卒《しそつ》、それに島分寺《とうぶんじ》の僧まで動員して要衝《ようしょう》に配置した。善友たちは弩《おおゆみ》を配備し、「賊徒」を雨のように射た。大将軍三人、副将軍十一人を含む三百二人を射殺し、船十一艘や大量の兵器を奪い、「賊一人」を生虜《いけどり》とした。

その生虜を尋問したところ、新羅は不作で人民は餓《う》えに苦しみ、倉庫は空になって王城も不安となったにもかかわらず、新羅王が穀物や絹の徴収を命じたため、やむなく日本にやって来たということであった。本拠地における「賊徒」の全容は、船百艘、乗員二千五百人。対馬から逃げ帰った中に「最敏《さいびん》の将軍」が三人いて、そのうちの一人は「唐人《からびと》」である、ということであった。

これはもう、単なる海賊(海商・海民・農民を含む)の範疇《はんちゅう》を超えた、後世の倭寇《わこう》に通じる専門的な武装集団、しかも体系的な軍事組織と専門的な武器・武具を大量に装備した、新羅の公的権力に連なっていることが想定できそうな集団であった。

当時の朝鮮半島では、後三国《ごさんごく》の戦乱が展開していた。地方社会では城主・将軍を自称する地方勢力が台頭してきていて、それら豪族たちが新羅王権の命令をゆがめたかたちで利用したものという推測も存在する(山内晋次「九世紀東アジアにおける民衆の移動と交流」)。

対外関係と国際認識

このように、新羅の入寇《にゅうこう》は、対外戦争にまで発展することはなかったとはいえ、九世紀の日本の国防問題に、常にのしかかってきていたのである。十世紀初頭の延喜《えんぎ》十四年（九一四）に三善清行《みよしのきよゆき》によって奏上された「意見封事《いけんふうじ》十二箇条」でも、国家が直面している軍事問題として、陸奥・出羽《でわ》両国の「ややもすれば起こる蝦夷《えみし》の乱」と大宰管内九国の「常に有る新羅の警」が挙げられている。偽籍《ぎせき》の横行や班田収授《はんでんしゅうじゅ》の停滞、荘園整理《しょうえんせいり》などと並んで、対新羅問題が平安時代の日本に大きな課題として認識されていたのである。

これと軌を一にして、寛平九年（八九七）に宇多《うだ》天皇が醍醐《だいご》天皇への譲位《じょうい》に際して授けた『寛平御遺誡《かんぴょうのごゆいかい》』では、「外蕃《げばん》の人」との直接の対面を避けるよう訓示したように（寛平八年〈八九六〉に唐人と面会したことは誤りであったと言っている）、異国人との接触自体も穢であると認識されるようになった。後に後白河《ごしらかわ》法皇が福原《ふくはら》で宋《そう》人を接見《せっけん》した際には、貴族たちは「天魔《てんま》の所為《しょい》か」と記しておののいており、その後、天皇が外国人と会うことは、明治《めいじ》天皇に至るまで見られなかった（倉本一宏『戦争の日本古代史』）。

高麗の半島統一と日本の国際認識

朝鮮半島では、八九二年に南西部で甄萱《けんけん》が後百済《こうひゃくさい》を建国し、九〇一年には北部で弓裔《きゅうえい》が後高句麗《ごこうくり》を建国した。これ以降、半島は新羅を含めた後三国《ごさんごく》時代を迎えることとなった。後高句麗では将軍《しょうぐん》の王建《おうけん》が九一八年に王に推戴《すいたい》された。王建は高句麗《こうくり》を継承する意味で、国号を「高麗《こうらい》」と改め、王都を開京《かいきょう》に定めた。

その後は高麗と後百済の抗争が続いたが、九三五年に後百済で王位継承に関わる内紛が起こり、甄萱は高麗に亡命した。同年、新羅が高麗に帰順し、新羅は高麗に吸収された。この間、後百済は急速に弱体化し、九三六年に高麗の攻撃を受けて滅亡した。こうして朝鮮半島は、高麗によって統一されたのである。

九二六年に滅亡した渤海《ぼっかい》が高句麗の後継者であったと考えると、これは史上はじめての朝鮮半島の統一と解釈することもできる。ここに半島は高麗によって、一三九二年まで四百五十年以上も続く統一国家を誕生させたことになる。

高句麗の後継者を自称した高麗であったが、日本ではこれを新羅の後継者と見做した。そして新羅に対する敵国視もまた、高麗に対しても継承したのである。日本は高麗に対して強い不信感と警戒心、恐怖心を抱き、当面する外交問題に対応していった。

2　前期摂関政治と天皇制の変質とは何か

承和の変

承和《じょうわ》七年（八四〇）に淳和太上天皇《じゅんなだじょうてんのう》が死去したのに続いて、承和九年（八四二）七月に嵯《さ》峨《が》太上天皇が死去すると、事態は一挙に動き出した。平城皇子の阿保《あぼ》親王が橘 嘉智子《たちばなのかちこ》に封書を送り、伴健岑《とものこわみね》と橘逸勢《はやなり》が皇太子《こうたいし》恒貞《つねさだ》を奉じて東国《とうごく》に向かおうとしていることを密告したのである。嘉智子はこれを藤原冬嗣《ふじわらのふゆつぐ》次男の良房《よしふさ》に送り、良房が仁明《にんみょう》天皇に奏上させた。すぐに関係者が逮捕され、恒貞親王の廃太子《はいたいし》が宣下《せんげ》された。これを承和の変という。なお、逸勢は八月、阿保親王は十月に死去している。

八月、良房の妹順子《じゅんし》を生母とする道康《みちやす》親王（後の文徳《もんとく》天皇）が皇太子に立てられた。ここに両皇統《こうとう》の迭立《てつりつ》状態は解消し、また藤原氏内部における良房の優位が確定したのである。

北家の覇権と文徳天皇即位

興福寺南円堂

承和十一年（八四四）に冬嗣一男の長良《ながら》、承和十四年（八四七）に冬嗣三男の良相《よしみ》が参議《さんぎ》に任じられると、藤原氏の議政官《ぎせいかん》は北家《ほっけ》のみがほぼ独占するようになった。良房は嘉祥《かしょう》元年（八四八）に右大臣に上っている。摂関政治《せっかんせいじ》への道程は、承和の変と道康の立太子によって、確実に敷かれたのである。

そして嘉祥三年（八五〇）に仁明は四十一歳で死去し、二十四歳の皇太子道康が践祚《せんそ》した（文徳天皇）。東宮時代に良房女《むすめ》の明子《めいし》が入侍《にゅうじ》しており、文徳が践祚した直後に惟仁《これひと》親王（後の清和《せいわ》天皇）を出産した。そして生後八カ月の第四皇子惟仁が皇太子に立てられた。

太政大臣良房

良房は、天安《てんあん》元年（八五七）に太政大臣《だいじょうだいじん》に任じられた。太政大臣は職員令《しきいんれい》に、「一人《いちにん》（天皇）に師範し、世界の規範となる」地位で、「其の人無くば則《すなわ》ち欠けよ」と規定された最高の官である。かつて大友《おおとも》王子・高市《たけち》皇子といった皇族、大師《だいし》として藤原仲麻呂《なかまろ》、太政大臣禅《だいじょうだいじんぜん》師《じ》として道鏡《どうきょう》が任じられたのみで、大宝令《たいほうりょう》制成立以降にこの官名で任じられたのは、良房が最初である。

外祖父「摂政」良房

翌天安二年（八五八）に病に倒れた文徳は死去してしまい、ここに九歳の幼帝《ようてい》清和天皇が誕生することになった。これまでまったくの少年が天皇になった例はなく、清和の即位年齢は最年少記録となった。当然ながら、清和には執政能力はなく、誰かが天皇大権を代行する必要があったのであるが、それは太政大臣の良房しかいなかった。

良房は清和が元服《げんぷく》する貞観《じょうがん》六年（八六四）まで、外祖父《がいそふ》として実質上の摂政《せっしょう》の役割を果たしていたのである（今正秀『藤原良房』）。なお、外孫《がいそん》が即位するまで存命して権力を振るった藤原氏の官人は良房がはじめてであり、その後も一条《いちじょう》天皇の代の兼家《かねいえ》、後一条《ごいちじょう》天皇の代の道長しか、古代には存在しない（倉本一宏「摂関期の政権構造」）。

貞観六年、十五歳に達した清和は元服し、良房の養子となっていた藤原基経《もとつね》（父は良房同母兄の長良）が、二十九歳で参議に任じられた。

応天門の変

貞観八年（八六六）、朝堂院《ちょうどういん》の正門である応天門《おうてんもん》が焼失した。大納言伴善男《よしお》は、左大臣源　信《みなもとのまこと》が放火したものと告発した。右大臣良相は基経に信の追捕《ついぶ》を命じたが、基経はこれを養父の良房に報告した。良房は病で自邸に籠りがちであったが、急ぎ参内《さんだい》して清和に報告し、信を弁護した。その結果、清和は信の赦免《しゃめん》を命じた。

その後、大宅鷹取《おおやけのたかとり》という者が、善男とその息男の中庸《なかつね》が共謀して応天門に放火したと訴えた。善男と中庸は容疑を否認したが、善男とその関係者は流罪となった。

この間の過程で、参内した良房に対して、「太政大臣に勅し、天下の政を摂行《せっこう》させよ」との勅が下った。太政大臣に摂政の権限を付加したものである。これは事件の収拾にあたるために命じられた措置と理解すべきであろう。

そして最末席の参議であった基経は、いまだ三十一歳で中納言に任じられた。そして基経の妹である二十五歳の高子《こうし》が、十七歳の清和の後宮《こうきゅう》に入内《じゅだい》して女御《にょうご》となった。高子は貞観十年（八六八）に貞明《さだあきら》親王を産んだ（後の陽成《ようぜい》天皇）。そして驚くべきことに、翌貞観十一年（八六九）、早くも貞明親王は立太子したのである。

陽成天皇の即位と摂政基経

良房は貞観十四年（八七二）に死去した。六十九歳。貞観十八年（八七六）、清和はまだ二十七歳で譲位《じょうい》の儀を行なった。皇太子貞明は九歳であった。ここに再び幼帝が誕生し（陽成天皇）、基経は、「幼主を保輔し、天子《てんし》の政を摂行することは、忠仁公《ちゅうじんこう》（良房）の故事の如《ごと》くせよ」という清和太上天皇の勅によって、摂政に補された。

これに対し基経は、自分は人格や功績はもちろん、良房と違って外祖父ではないという理由で、これを辞退している。基経を長良の子と見ると、陽成の外舅《がいきゅう》にあたるわけであるが、良房の子と見ると、陽成とはミウチ関係にはない。基経はこの辞表で、自らの立場を確認しようとしたのである。もちろん清和はこの上表《じょうひょう》を許さず、基経は摂政の座に就いた。

清和は基経に対し、太政大臣への任官を何度も望んだが、基経がこれを承《う》けることはなかった。そして元慶四年（八八〇）、清和は死去した。その日、陽成は勅を下し、基経を太政大臣に任じ、摂政の職をますます努めるようにと命じている。

ところがこの頃から、基経は自邸に籠り、しきりに辞表を提出した。元服が近付き、政治意思を示し始めた陽成に対する不満によるものであろう。陽成が元慶六年（八八二）に十五歳で元服しても、基経は陽成がすべての政務を自ら決裁することを請うて、摂政の辞表を提出し、里居《さとい》を続けた。

陽成天皇の退位

そして元慶八年（八八四）、陽成は十七歳で退位し、代わりに基経によって仁明天皇の皇子で二世代も遡る五十五歳の時康《ときやす》親王が擁立された（光孝《こうこう》天皇）。

陽成の退位については、元慶七年十一月に内裏《だいり》で起こった格殺《かくさつ》事件の責任を取らせたのであると考える説が根強い。しかし、これは殺人事件ではなく過失致死程度のことだったのであって、陽成が母后高子を後ろ楯《だて》として親政を断行する懼《おそ》れが強かったという理由で、基経が陽成の廃位《はいい》を実行に移したと考えるべきであろう（角田文衞「陽成天皇の退位」）。

光孝皇統と基経

基経としては、高齢の光孝の後には、女の佳珠子《かずし》が産んだ清和皇子の外孫貞辰《さだとき》親王（陽成退位時に十一歳）を擁立し、自らは外祖父摂政に就くことを予定していたはずである。光孝も、それはわかっていたのであろう、自らの皇子女すべてを臣籍《しんせき》に下すことを宣し、二十九人の皇子女に源朝臣《あそん》の姓を賜わった。光孝は在位中は皇太子を立てていない。

また、太政大臣の職掌の有無を検討することを菅原道真《すがわらのみちざね》らに命じ、太政大臣は唐《とう》の三師三公《さんしさんこう》に相当し、具体的な職掌はないという結果が出た。ここで機務奏宣《きむそうせん》という権限が語られていることから、この元慶八年の勅が、事実上の関白《かんぱく》の権限を基経に与えたものであることが指摘されている（坂上康俊『律令国家の転換と「日本」』）。

宇多天皇の即位と「阿衡の紛議」

ところが、光孝が一代限りで終わることはなかった。即位から三年後の仁和《にんな》三年（八八七）、死の直前に基経から東宮《とうぐう》を立てることを要請された光孝は、臣籍に降下させていた第七子で二十一歳の源定省《さだみ》を親王に復して皇太子とした。そしてその日のうちに光孝が死去した後を承けて、定省親王は践祚し、宇多天皇となった。光孝は一代限りの立場を脱し、光孝・宇多皇統が確立したのである（河内祥輔『古代政治史における天皇制の論理』）。

即位式をすませた宇多は、基経に勅書《ちょくしょ》を下して輔弼《ほひつ》を要請した。引き続いての摂政を求めたのである。さらに「摂政太政大臣（基経）」に詔を下し、「万機巨細《こさい》にわたって、百官を指揮し、案件は皆、太政大臣（基経）に『関り白《あずかりもう》し』、その後に奏し下すことは、すべて従来どおりにせよ」と命じた。これが関白の語の初出である。

これに対して基経は慣習的に辞退した。それに対する勅答《ちょくとう》が二十七日に下された。橘《たちばなの》広相《ひろみ》が作成したそれに、自分と基経は水魚、また父子のようなものであるから、「阿衡《あこう》の任を以《もっ》て、卿《けい》（基経）の任とせよ」という文言があったので、紛議《ふんぎ》を呼ぶこととなった。

阿衡というのは中国の殷《いん》の時代の伊尹《いいん》が任じられたという地位であるが、具体的な職掌はない。基経としては、このまま阿衡を引き受けると、自分も職掌のない名誉職に追いやられるということを言い出して、宇多を牽制《けんせい》しようとしたのであろう。

基経は政務を覧《み》ない日々が続き、政務は停滞した。仁和四年（八八八）に至り、宇多は先の詔を改め、橘広相が「阿衡」の語を用いたのは自分の本意に背いたものであるとして、「今より以後、衆務を輔行《ほこう》し、百官を指揮し、奏し下すことは、先の如く諮り禀《はかりう》けよ」との勅を下した。宇多は、その憤懣《ふんまん》を日記（『宇多天皇御記《うだてんのうぎょき》』）に書き付けている。

関白基経

ともあれ、こうして基経は正式に関白の任にあたることになり、勅答を作成した橘広相を断罪し、女の温子《おんし》が入内することで決着した。なお、温子は皇子を産むことはなく（宇多の抵抗であろう）、外戚《がいせき》の座は冬嗣七男である藤原良門《よしかど》の息男高藤《たかふじ》に移った。

基経に屈伏した宇多は、基経存生中は内裏に入ることができず、東宮で過ごした。宇多は苦悩の日々を、その日記に書き付けている。

そして寛平《かんぴょう》三年（八九一）、基経は死去した。五十六歳。死の床にあった基経を、宇多は見舞いに行こうとしていたのであるが、突然、勅を出して停止している。

3　新しい国家体制はどのようなものだったのか

「寛平の治」

藤原基経《ふじわらのもとつね》が死去した後、宇多《うだ》天皇が関白《かんぱく》を補すことはなかった。基経嫡男《ちゃくなん》の藤原時平《ときひら》は、いまだ二十一歳の讃岐権守《さぬきのごんのかみ》に過ぎなかった。また、宇多の姻戚《いんせき》である藤原高藤《たかふじ》は五十四歳に達していたが、この時点では従四位下兵部大輔《ひょうぶのたいふ》に過ぎず、とても政権を任せることはできなかった。なお、高藤女《むすめ》の胤子《いんし》が産んだ源維城《みなもとのこれざね》は皇族となって敦仁《あつぎみ》親王となり、寛平《かんぴょう》五年（八九三）に立太子した（後の醍醐《だいご》天皇）。

宇多は讃岐守《さぬきのかみ》として赴任していた菅原道真《すがわらのみちざね》を呼び戻して蔵人頭《くろうどのとう》に補し、時平を参議《さんぎ》に任じた。寛平五年には時平を中納言、道真を参議に任じ、国司《こくし》の受領《ずりょう》化、昇殿《しょうでん》制の成立、蔵人所《くろうどどころ》の充実、遣唐使《けんとうし》派遣計画（結局は停止された）など、積極的な国政運用がはかられた。寛平七年（八九五）には道真も中納言に上っている。

そして寛平九年（八九七）、時平を大納言、道真を権大納言《ごんだいなごん》に任じ、皇太子《こうたいし》敦仁に、「時平は功臣《こうしん》の末裔《まつえい》であるから、その輔道に従え」「道真は朕の忠臣、新帝の功臣である」との遺誡《ゆいかい》を残して、譲位《じょうい》した。

この頃、租税《そぜい》の未進《みしん》が深刻化し、班田収授《はんでんしゅうじゅ》も行なわれなくなって、国家財政は危機に陥っていた。そこで宇多は受領経験のある道真を抜擢《ばってき》して、国政改革に着手したのである。この改革は次の醍醐の治世でも、時平の弟である藤原忠平《ただひら》によって継続された。

「王朝国家体制」

一九七〇年代、私の師匠の一人である土田直鎮が、摂関期《せっかんき》の貴族は律令《りつりょう》制が機能していた奈良時代の貴族よりも豊かな生活をしていたであろうことを指摘し、律令制がとめどなく崩壊していく過程として平安時代をとらえる従前の見方に疑問を呈した。平安時代には、腐敗した貴族が天皇を蔑《ないがし》ろにして京都で遊び呆《ほう》けていたのに対し、草深い関東の原野から農民が武器を取って立ち上がり、これを打倒して素晴らしい中世の武家社会を建設した、という段《だん》階発展論《かいはってんろん》的な歴史観に対して、根本的な疑問を提示した、画期的な指摘であった。

この頃から、十世紀初頭に移行し始めていた新しい国家体制に関する研究が進み、平安時代の新しい国家の様相が解明され、続く摂関期における豊かな文化の経済的基盤が明らかになってきたのである。この新しい国家体制を、「王朝国家《おうちょうこっか》」と呼ぶこともある（「初期権門体《しょきけんもんたい》制《せい》」という場合もある）。

それは要約すると、強大な権限を付与された受領国司《こくし》が国内支配を行ない、「名《みょう》」（名田《みょうでん》）という課税単位の経営と、租税（官物《かんもつ》・臨時《りんじ》雑役《ぞうやく》）の納入とを、現地の富豪《ふごう》層（田堵《たと》・負名《ふみょう》）が請け負う、そして租税の一部は私物化できるという体制であった。

私はこの「王朝国家」こそが日本的古代国家の完成形であると考えているのであるが、それはまた同時に、自力救済を旨とする中世《ちゅうせい》社会の胎動も意味するものであった。

負名制度

この改革による最大のものは、受領制度と負名制度であった。受領については後に述べることとして、まずは負名について説明しよう。対象となる田地を「名」という徴税単位に分け、「名」毎《ごと》に負名という納税責任者を決めて、国衙《こくが》に一定額の租税を納めさせることになった。人間単位で徴税する個別人身支配から、土地を徴税単位とする土地支配への転換がはかられたのである。

「名」というのは、土地所有の単位でも経営の単位でもなく、徴税の単位であった。そして徴税台帳に登録された納税責任者を「田刀《たと》（田堵）」と称した。「名」の納税責任を負っているという意味で、「負名」とも称された。荘園《しょうえん》や元は口分田《くぶんでん》であった田も「名」に編制されたが、一般的な「名」の規模は二、三町以下、つまり律令制下の戸主以下であったと考えられている。「負名」といっても、けっして有力農民とか富豪層といった者ばかりではなく、経営規模的には律令制下の「戸」と大きく異なるものではなかったのである（坂上康俊『摂関政治と地方社会』）。

租税の再編

この時期、租税は官物と臨時雑役に分けられた。すでに戸籍《こせき》制度が放棄された時点で、調《ちょう》庸《よう》を人頭税として徴収することは不可能になっていて、租税を土地税とするという動きは、必然のものであった（坂上康俊『摂関政治と地方社会』）。

このようにして、律令税制の租《そ》＋公出挙利稲《くすいこりとう》（正税《しょうぜい》）相当分＋調庸という、元々物品で支払う税目は、「官物」という、ほとんど米に換算される税に一本化されたのである（佐藤泰弘「国の検田」）。官物は、租＋公出挙利稲相当分が反別に米（穀）一斗五升であり、それに調庸分を加えて反別に米三斗に換算された（坂本賞三『摂関時代』）。

ただし、官物の賦課率を定めた規定（率法《りっぽう》）は、受領と負名との力関係や各国の習慣によって変動するものであった（坂上康俊『摂関政治と地方社会』）。ここに受領の力量が問われる時代が到来したのである。

臨時雑役は律令税制の雑徭《ぞうよう》の流れを汲《く》むもので、「国交易絹」や「丁馬之雑役」「供給役《くごうやく》」「造内裏役《ぞうだいりやく》」「造大垣役《ぞうおおがきやく》」など、その時に応じて（臨時に）具体的に定められた。実際に徴発される際には、人に対して労働力で課せられたが、そうでない場合には田地を基準として、物品で徴収された。場合によっては実役、そうでない場合には米など相応の物品を出させるという税となった（坂上康俊『摂関政治と地方社会』）。

こうして、実際には荒廃して収穫がなくても、「名」の公田《こうでん》面積分だけの租税は完納させるという体制に切り替わったのである。

受領の支配

平安時代の「王朝国家」を支えたのが、国司から転換した受領である。律令制では各国に国司が派遣された。国司には守《かみ》・介《すけ》・掾《じょう》・目《さかん》の四等官があった。律令国家では全員が中央から派遣された官僚で、納税や行政、勧農《かんのう》に対して連帯責任を負った。もちろん、私腹を肥やすことなど不可能であった。

それに対し、「王朝国家」では、受領が徴税と一国内の行政を一身に委ねられ、大きな権限を持つこととなった。守のみが任期四年で中央から派遣されて受領と呼ばれ、次官である介以下は任用国司《にんようこくし》と呼ばれ、国務から疎外されるようになった（親王が守〈太守《たいしゅ》〉となった上総《かずさ》・上野《こうずけ》・常陸《ひたち》国では介が受領となった）。

受領は任期に一度、検田《けんでん》を行なって検田帳を作成し、「名」の責任者を把握して、その者に賦課を行なった。また、新しく開墾された荘田を、租税を免除する不輸《ふゆ》と認めるかどうかの裁量を行使した。このように、国内支配を委任され、中央政府に租税を上納したのである。租税の納入責任のほかに、官物の管理・運営の責任や、新任国司への引き継ぎの責任を負うことになった。

受領の評価

なお、受領というと任地で巨利を貪《むさぼ》ったとのイメージが強い。だが、徴税を請け負った責任者としての受領の役割を、もっと積極的に評価するべきだろう。『今昔物語集《こんじゃくものがたりしゅう》』には、美濃《みの》との国境である恵那《えな》山の谷底に落ちた信濃守《しなののかみ》藤原陳忠《のぶただ》が、そこに生えていた平茸《ひらたけ》を採ることを忘れず、「『受領は倒れるところに土をもつかめ』と言うではないか」と言ったとの有名な説話がある。

むしろ、同じ『今昔物語集』に見える寸白《すばく》受領の説話の方が、当時の受領と任地との関係を象徴している。腹中に寸白（サナダ虫）を持った女から生まれた男が信濃守に任じられ、恵那《えな》山での坂向《さかむかえ》（境迎）で、信濃国人から名物の胡桃《くるみ》料理を勧められたが、食べられない。無理に胡桃酒を呑《の》まされた信濃守は、「自分は寸白男である」と白状し、水になって流れてしまった、というものである。ここには、新任の受領の力量や性格を試そうとした現地人と、任地の風習（「国風《こくふう》」）に馴染《なじ》もうとせず、法外な官物賦課率を強制しようとした受領との確執が象徴されている。もちろん、水になって流れてしまったのではなく、おそらくは現地の有力者に殺されて山中に棄《す》てられたのであろう。

また、「受領層」という言葉が象徴するように、受領は中下級官人といったイメージが強い。しかしそれは、『源氏物語《げんじものがたり》』の主人公たちのような超一級の身分の人たちから見た視点である。受領だけを歴任する「受領層」という身分は存在しなかった。中央官を一定年数勤めた官人が、その功によって空きの出る国の受領に任じられたいということを申文《もうしぶみ》に記して申請し、それらの中から公卿《くぎょう》が推挙したうえで、除目《じもく》という儀式で天皇（または摂政《せっしょう》）が任官者を決定したのである。

四年間の任期を勤めて、無事に新任国司との交替《こうたい》が終了すると、また受領に任じられる者もいたが、多くの場合は再び本務の中央官に任じられた。いわば受領の地位は、実務官人の精励への褒賞《ほうしょう》といった側面もあったのである。

ただし、任地で財を築けるだけの能力を持った者と、租税の納入さえままならない者との差は歴然としていた。受領が文筆に巧みな者や計算に秀でた者、さらには武者を引き連れて任地に下向するのは、確実に任地の支配を行ない、余剰物を私財として蓄積しようという目《もく》論《ろ》見《み》によるものであった。

こうして、負名は身分や所属を問われず、律令制の原則よりもはるかに少額の、一定額の租税を納めればよく、余剰は私物化できた。同じように、受領は一定額の租税を中央政府に上納すればよく、余剰は私物化できた。中央政府はこの構造によって、租税を確実に徴収できた。これは当時の日本社会の実態に合わせた効率的な体制であり、国家体制の衰退ではなく、現実的な国家の成立と見るべきである。そして財政基盤の確立は、摂関期の豊かな王朝文化の基礎ともなった。

もうお気付きであろうが、全国の受領の任命を決定することのできた摂関の権力の源泉がどこにあったかは、明らかであろう。また、受領が多くは妻子を伴って下向したことによって、都鄙《とひ》間の交通が整備され、地方への文化普及が促進されたことも、見逃せない。

ただし、現地の有力者は、受領よりも上位の権力者である摂関の権威にすがって、国司の支配を免れようとするようになった。こうして次の時代には、荘園の寄進が行なわれるようになるのである。

第七章

摂関政治の時代

平等院鳳凰堂

延長《えんちょう》八年（九三〇）、醍醐《だいご》天皇は死去した。醍醐皇子で穏子《おんし》（藤原基経女《ふじわらのもとつねのむすめ》）所生の寛明《ゆたあきら》親王が八歳で即位し（朱雀《すざく》天皇）、藤原忠平《ただひら》が摂政《せっしょう》に補された。これ以降を摂関期《せっかんき》と称する。この後、朱雀同母弟の村上《むらかみ》天皇、冷泉《れいぜい》天皇、冷泉同母弟の円融《えんゆう》天皇が即位し、冷泉系と円融系の迭立《てつりつ》状態が続いた。一方では藤原伊尹《これまさ》・兼通《かねみち》・兼家《かねいえ》による政権抗争が激化した。

この抗争に終止符を打ったのは、二十五年に及ぶ在位を重ねた円融皇子の一条《いちじょう》天皇と、その間、政権を担当した藤原道長《みちなが》（兼家五男）であった。道長は全国の富を集積し、三代の天皇の外戚《がいせき》となって、摂関政治《せっかんせいじ》と王朝《おうちょう》文化の最盛期を現出させた。

道長の後を継いだのは、一男の藤原頼通《よりみち》であった。しかし、頼通は天皇家に入内《じゅだい》させる女に恵まれず、入内させた養女や女にも皇子の誕生はなかった。そして藤原氏を外戚としない後三条《ごさんじょう》天皇の即位によって、摂関政治は終焉《しゅうえん》を迎えた。

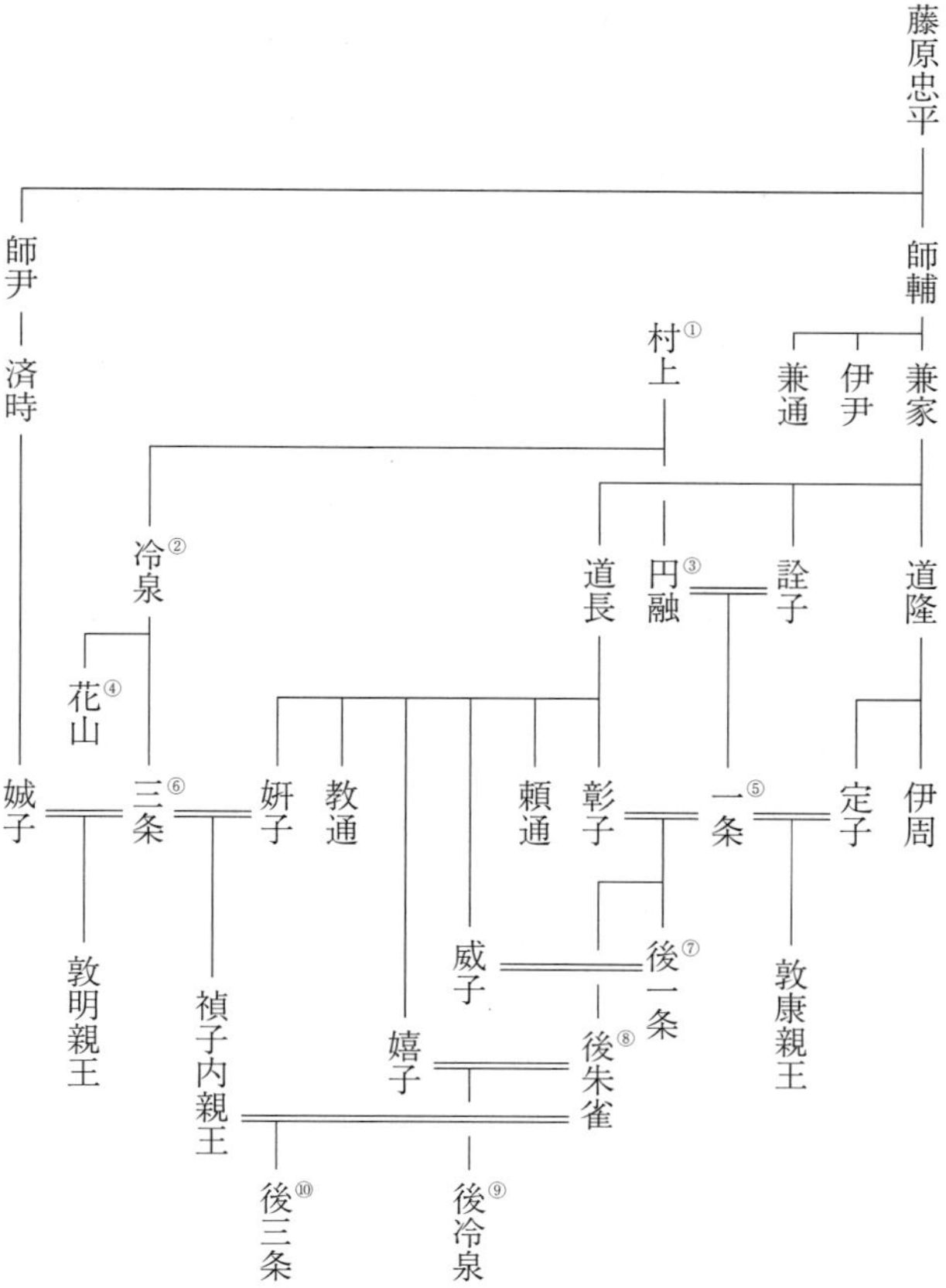
藤原忠平
師輔
師尹
済時
兼家
伊尹
兼通
村上①
冷泉②
道長
円融③
詮子
道隆
花山④
娍子
三条⑥
妍子
教通
頼通
彰子
一条⑤
定子
伊周
威子
後一条⑦
敦康親王
敦明親王
禎子内親王
嬉子
後朱雀⑧
後三条⑩
後冷泉⑨

（数字は即位順）

1　摂関をめぐる争いはどのようなものだったか

摂関常置

朱雀《すざく》天皇が即位した際、藤原忠平《ふじわらのただひら》が摂政《せっしょう》に補された時点から、村上《むらかみ》天皇・一条《いちじょう》天皇など例外的な時期を除いて、天皇幼少時には摂政、成人後には関白《かんぱく》（もしくは内覧《ないらん》〈関白に准じる職で、天皇への奏上および宣下の文書《もんじょ》を内見する地位〉）が必ず置かれるようになった。藤原良房《よしふさ》や基経《もとつね》の時代には、太政大臣《だいじょうだいじん》と摂政・関白との区別が明確ではなかったので、これ以降を摂《せっ》関政治《かんせいじ》の時代と称する。

忠平は承平《じょうへい》六年（九三六）に太政大臣に任じられ、翌承平七年（九三七）に朱雀は元服《げんぷく》したが、忠平が摂政を解かれることはなかった。忠平は天慶《てんぎょう》元年（九三八）に、良房の例に倣《なら》って摂政の辞表を進上したが、朱雀はこれを慰留した。忠平は天慶四年（九四一）に関白に補されている。朱雀には皇子がなかったので、同母弟の成明《なりあきら》親王（後の村上《むらかみ》天皇）が皇太子《こうたいし》に立った。

「天暦の治」

天慶九年（九四六）、皇太子成明が即位して村上天皇となった。村上はすでに二十一歳に達しており、忠平は天暦《てんりやく》三年（九四九）に七十歳で致仕《ちし》するまでは関白を勤めたが、それ以降、村上が関白を補すことはなかった。

忠平の後に政権を担当したのは、一男の左大臣藤原実頼《さねより》と、二男の右大臣藤原師輔《もろすけ》であった。実頼は太政官首班《だいじようかん》の座にあったものの、村上との血縁関係は薄く、姻戚《いんせき》関係も、師輔女《むすめ》の安子《あんし》が三人の皇子を産んだのに対し、実頼女の述子《じゆつし》は皇子女を産むことはなかった。

このように、摂関期《せつかんき》の政権抗争は、后妃《こうひ》として入内《じゆだい》させた女性のうち、誰が皇子を産むか、そしてどの公卿《くぎよう》の後見《こうけん》を受けた皇子が立太子するかをめぐって、争われることになった。日本が外国からの侵略を受ける恐れがなく、国内にも異民族が存在しなかったことによって、このように「雅《みや》び」な政治闘争が繰り広げられることになったのである。なお、この後宮《こうきゆう》内における争いが、後に述べる「国風文化《こくふうぶんか》」や浄土信仰《じようどしんこう》の背景となった。

天暦四年（九五〇）には村上・朱雀・穏子《おんし》・師輔が密《ひそ》かに策を定めて、安子所生で生後二カ月の憲平《のりひら》親王（後の冷泉《れいぜい》天皇）の立太子を進めた。ただし、師輔は外孫《がいそん》憲平の即位を見ることなく、天徳《てんとく》四年（九六〇）に死去している。

冷泉天皇と「揚名関白」

康保《こうほう》四年（九六七）、村上の死去によって、憲平は十八歳で践祚《せんそ》し（冷泉天皇）、実頼を関白とした。同母弟で第四皇子の為平《ためひら》親王は、源高明《みなもとのたかあきら》の女を妃《ひ》としていたことによって警戒され、第五皇子の守平《もりひら》親王（後の円融《えんゆう》天皇）が皇太弟《こうたいてい》に立った。

冷泉と血縁・姻戚関係の両方で強く結び付いた藤原伊尹《これまさ》・兼通《かねみち》・兼家《かねいえ》といった、後に九条《くじょう》流《りゅう》と呼ばれる師輔の息男たち（「外戚不善《がいせきふぜん》の輩《やから》」）は、「揚名関白《ようめいかんぱく》（名ばかりの関白）」実頼に代わって、天皇の政治意思を支配した。なお、冷泉には後世、数々の狂気説話が作られるが、これは本来は嫡流《ちゃくりゅう》であったにもかかわらず、強引に皇統《こうとう》から外してしまった藤原氏の意を汲《く》んで創作されたものであろう（倉本一宏『平安朝　皇位継承の闇』）。

円融天皇・花山天皇の時代

安和《あんな》の変で高明が失脚してから五カ月後の安和二年（九六九）、冷泉は二十歳で譲位《じょうい》し、十一歳の円融天皇が即位した。実頼は摂政に補されたが、ヨソ人であることには変わりはなく、円融の外舅《がいきゆう》である伊尹・兼通・兼家と対立していた。そして、この時期に実頼がしきりに摂政を辞任する上表《じようひよう》を繰り返していることからも、勝敗は明らかであった。

翌天禄《てんろく》元年（九七〇）に実頼は七十一歳で死去し、代わって安子の同母兄の伊尹が摂政となった。伊尹は政務に精勤し、円融と伊尹との間は円滑に推移した。

伊尹は天禄三年（九七二）に四十九歳で死去した。この間、複雑な経緯を経て、伊尹の同母弟（安子の同母兄）で、この年、参議《さんぎ》から権中納言《ごんちゆうなごん》に任じられたばかりの兼通が、同母弟の兼家を抑えて、内覧を命じられた。「外戚の重さと安子の遺命《いめい》」によるものとされる（倉本一宏「藤原兼通の政権獲得過程」）。兼通は天延《てんえん》二年（九七四）には太政大臣に任じられ、関白に補された。

貞元《じようげん》元年（九七六）、冷泉院のキサキとなっていた兼家の女である超子《ちようし》が、居貞親王《おきさだ》（後の三条《さんじよう》天皇）を産んだ。当時は冷泉系の方が天皇家の嫡流と認識されており、この居貞こそ、天皇家の嫡流を嗣《つ》ぐべき存在であるはずであった（倉本一宏『三条天皇』）。

兼家の女に居貞が生まれると、兼通は兼家が外戚としての地歩を固めるのを恐れ（兼通は女を冷泉後宮には入れられず、円融後宮に入れた媓子《こうし》は皇子女を産むことはなかった）、翌貞元二年（九七七）には小野宮流《おののみやりゆう》の藤原頼忠《よりただ》に関白を譲り、兼家を左遷したうえで、五十三歳で死去した。

兼通が死去すると、兼家は翌天元《てんげん》元年（九七八）から出仕するようになり、円融の後宮に女の詮子《せんし》を入れ、右大臣に任じられるなど、再び権力獲得に向けた動きを示した。この年には頼忠も女の遵子《じゅんし》を入内させているが、天皇とまったくミウチ関係を持たない関白が政治から疎外されるのは、必然のことであった。円融は兼家に反感を抱いていたが、ついに兼家に屈伏して退位した。円融は譲位と引き替えに、ただ一人の皇子である懐仁《やすひと》親王を立太子させ、一代限りという状況にピリオドを打ったという側面も考えられる（倉本一宏『一条天皇』）。

円融の次の花山《かざん》天皇の時代は、成人の天皇・ヨソ人の関白（頼忠）・地位の低い天皇の外戚（藤原義懐《よしちか》）・大臣ではない天皇の姻戚（藤原為光《ためみつ》）という複雑な権力構造を呈していた。円融は、譲位宣命において頼忠が引き続き関白となるよう命じたが、頼忠は政務に携わることができず、義懐主導の新政が実現した。

このような政治状況を好ましく思っていなかったのは、兼家や公卿層に共通する認識であったはずである。即位一年十カ月後の寛和《かんな》二年（九八六）、花山は兼家らの策略によって突然退位し、花山寺《かざんじ》（元慶寺《がんぎょうじ》）で出家した。花山にも様々な狂気説話や歴史物語が作られるが、強引に皇位から降ろし、嫡流から外してしまった冷泉皇統の故であろう（倉本一宏『平安朝皇位継承の闇』）。

外祖父摂政兼家と国母詮子

ここに史上最年少となる七歳の一条《いちじょう》天皇が誕生した。摂政が置かれるとはいっても天皇の権限のすべてを代行できるわけではなく、幼帝《ようてい》であっても天皇自らが行なわなければならない事項も多い以上（坂上康俊「関白の成立過程」、大津透『道長と宮廷社会』）、まったくの幼児を天皇位に即《つ》けるというのは、よほど特殊な事情が存在したことになる。

当然ながら、この幼帝を後見する者が必要だったわけであるが、それは良房以来、百三十年ぶりの外祖父《がいそふ》摂政となった兼家と、国母《こくも》として皇太后に立てられた詮子が担った。以後、かなりの間、詮子は一条と共に過ごすことになる。

正暦《しょうりゃく》元年（九九〇）に一条は十一歳という異例の若さで元服したが、同時に兼家は、孫の定子《ていし》（父は藤原道隆《みちたか》）を入内させ、ただ一人の姻戚となった。兼家は、外祖父の摂政であることに加えて唯一の姻戚という、最強のミウチ関係を構築したのである。

中関白家の栄華

正暦元年、最期を迎えた兼家は出家し、代わって内大臣道隆が関白となった。後世、「中関白家《なかのかんぱくけ》」と呼ばれることになる道隆家と一条の交流は、『枕草子《まくらのそうし》』に謳《うた》われるところである（倉本一宏『藤原伊周・隆家』）。

しばしば人事に介入していた円融上皇が正暦二年（九九一）に三十三歳で死去すると、道隆は、出家した詮子を女院《にょういん》（東三条院《ひがしさんじょういん》）とするという、前代未聞の措置を執った。円融亡き後に天皇家の長となった詮子を、一条の政治的後見者として、上皇に准じる、より公的な政治権力に引き上げる必要があったのであろう。これは藤原氏の歴史にとっても、日本の歴史にとっても、画期的な出来事であった。

長徳《ちょうとく》元年（九九五）は、天平《てんぴょう》九年（七三七）以来の疫病《えきびょう》の流行となった。すでに病に冒されていた道隆は上表を繰り返し、一条に、「関白（道隆）が病を煩う間」という期限付きで、嫡男《ちゃくなん》の藤原伊周《これちか》（定子の同母兄）に内覧宣旨《せんじ》を下させた。ただし、道隆が死去すると、伊周は内覧の地位を止められた。

「七日関白」道兼

一条は道隆の同母弟の右大臣藤原道兼《みちかね》を関白に選んだ。当時の兄弟継承の慣例に従えば、伊周よりも上位にあって一条の外舅にあたる道兼が選ばれたことは、至極順当なところではあった。ただし、すでに道兼も病に冒されていたことは、周知の事実だったことであろう。世代交代を阻止しようとした詮子の思惑としては、ここで兄弟間で継承させておけば、道兼が近い将来に死去した際に、その次に必然的に藤原道長《みちなが》政権の誕生が期待できるといった構想が固まっていたのであろう（倉本一宏『一条天皇』）。

2　道長の権力の源泉は何だったのか

道長政権の成立

藤原道隆《ふじわらのみちたか》、そして道兼《みちかね》といった同母兄が相次いで死去した結果、三十歳で藤原兼家《かねいえ》五男の権大納言藤原道長《みちなが》は、長徳《ちょうとく》元年（九九五）五月に内覧《ないらん》を命じられ、いきなり政権の座に就いた。大臣ではないということで関白《かんぱく》となることができず、内覧という職に就けられたのである。兄弟順の政権担当という国母《こくも》詮子《せんし》の意向が強くはたらいたであろうことは明らかである。

道長はこの年の六月に右大臣、ついで翌長徳二年（九九六）に左大臣にも任じられ、内覧と太政官一上《だいじょうかんいちのかみ》（首班）の地位を長く維持した。大臣に上っても関白に就くことはなく、結果的にはそれによって公卿議定《くぎょうぎじょう》である陣定《じんのさだめ》を指揮下に置くこともできたのである（倉本一宏『一条天皇』）。道長としては、自分が関白となって一上から退くと、次席の大臣であった藤原顕光《あきみつ》や藤原公季《きんすえ》といった両大臣や筆頭大納言の藤原道綱《みちつな》といった無能な連中に政務や儀式を主宰させなければならなくなるので、その危険性を回避するために、やむなく自分が首班の座に坐《すわ》り続けたという側面もあったのであろう。嫡男《ちゃくなん》の藤原頼通《よりみち》が成長するまでは自分が主宰しなければならないという義務感も存在したはずである（倉本一宏「藤原道長と『御堂関白記』」）。

中関白家の失脚

一方、藤原伊周《これちか》をはじめとする中関白家《なかのかんぱくけ》は、道長との反目を強めた。長徳二年、いわゆる「長徳の変」が起こった。その発端については、『小右記《しょうゆうき》』からわかるように、正月に花山院《かざんいん》と伊周・隆家《たかいえ》が、故藤原為光第《ためみつてい》で遭遇し、隆家の従者が花山の従者と闘乱に及び、花山の随身していた童子《どうじ》二人が殺害されて首を持ち去られたという、従者同士の闘乱である（倉本一宏『藤原伊周・隆家』）。

二月、一条天皇は明法博士《みようぼうはかせ》に伊周・隆家の罪名を勘申《かんじん》させよとの命を下し、四月の除目《じもく》で、伊周を大宰権帥《だざいのごんのそち》、隆家を出雲権守《いずものごんのかみ》に降《くだ》すという決定が下された。

こうして道長は労せずして政敵を葬り、以後は左大臣道長、右大臣顕光（藤原兼通《かねみち》男）、内大臣公季（藤原師輔《もろすけ》男）という序列が、二十一年も続いた。その間、政変も起こることなく、もっぱら後宮《こうきゆう》における后妃《こうひ》の皇子出産と立太子へと政治の眼目が移った。

彰子の後宮制覇

権力を万全にしたかに見えた道長であったが、摂関期《せつかんき》に権力基盤を固めて、それを次世代に受け継がせるには、女《むすめ》を天皇の後宮に入れて皇子の誕生を期し、同時に息男を早くから昇進させる必要があったのである。

ところが道長の場合、当時としては晩婚であったのが災いして、政権を獲得した時点では長女の彰子《しようし》は数えで八歳、嫡男の頼通は四歳に過ぎなかった。道長自身は病弱であるとなると、当初はあれほどの長期政権になるとは考えていなかったであろう。

道長は長保《ちようほう》元年（九九九）、数えで十二歳に達して着裳《ちやくも》（成人式）を行なった彰子を、十一

土御門第行幸模型（風俗博物館蔵）

月に後宮に入内《じゅだい》させた。しかし、彰子は身体的にはまったく成熟しておらず、しかも一条には中宮《ちゅうぐう》定子《ていし》が寄り添っており、彰子が女御《にょうご》となったのと同日に第一皇子敦康《あつやす》を産んだ。翌長保二年（一〇〇〇）正月には彰子を中宮とすることを一条に認めさせ、「一帝二后《いっていにこう》」という異常事態を現出させた。一方、「皇后」とされた定子は十二月に死去してしまう。

相変わらず一条と彰子との間には懐妊《かいにん》の機会はなく、道長は定子の遺《のこ》した敦康親王を彰子の御在所に置き、その後見《こうけん》を続けていた。彰子が皇子を産まなかった場合の円融皇統《こうとう》のスペア・カードとして、道長は敦康を懐中に収めていたのである（倉本一宏『一条天皇』）。

寛弘《かんこう》三年（一〇〇六）頃になって、十九歳に達した彰子と一条との間に、皇子懐妊の「可能性」が生起したものと思われる。翌寛弘四年（一〇〇七）の十二月頃、彰子はついに懐妊した。この頃から道長は敦康の後見を放棄している。

そして寛弘五年（一〇〇八）九月、彰子は待望の第二皇子敦成《あつひら》（後の後一条天皇《ごいちじょう》）を出産した。翌寛弘六年（一〇〇九）にも第三皇子敦良《あつなが》（後の後朱雀天皇《ごすざく》）を出産している。

一条天皇から三条天皇へ

道長は寛弘七年（一〇一〇）には二女の妍子《けんし》を東宮居貞親王《おきさだ》（後の三条天皇《さんじょう》）の妃《ひ》とし、円融系・冷泉系両皇統に目配りを行なった。

一条の意向としては、おそらくは第一皇子の敦康をまず立太子させ、冷泉系の敦明親王《あつあきら》（居貞皇子）を挟んで敦成や敦良の立太子を望んでいたはずである。この意向に対しては、いまだ若年の彰子（寛弘八年［一〇一一］で二十四歳）や頼通（二十歳）は、間に敦康を挟んだとしても、敦成の即位を待つ余裕があったであろうが、道長には三条―敦康―敦明の次まで待つ余裕はなかった（倉本一宏『一条天皇』）。

そして寛弘八年、道長は病に倒れた一条の譲位《じょうい》工作を行ない、居貞を即位させた（三条天皇）。新東宮には、一条や彰子の望みを退け、彰子所生の敦成を立てた。道長は、これで次代の外祖父《がいそふ》の地位を約束されたのである。

道長は、三条からの関白就任要請を拒否し、引き続き内覧兼左大臣として太政官政務も総攬《そうらん》した。一方の三条は、長和《ちょうわ》元年（一〇一二）、娍子を中宮に立てたのに続いて、早くから妃となっていてすでに四人の皇子を儲《もう》けていた娍子《せいし》（藤原済時《なりとき》女）を皇后に立てた。

この娍子立后《りつごう》によって、三条と道長、および公卿社会との関係は悪化した。長和二年（一〇一三）に妍子が出産を迎えたものの、生まれたのは皇女であった。後に後朱雀の中宮として尊仁《たかひと》親王（後の後三条《ごさんじょう》天皇）を産んだ禎子《ていし》内親王である。

長和三年（一〇一四）には眼病《がんびょう》を患った三条に対し、道長が退位を要求した。長和四年（一〇一五）には、道長による三条の退位工作が激しくなり、それに対抗する三条の闘いが繰り広げられたが、ついに三条は道長に、譲位を引き替えに敦明の立太子を認めさせた。

「この世をば」

明けて長和五年（一〇一六）、道長にとっては、東宮敦成の即位（後一条天皇）、それに伴う自らの摂政《せっしょう》就任と、まさに「我が世」の始まりであった。しかも、藤原良房《よしふさ》・兼家以来の外祖父摂政、かつ天皇との間を取り持つ国母（彰子）が存命していて天皇父院（一条）がすでに死去しているという、考え得る限り最高のミウチ的結合を完成させたのである。この長和五年の間は左大臣も兼任しており、太政官一上の地位をも手放そうとしていない（倉本一宏『藤原道長の権力と欲望』）。

翌寛仁《かんにん》元年（一〇一七）三月、早くも道長は摂政を辞し、嫡男の頼通にそれを譲った。それは摂関家《せっかんけ》という家の形成の端緒《たんしょ》であった。この後も道長は、「大殿《おおとの》」「太閤《たいこう》」と呼ばれて官職秩序から自由となり、摂政頼通を上まわる権力を行使し続けた。

一方、三条院は五月に死去した。その結果、東宮敦明の権力基盤は脆弱《ぜいじゃく》なものとなり、八月には東宮の地位を降りるという意思を表明した。それを承《う》けた道長は、すぐさま敦良を新東宮に立てた。

そしていよいよ寛仁二年（一〇一八）、道長の栄華が頂点を極めた。後一条を正月に元服《げんぷく》させたうえで、三月にこれに三女の威子《いし》を入内させ、十月に中宮に立てたのである。その本宮《ほんぐう》の儀の穏座《おんのざ》（二次会の宴席）において詠まれたのが、有名な「この世をば」である。

その頃から道長は胸病《きょうびょう》と眼病に悩まされていた。寛仁三年（一〇一九）に出家を遂げたが、その後も「禅閤《ぜんこう》」として政治を主導した。寛仁四年（一〇二〇）には九体阿弥陀像《くたいあみだぞう》を揃《そろ》えた無量寿院《むりようじゆいん》（後の法成寺《ほうじようじ》）落慶法要《らつけいほうよう》が営まれ、道長は来世《らいせ》に旅立つ場も準備した。

それから道長は、あと六年の余生を送った。その間、万寿《まんじゆ》二年（一〇二五）には小一条院《こいちじよういん》（敦明）女御となっていた四女寛子《かんし》、東宮敦良親王妃の六女嬉子《きし》、万寿四年（一〇二七）には出家していた三男顕信《あきのぶ》、三条中宮であった二女妍子を、次々と喪《うしな》った。

道長自身が法成寺阿弥陀堂《あみだどう》の九体阿弥陀像の前で死去したのは、万寿四年十二月のことであった。六十二歳。東山《ひがしやま》の鳥辺野《とりべの》で葬送《そうそう》され、宇治《うじ》の北端にある木幡《こはた》の、藤原氏の墓所として造営《ぞうえい》した浄妙寺《じようみようじ》の東に葬られた（倉本一宏『藤原道長の日常生活』）。

道長の権力の源泉

ここで道長の権力の源泉を考えることにしよう。道長の政治権力の根本は、第一に、関白に准じる内覧として、奏上されてくる太政官文書《もんじよ》を内覧し、天皇に意見を上奏するということにあった。そして公卿に政治案件を諮問するより以前に、天皇との「内々の定め」によって、最終決定へのコンセンサスを得ていたことも多かった。もちろん、血縁関係と姻戚《いんせき》関係に基づく、天皇とのミウチ意識が、円滑な政務運営をもたらしたのである。

第二に、関白とならずに内覧にとどまったことによって、太政官一上として、陣定をはじめとする公卿議定を主宰することができ、その議長として公卿の意見諮問に影響力を持つことができたということであった。当時の公卿議定というのは、議決機関ではなく、単なる意見聴取のための存在であった。最終決定は、あくまで天皇の勅定《ちょくじょう》によったのである。しかし天皇とても、公卿の多数意見に異を唱えることは、なかなか難しかった。あらかじめ道長の主宰する議定で、天皇や道長の意見に近い方向でまとめておけば、天皇も気楽に自己の政治意思を決定することができたのである（倉本一宏「一条朝の公卿議定」）。

特に除目という官職への任命を行なう儀式において、道長の意思が天皇の最終決定に大きく影響するとなれば、その政治的存在感の大きさは、はかりしれないものがあった。

そして第三に、道長の女、特に嫡妻である源倫子《みなもとのりんし》の産んだ四人の女（彰子・妍子・威子・嬉子）が、いずれも天皇（一条天皇・三条天皇・後一条天皇）や東宮（敦良親王［後の後朱雀天皇］）の后妃となり、合わせて三人の皇子（敦成親王［後の後一条天皇］・敦良親王・親仁《ちかひと》親王［後の後冷泉《ごれいぜい》天皇］）を産んだという幸運は、道長とその子孫に、何代にもわたる天皇とのミウチ関係を保障した。

道長が政権を獲得した長徳元年から、後三条天皇が即位する治暦《じりゃく》四年（一〇六八）までの実に七十三年間、道長と頼通の政権が続いたのである。なお、後三条が即位し、白河《しらかわ》上皇が院政《いんせい》を始めてからも、頼通同母弟の藤原教通《のりみち》、そして頼通の子孫によって摂政や関白は受け継がれ、明治維新《めいじいしん》を迎えている。

しかし、道長の政治権力を最も端的に表わしているのは、彼が摂政を退いた後も「大殿」として摂政頼通を指導し続け、出家した後でさえも「禅閤」として関白頼通に影響力を持ち続けたという事実である。道長の権力は、もはや摂政とか関白といった官職には関係のない性格のものに昇華していた。摂関家の中での父子関係が、官職に優先して機能していたのである。しかもその機能は、律令《りつりよう》制の流れを汲《く》む文書によって命じられるのではなく、口頭ないし私信で現任の摂関に伝達されるという点において、後の院政のモデルとなったと評価される（坂上康俊『摂関政治と地方社会』）。

また、道長長女で一条中宮、そして後一条と後朱雀の母、後冷泉と後三条の祖母、白河の曾祖母として、八十七歳で死去する承保《じようほ》元年（一〇七四）まで君臨した彰子の存在も、見逃すわけにはいかない。彼女は単なる后妃ではなく、王権の一部にして、天皇家の長、まさに国母として、道長や頼通に指示を下し、頼通から教通への政権交代を命じた。

再分配システムとしての道長

最後に、道長を回転軸とする物品の贈与と貸与について考えてみよう。道長は政務や儀式への公卿の出欠を気にするたちであったが、その理由の一つは賜禄《しろく》にある。簡単な記事の多い『御堂関白記《みどうかんぱくき》』にあって、儀式に出席した人に対する賜禄の記事は、特徴的である。これはおそらく、物品の出納を記録することが、日記を記す主要な目的であったことによるものと思われる。どのような儀式に、どのような人に、どのような物をどれだけ下賜したかを記録することは、自身への備忘録《びぼうろく》だったのであろう。もちろん、摂関を継ぐべき子孫への先例となるとも考えていたに違いない（倉本一宏『藤原道長「御堂関白記」を読む』）。

禄として下賜する物品には、上は引出物《ひきでもの》としての馬、女装束《おんなしょうぞく》（いわゆる十二単《じゅうにひとえ》）、大掛《おおうちき》、掛《うちき》、袴《はかま》、絹から、下は麻布に至るまで、いくつかの種類と格が存在した。それらを様々に組み合わせ、量に差異を儲けることで、道長は身分毎《ごと》に下賜していたのである。

また、従来は受領《ずりょう》が自分の人事を有利にしてもらうための賄賂《わいろ》として、道長に牛馬を貢進《こうしん》してきたと説かれてきた（村井康彦『平安貴族の世界』）。しかし、受領たちは必ずしも除目の前に貢進したわけでもないし、貢進の結果がすぐに除目に有利にはたらいてもいない。

実は道長は、貢進されてきた馬や牛のうちのほとんどを、皇族や他の貴族、寺社に分与している。しかも、そのうちの多くは、当日もしくは翌日に分与したものである。そしてそれは行幸や祭祀といった、特別に牛馬が必要な儀式の直前であることが多い。

これらはもう、道長が自分の懐に入れるべき賄賂というよりも、王朝《おうちょう》社会全体における牛馬の集配センターと再分配システムを想定した方がよさそうである。絹や布といった繊維製品など他の物品も、同様だったのではないだろうか（倉本一宏『藤原道長の日常生活』）。

一説には、道長が寛弘六年の敦良親王の産養《うぶやしない》（出産後三日・五日・七日・九日目の夜に親族が開く祝宴）で下賜した禄は、現在の価値に換算すると、一夜で一億五千万円とも言われる。

朝廷からの給与が滞りがちであった当時、道長の主宰する儀式に参列し、禄を下賜されて帰宅するというのは、官人たちにとっては、大きな収入源であったに違いない。

同じ大臣でも、この大臣の儀式に行っても大したものはもらえず、道長の儀式に行けば多額の禄がもらえる。人望というのは、案外にそういったものなのかもしれない。

他にも、王朝文学や絵画、仏像、寺社といった文化的側面も大きいのであるが、それらについては次に述べることにしよう。

3　いわゆる「国風文化」と摂関政治との関連はあるのか

「国風文化」について

寛平《かんぴょう》六年（八九四）の「遣唐使《けんとうし》廃止」によって、いわゆる「国風文化《こくふうぶんか》」の隆盛を迎えたという認識が、かつては存在した。しかし、そもそも遣唐使は派遣が中止されただけであって、廃止されたわけではない。言わば遣唐使は、日本から派遣されないうちに唐《とう》が滅亡したから、なくなったのである。また、それによって日本と中国との交流が断絶したわけでもない。

その後も「唐海商《かいしょう》」と「入唐僧《にっとうそう》」によって、日本と唐および宋《そう》とは、積極的な交流が続けられていたのである（榎本渉『僧侶と海商たちの東シナ海』）。古記録《こきろく》や文学作品を少しでも眺めれば、平安貴族が「唐物《からもの》」と呼ばれる中国船来品に囲まれて生活していたということは、容易に察せられるところである（河添房江『光源氏が愛した王朝ブランド品』）。

そもそも、「国」という語は地方を意味するのであり（「国造（クニノミヤツコ）」や「国司（クニノミコトモチ）」など）、「国風（くにぶり）の文化」という言葉で頭に浮かぶのは、地方風の垢抜けない風俗や習慣なのである（村井康彦『王朝風土記』）。

しかし、それにしても平安時代中期に、それまでの唐風の文化とは異なる日本風（和風）の文化が花開いたこともまた、事実として認めるべきである。そしてその最大の要因となったのは、仮名《かな》文字による和歌・日記・物語などの文学である。その主な舞台となったのが後《こう》宮《きゅう》であったこと、主な作者（と読者）が女房《にょうぼう》と呼ばれる人々であったことも、異論のないところであろう。後宮とは、狭義には天皇の内廷《ないてい》、広義には上皇《じょうこう》・皇太后《こうたいごう》・太皇太后《たいこうたいごう》・女院《にょういん》などの内廷を含む。后妃《こうひ》に仕えた女房は、本来は局《つぼね》と呼ばれる一人住みの房（部屋）を与えられた宮中の官女《かんじょ》または貴人の侍女《じじょ》のことである。彼女たちは后妃の身の回りの様々な世話をしたり、話し相手や教育係を務めたりした。

摂関政治《せっかんせいじ》による後宮の変質が、どのような后妃《こうひ》や女房を生みだしたのか、そしてそれらが、仮名文学の隆盛にどのように結び付いたのか、これから注意深く読み解いていかなければならない。

「国風文化」と中国文化

「国風文化」にも唐などの中国文化の影響が色濃く反映しているのであって、平安中期以降に中国文化の影響が弱まったという理解は、完全な誤りである。中国文物の輸入なくしては、「国風文化」は成立し得なかったのである（榎本淳一「文化移入における朝貢と貿易」）。中国文化に学ぶことで、自国文化をより洗練させたものが「国風文化」ということになる（西本昌弘「「唐風文化」から「国風文化」へ」)。

ただ、平安時代中期、摂関期《せっかんき》の文化は、明らかに平安時代初期のものとは異なる様相を呈している。それら日本風(和風)の文化を開花させた要因にも、注目していかなければならない。唐物の流通は絶対的な規範ではなくなり、限定的・選択的な受容の対象にしかならなかったという指摘(佐藤全敏「古代日本における「権力」の変容」)や、遣唐使の時代に入った外来文化が日本文化の基盤を形成したのであり、中国との地理的・文化的距離のおかげで、日本は独自の基準で唐の高度な文化を選び取ることができたという見通し(東野治之『遣唐使』)は、重要である。

仮名の成立

様々なジャンルの文化のすべてを、ここで論じるわけにはいかないので、ここでは仮名の成立がどれほど日本の文化に寄与したかについて述べ、王朝《おうちょう》文学と後宮、そして摂関政治との関連について見通しを示したい。

「はじめに」で触れたように、七世紀という早い時期に、わが国では表音文字である万葉仮《まんようが》名《な》が使われていたことが、各地から出土する木簡《もっかん》によって明らかになった。五世紀末の鉄剣銘に刻まれた人名（「獲加多支鹵〈ワカタケル〉」など）を考えれば、さらに早い時期から用いられてきた可能性が高い（小松茂美『かな』）。

たとえば、「はな」という、物事の先端を表わす和語に、草木の先端に咲く物を「花」、顔の先端にある物を「鼻」、出来事の先端を「端」という漢字を充てて、それぞれ「カ（クワ）」「ビ」「タン」と音読みする一方で、どれも「はな」と訓読みし、それに「波奈」という万葉仮名で表わしてきたのである。「波」「奈」という漢字を二つ覚えれば、「はな」という言葉は表記できてしまう。

これを敷衍《ふえん》すれば、五十個程度の漢字を覚えれば、ほとんどすべての和語は万葉仮名で書き表わすことが可能となる。わが国は早い時期から、広範な階層が文字を使用してきたことが想定できる。同じ漢文文化圏においては、貴族や官僚、文人は、漢文による文書《もんじょ》行政や漢詩作りを行なってきたが、たとえば中国において民衆が文字の読み書きができるようになったのは一九五〇年代に簡体字《かんたいじ》が制定されるのを待たなければならなかったし、朝鮮でハングル（諺文）が公布されたのは一四四六年のことであった（民衆に普及したのは近代以降）。ベトナムでは十三世紀に表音文字としてチュノム（喃字）が発明されたが、ついに普及することはなく、現在、ベトナム語は、十七世紀のフランス植民地化以降に普及した「クオック・

グー（Quốc ngữ、𡨸國語）」と呼ばれる難解なラテン文字表記法によって表記されている。

庶民が読み書きができるという条件が、その国の歴史の発展にいかに大きな影響を及ぼすか、我々はもっと認識しなければならない。また、中国の漢字を使用しながらも、漢文とは異なる方法で文字を表記してきたということは、漢字文化からの相対的独立、ひいては意識そのものにおいても、中華《ちゅうか》世界から独立した日本独自の世界を構築することにつながったのである。

さて、日本における仮名は、やがて九世紀初頭の南都《なんと》の学僧や博士家などによって漢字の音や和訓《わくん》を注記するために使われ始めた片仮名《かたかな》、唐で盛行していた草書体《そうしょたい》を万葉仮名の借字《しゃくじ》とした草仮名《そうがな》、そして完全に和風となった平仮名《ひらがな》を成立させるに至った。草仮名や平仮名の早い時期の遺例《いれい》としては、貞観《じょうがん》九年（八六七）の「藤原有年申文《ふじわらのありとしもうしぶみ》」のほか、近年、藤原良相《よしみ》の西三条殿跡《にしさんじょうどの》の発掘調査で発見された、九世紀後半の和歌を記した墨書土器《ぼくしょどき》が挙げられる。ただし、草仮名と平仮名の区別は付きにくく、藤原道長《みちなが》の『御堂関白記《みどうかんぱくき》』自筆本（長《ちょう》徳《とく》四年〈九九八〉以降）でも、一連の文章の中に草仮名と平仮名を混合して使用している。

王朝文学と女房

普及し始めた仮名は、外国語である漢文に翻訳して表記するよりも、はるかに簡便なうえに、複雑な心情や微細な情景を記録するのに適していた。延喜《えんぎ》五年（九〇五）に撰進《せんしん》された勅撰和歌集《ちょくせんわかしゅう》である『古今和歌集《こきんわかしゅう》』、特にその仮名序《かなじょ》によって、仮名が公式に認定されると、豊かな王朝文学を生み出すことになった。

承平《じょうへい》五年（九三五）ごろに紀貫之《きのつらゆき》が著わした『土左日記《とさにっき》』には、すでに後世の平仮名とほぼ同じ字体が用いられていたが、同時にまた、これが貫之が女性に仮託《かたく》して記録した作品であることも重要である。後世の古記録《こきろく》（貴族による漢文日記）などを見ても、仮名で心情や科白《せりふ》を記録する場合には、平仮名ではなく草仮名で記すことが多いのである（倉本一宏「『御堂関白記』の仮名」、倉本一宏「『小右記』の仮名について」）。

王朝文学を生み出したのは、主に「女房」と呼ばれる、後宮の文化サロンに出仕した女性であった。彼女たちの一部は、天皇や后妃の要請を承《う》け、また自己の精神的要求から、豊かな仮名文学を生みだしていった。男性が女性に仮託して記録した『土左日記』、中国の伝奇小説を翻案した『竹取物語《たけとりものがたり》』、和歌の詞書《ことばがき》が拡大した『伊勢物語《いせものがたり》』『大和物語《やまとものがたり》』、顕貴の女性が日常生活の苦悩を描いた（ことにしている）『蜻蛉日記《かげろうにっき》』を前段階とすると、女房による王朝文学は、一条《いちじょう》天皇中宮であった藤原定子《ていし》に仕えた清少納言《せいしょうなごん》による『枕草子《まくらのそうし》』を嚆矢《こうし》とする。

王朝文学と摂関政治

『枕草子』は、定子と一条との家族的な交流、定子と全盛期の中関白家《なかのかんぱくけ》（藤原道隆《みちたか》・伊周《これちか》・隆家《たかいえ》たち）の交流、そして定子サロンを訪れる公卿《くぎょう》や殿上人たちとの交流を描いた「日記的章段」が特徴的である。『枕草子』が宮廷社会に普及し始めたのが、すでに中関白家が没落し、定子が死去した後の、道長や藤原彰子《しょうし》の全盛期であったこと、そして一条が自己の後継者として定子が産んだ敦康《あつやす》親王をどう処遇すべきかを悩んでいた時期であることを考えると、この作品が単なる追憶や笑いの文学であるといった見方が一面的であることは、容易に理解できよう。それはかつて定子や清少納言と交歓していた貴族たちが、現在は道長の配下として出世し、彰子所生の皇子を望んだりしていることに対して、敦康の存在感を再認識させるための武器なのであった（倉本一宏『一条天皇』）。

『源氏物語《げんじものがたり》』は、新たに一条天皇中宮となった彰子に仕えた紫式部《むらさきしきぶ》によるものである。紫式部が彰子に出仕する以前に、ある程度（第一部a系のうち、源氏の生い立ちと女性たちとの遍歴を描いた部分と、源氏の須磨流寓《すまるぐう》から都召還を描いた部分の途中くらいまで）の執筆を終えていた可能性が高いとするならば、膨大な量の料紙《りょうし》や筆、墨の必要性を考えると、中級官人の未亡人にして貧乏学者の女《むすめ》である紫式部に、これほどの料紙が入手できたとは考えられない。いずれかから大量の料紙を提供され、そこに『源氏物語』を書き記すことを依頼されたとするならば、その可能性が最も高いのは、道長を措《お》いては他にあるまい。そして道長が紫式部に期待した役割は、彰子の後宮で『源氏物語』の執筆を続け、物語好きな一条が『源氏物語』の続きを読むために彰子の許《もと》を頻繁に訪れ、その結果として皇子懐妊《かいにん》の日を近付けるというものであった（倉本一宏『紫式部と平安の都』）。

『紫式部日記《むらさきしきぶにっき》』はその紫式部が仮名で記録した日記であるが、現状の『紫式部日記』は、記録的部分、随想《ずいそう》的部分、消息文《しょうそくぶん》的部分からなる。このうちの記録的部分が、彰子の皇子出産とその後の儀式を詳細に記録しようとしたものであることは明らかである。それはあたかも、男性王朝貴族の日記（古記録）が漢文で記録されたものであることに対比されるような、女房の行動範囲に即し、女性ならではの視点によって、しかも仮名で記された記録である。特に敦成《あつひら》親王の出産に際しては、多くの貴族の日記が残されているなど（『御産部類記《ごさんぶるいき》』所収の各種『不知記《ふちき》』など）、宮廷を挙げて記録熱が高まっていた。その際に、女性の手による仮名の日記も必要であるという発想は、きわめて自然に納得できる。紫式部がその役割に選ばれたのは、それまでの文歴から見て当然であるが、紫式部に料紙を与え、記録を命じた主体として道長を想定するのも、これまた自然なことであろう（倉本一宏『紫式部と平安の都』）。

これら『枕草子』『源氏物語』『紫式部日記』が、仮名の成立を絶対的な条件としている一方で、摂関政治の根幹ときわめて深く関わっていたことは、明らかであろう。

そしてこれらとは異質な文学が、『源氏物語』に強い憧れを持ち、自らも『浜松中納言物《はままつちゅうなごんもの》語《がたり》』を執筆した菅原孝標女《すがわらのたかすえのむすめ》による『更級日記《さらしなにっき》』である。ここでは、自分の見た宗教的な夢に対する対応の変遷を軸に、物語から仏教へという、自身の心の変遷を語っている。ただし、本当に作者がその時点その時点で見た夢を記述しているのかどうかは、大いに疑問である。最後の阿弥陀仏来迎《あみだぶつらいごう》の夢を見て宗教的な境地に至り、それ以前の数々の夢を創作した可能性も考えられようし、あるいは、阿弥陀仏の夢自体も創作の可能性がある。つまり、この作品は日記ではなく、作者自身を題材とした（かのように見せかけた）、夢の内容とそれへの対応の変遷を軸とした創作の作り物語ではないかとも思われるのである（倉本一宏『平安貴族の夢分析』）。

このような個人的な心の変遷を語る作品が生まれてきたこと、そしてそれが浄土信仰《じょうどしんこう》との関わりで記されていることにこそ、時代の変遷が如実に現われているのである。

4　浄土信仰はどのように拡がったのか

浄土信仰とは何か

この時期、広範な階層に拡《ひろ》がったのが、浄土信仰《じょうどしんこう》である。浄土信仰とは、仏・菩薩《ぼさつ》の支配する浄土世界に憧れる思想で、特に阿弥陀仏《あみだぶつ》の住む西方極楽浄土《せいほうごくらくじょうど》に往生《おうじょう》することを願う信仰である。なお、かつてはこれを浄土教《じょうどきょう》と呼ぶことが多かったが、まだこの時期には明確な教団となっていたわけではないので、浄土信仰と呼ぶのが妥当である。

浄土信仰自体は、すでに七世紀には日本に伝来してきていたが、それがこの時期に拡がったのは、まずは文人《ぶんじん》貴族と呼ばれる階層の人々を対象としていた（小原仁『文人貴族の系譜』）。醍醐《だいご》・村上《むらかみ》天皇の延喜《えんぎ》・天暦《てんりやく》期には、まだ学者・文人が高位高官に上ることも見られたが、摂関期《せっかんき》になると、そういったことは見られなくなり、学者・文人の出世の道はほぼ閉ざされてしまっていた。彼らが現世における栄達を諦《あきら》めて、来世《らいせ》の極楽往生《ごくらくおうじょう》を願うようになったのも、自然の流れであった。

特に平安時代中期の文人貴族であった慶滋保胤《よししげのやすたね》は、僧俗合同の法会である勧学会《かんがくえ》を催し、また浄土信仰によって極楽往生を遂げたと称された人々の伝記を集めた『日本往生極楽記《にほんおうじょうごくらくき》』を著わした。

浄土信仰の拡がり

そして摂関政治《せっかんせいじ》の時代になると、摂関を勤めるような高位の貴族、さらには皇族や天皇にまでも、浄土信仰は浸透していった。それは、摂関政治そのものに内包された不安な私的隷属関係が、無常観《むじょうかん》の発達をもたらしたものと推測される。つまり、天皇は摂関の保護によってその地位を保つことができたが、摂関の身分もまた天皇の外戚《がいせき》としての資格を条件としていたから、摂関の権力は後宮《こうきゅう》に入れた子女が皇子を出生するか否かによって左右された（井上光貞『日本浄土教成立史の研究』）。

これまでの叙述に沿って述べると、摂関が自分の後継者となる男子と、天皇に入内《じゅだい》させる女子を得るかどうかは、まったく偶然の所為である。その女子が天皇の子供を懐妊《かいにん》するか、その子供が皇子かどうか、その皇子が無事に成長して皇太子《こうたいし》となるか、そして無事に即位できるかどうかなどは、人間の力の及ぶところではない。藤原道長《ふじわらのみちなが》のようにこれらすべてに恵まれた人はきわめて例外的な存在で、他のすべての上級貴族は敗者となって、その子孫は没落していくのである。

膨大な数の敗者たちが、女子を得る、懐妊する、皇子を出産する、立太子する、即位するなど現世《げんせ》利益《りやく》の密教《みっきょう》を信仰する（と言うより、僧に加持祈祷《かじきとう》を行なわせる）ものの、力及ばなかった時、信仰の方向を来世の極楽往生に向けるというのは、きわめてわかりやすい図式なのである。若い頃には不動尊《ふどうそん》を軸とする密教を信仰していた藤原行成《ゆきなり》が、やがて浄土信仰に宗旨替えをしていったというのが（黒板伸夫『藤原行成』、倉本一宏『平安貴族の夢分析』）、それを如実に表わしている。

やがて藤原兼家《かねいえ》・道隆《みちたか》・道長のように、最高級の権力を手にした人物でさえも、浄土信仰に傾斜していった。道長は、藤原北家《ほっけ》の氏寺《うじでら》である法性寺《ほっしょうじ》に不動明王像《ふどうみょうおうぞう》を中心とする五《ご》大堂《だいどう》を建立するなど現世利益の密教に傾倒していた時期から、法華《ほっけ》三十講《さんじっこう》に代表される法華《ほっけ》信仰、そして来世の極楽往生を願う浄土信仰に、徐々に重心を移していった。道長でさえ、晩年には子女を次々と喪《うしな》い、自分はいくつもの病気が治らず、数々の怨霊《おんりょう》に悩まされ続けたという状況であったのである。そして法成寺《ほうじょうじ》の阿弥陀堂《あみだどう》に九品《くほん》の極楽を象徴する九体阿弥陀像《くたいあみだぞう》を造顕し、それぞれから伸ばした五色の糸を手にして、死去したのである。一条天皇も最期の念《ねん》仏《ぶつ》を唱えながら死去している。

『往生要集』

これら貴族への浄土信仰の拡がりの契機となったのが、比叡山横川《ひえいざんよかわ》の源信《げんしん》が寛和《かんな》元年（九八五）に著わした『往生要集《おうじょうようしゅう》』である。これは多くの仏教経典や論書などから、極楽往生に関する重要な文章を集めた仏教書である。この中で、来世で極楽往生するには、一心に仏を想《おも》い念仏の行《ぎょう》を行なう以外に方法はないと説き、後の浄土教の基礎を創った。また、地獄・極楽の観念をはじめて具体的に解説し、穢《けが》れた娑婆《しゃば》世界を厭《いと》い離れ、阿弥陀如来の清浄な極楽世界への往生を切望するという厭離穢土《おんりえど》・欣求浄土《ごんぐじょうど》の精神を普及させた。『源氏物語《げんじものがたり》』をはじめとする文学にも大きな影響を与えている。

特に、これまで観念的な存在であった地獄や極楽など六道《ろくどう》の状況が、具体的な描写によって説明されたことの意義は、きわめて大きいと評価すべきであろう。やがて院政期《いんせいき》になると、これらが絵巻に描かれることになり、絵解きによってビジュアルに人々の脳裡《のうり》に刻まれることになった。

民衆への普及

浄土信仰は、寺院に所属しない「聖《ひじり》」の活動によって、名もなき市井《しせい》の民衆にも拡がった。空也《くうや》は、十世紀に念仏を唱えながら、各地で道を作ったり橋を架けたりするなどの社会事業を行ないながら、諸国を遊行《ゆぎょう》した。また、庶民に対して精力的に教化を行ない、庶民の願いや悩みを聞き入れて、阿弥陀信仰と念仏を普及させた。「市聖《いちのひじり》」「阿弥陀聖《あみだひじり》」と呼ばれ、踊念仏《おどりねんぶつ》の創始者でもあった。

また、行円《ぎょうえん》は元は狩人であったが、発心《ほっしん》して仏門に入り、聖となった。寛弘《かんこう》元年（一〇〇四）に京都一条に革堂《こうどう》（行願寺《ぎょうがんじ》）を建立し、法華経《ほけきょう》信仰を柱とする四十八講・釈迦講《しゃかこう》・四部講《しぶこう》などを行ない、貴賤の信仰を集めた。道長や藤原実資《さねすけ》も、行円に帰依《きえ》している。道長の子である顕信《あきのぶ》も、行円の許《もと》で出家している。長和《ちょうわ》五年（一〇一六）には多くの人を集めて東海道《とうかいどう》の粟田道《あわたみち》の石を除くなどの社会活動を行なっている。鹿の皮をまとっていたことから、「革聖《かわひじり》」「皮仙《かわひじり》」と称された。

このように、この時代には仏教が民衆に広く普及していった。やがてこれらの動きの中から、浄土教、そして鎌倉仏教が生まれることになる。

末法の到来

もう一つ、この時代を支配した思想として、末法《まつぼう》思想があった。末法というのは、釈迦《しやか》の入滅《にゆうめつ》から二千年を経過した次の一万年を末法の時代とし、教えだけが残り、修行《しゆぎよう》をどのように実践しようとも、悟りを得ることは不可能になる時代という意味である。

釈迦の入滅には様々な説があったが、当時は末法第一年を平安末期の永承《えいしよう》七年（一〇五二）と考えることが一般化していた。軌を一にして、この時期に災害や戦乱が頻発したことから、終末論的な思想として末法思想も広まっていった。

この末法思想の拡がりも、浄土信仰が浸透する契機となった。末法到来とされた永承七年に、関白《かんぱく》藤原頼通《よりみち》が宇治《うじ》の平等院《びようどういん》を創建し、阿弥陀堂《あみだどう》（鳳凰堂《ほうおうどう》）を建立したことが、それを象徴するものである。

平等院は、道長から相続した宇治別業《べつぎよう》を、頼通が末法入りの永承七年に仏寺に改めたもので、「極楽《ごくらく》が不審ならば、宇治の御寺を敬え」という童謡が示すように、この世に出現した地上の極楽浄土であった。

なお、阿弥陀堂は他にも全国各地に造営されたが、現存する主なものには、浄瑠璃寺《じようるりじ》本堂《ほんどう》

（京都府木津川市）、中尊寺金色堂《ちゅうそんじこんじきどう》（岩手県平泉町）、白水《しらみず》阿弥陀堂（福島県いわき市）、高蔵寺《こうぞうじ》阿弥陀堂（宮城県角田市）、浄土寺《じょうどじ》浄土堂《じょうどどう》（兵庫県小野市）、富貴寺《ふきじ》大堂《おおどう》（大分県豊後高田市）、法界寺《ほうかいじ》阿弥陀堂（京都市伏見区）などがある。

第八章

武士の台頭と院政への道

後三年合戦絵詞
（飛騨守惟久作、東京国立博物館所蔵 ©Image: TNM Image Archives）

治暦《じりゃく》四年（一〇六八）に藤原《ふじわら》氏を外戚《がいせき》としない後三条《ごさんじょう》天皇が即位すると、摂関家《せっかんけ》の権力は大きく失墜し、摂関政治《せっかんせいじ》は終焉《しゅうえん》を迎えた。後三条は東宮貞仁《さだひと》親王に譲位《じょうい》し（白河《しらかわ》天皇）、実《さね》仁《ひと》親王（藤原道長《みちなが》と対抗した三条《さんじょう》天皇の血を引く皇子）を新東宮に立てた。

後三条は白河に、実仁が即位した後に実仁同母弟の輔仁《すけひと》親王を皇太弟《こうたいてい》とするよう遺言したが、白河は皇位に坐《すわ》り続けた。実仁が死去すると、応徳《おうとく》三年（一〇八六）に善仁《たるひと》親王（村上源氏の賢子《けんし》所生）を皇太子《こうたいし》に立て、その日のうちに皇太子に譲位した（堀河《ほりかわ》天皇）。そして八歳の堀河の天皇大権を代行するため、白河上皇が院政《いんせい》を始めた。

白河は近臣《きんしん》や平氏などの武士を登用し、これまでの先例に規制されない専制権力を振るった。こうして日本は、自力救済（＝暴力）を旨とする中世を迎えることとなったのである。

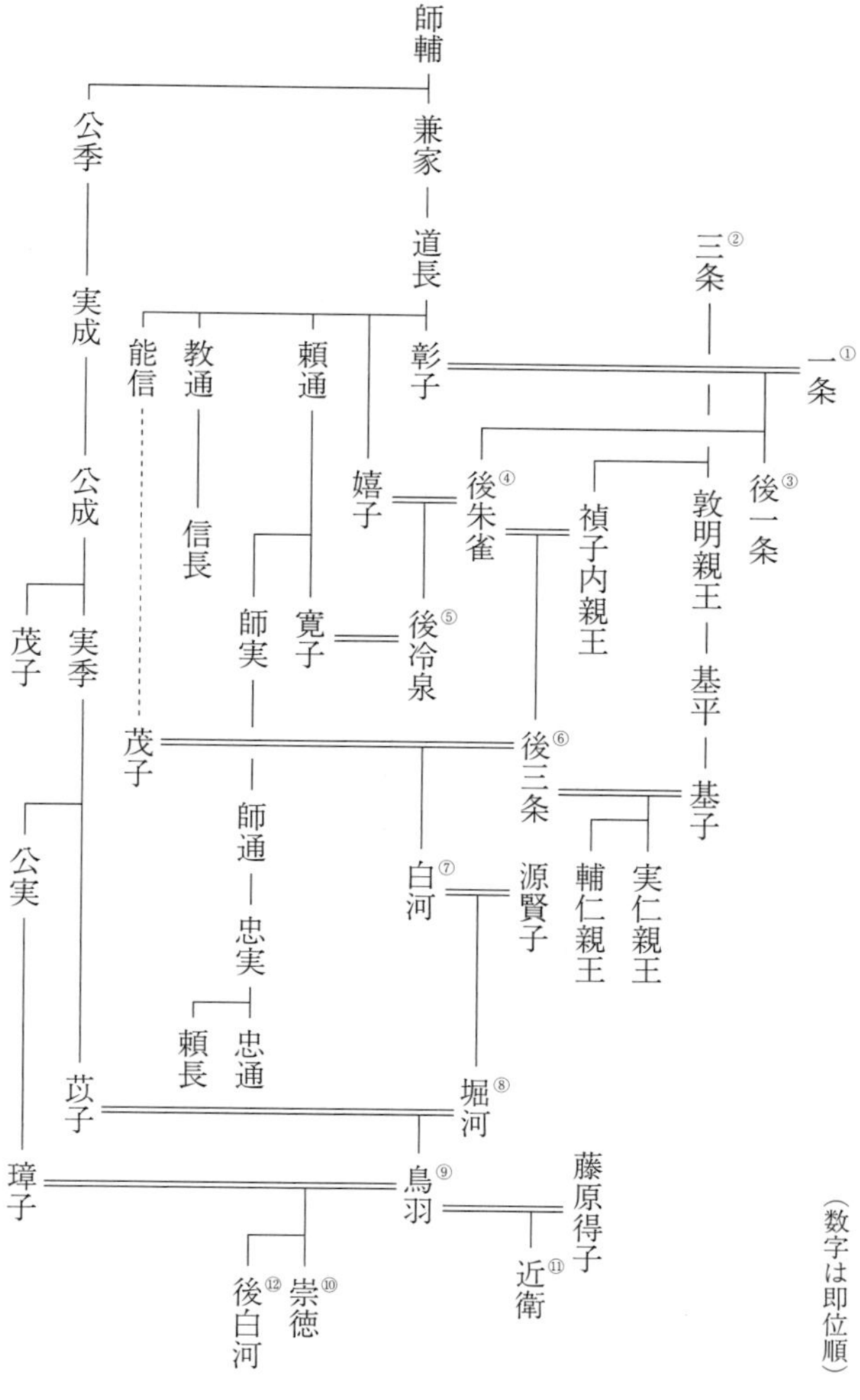
師輔
公季
兼家
道長
三条②
実成
能信
教通
頼通
彰子
一条①
公成
嬉子
後朱雀④
禎子内親王
敦明親王
後一条③
信長
茂子
実季
師実
寛子
後冷泉⑤
基平
茂子
後三条⑥
基子
公実
師通
白河⑦
源賢子
輔仁親王
実仁親王
忠実
頼長
忠通
苡子
堀河⑧
璋子
鳥羽⑨
藤原得子
後白河⑫
崇徳⑩
近衛⑪
（数字は即位順）

1　摂関政治はどのように終焉を迎えたのか

道長の後継者

藤原道長《ふじわらのみちなが》の後を継いだのは、一男の藤原頼通《よりみち》であった。藤原氏の成立以来、次の世代に嫡《ちゃく》流《りゅう》を継いできたのは、つねに嫡子ではなく庶子であった。鎌足《かまたり》次男の不比等《ふひと》、不比等次男の房前《ふささき》、房前三男の真楯《またて》、真楯三男の内麻呂《うちまろ》、内麻呂次男の冬嗣《ふゆつぐ》、冬嗣次男の良房《よしふさ》、長良《ながら》三男の基経《もとつね》、基経三男の忠平《ただひら》、忠平次男の師輔《もろすけ》、師輔三男の兼家《かねいえ》ときて、兼家五男の道長に至ったのである。

ところが道長一男の頼通以降は、一男が次の世代へと嫡流を降ろしていく事態も増えてきた。実は藤原氏自体や古代日本の継承様式が変質したのではなく、摂政関白《せっしょうかんぱく》といった地位の政治的意味が変質した結果なのである（倉本一宏『藤原氏』）。それは摂関家《せっかんけ》という、権力とは関係なく摂関の地位を継承していく家の形成の端緒でもあった。

頼通が道長の後継者となったのは、理由がある。道長の配偶者は、宇多《うだ》天皇の三世孫にあ

たる左大臣源 雅 信《みなもとのまさのぶ》の長女倫子《りんし》と、醍醐《だいご》天皇の孫で、左大臣源高明《たかあきら》の女《むすめ》である明子《めいし》である。しかし、二人の妻の扱いと、それぞれが産んだ子女の境遇については、大きな格差が存在した。父が安和《あんな》の変で失脚し、後見《こうけん》がなかった明子は正式な妻ではなかったとも言える。

倫子の産んだ（「当腹《むかいばら》」）男子二人（頼通と教通《のりみち》）は、昇進も明子所生の男子より早く、二人とも関白に上っているし、女子四人（彰子《しょうし》・妍子《けんし》・威子《いし》・嬉子《きし》）も、天皇、または東宮のキサキとなっており、早くに死去した嬉子を除いては、いずれも立后《りつごう》している。

一方、明子の産んだ（「外腹《そとばら》」）男子四人は、頼宗《よりむね》が右大臣に上った以外は、能信《よしのぶ》と長家《ながいえ》は権大納言にとどまり、顕信は蔵人頭《くろうどのとう》になれずに右馬頭《うまのかみ》で出家している。女子も、寛子《かんし》が東宮の地位を降りた小一条院《こいちじょういん》（敦明《あつあきら》親王）の女御《にょうご》、尊子《そんし》が源師房《もろふさ》室となっていて、明らかな差異が見られる。

明子所生の男子は道長の後継者にはなり得なかったのである。後に明子が産んだ頼宗や能信は、頼通や教通といった「摂関家」と対立し、摂関家出身の女性を生母に持たない尊仁《たかひと》親王（後の後三条《ごさんじょう》天皇）の即位に尽力して、摂関政治《せっかんせいじ》を終わらせることになる。

道長死後の頼通と教通

万寿四年（一〇二七）に道長が死去した後に、頼通と教通の間には、政権をめぐる確執が生じた。頼通が五十一年間も摂関の座に居坐《いすわ》り続け、その間、頼通は教通の昇進を抑えつけたのである。教通は二十六年間も内大臣に留められ、ようやく五十二歳で右大臣、六十五歳で左大臣に上った。頼通が七十七歳となった治暦《じりやく》四年（一〇六八）に、おそらくは彰子の裁定によって七十三歳の教通に関白の座を譲った際にも、将来に自分の嫡男《ちやくなん》である藤原師実《もろざね》に譲ることを条件とした。

当時、頼通は長暦《ちようりやく》元年（一〇三七）に後朱雀《ごすざく》天皇の後宮《こうきゆう》に敦康《あつやす》親王女の嫄子《げんし》を養女として入れ、永承《えいしよう》五年（一〇五〇）に後冷泉《ごれいぜい》天皇の後宮に女の寛子を入れていたが、共に皇子を産むことはなかった。すでに後朱雀には中宮禎子《ていし》内親王（三条《さんじよう》天皇皇女）がいて、尊仁を産んでいたので、頼通の焦りは極限に達していた。

そこに教通が、長暦三年（一〇三九）に女の生子《せいし》を後朱雀、永承二年（一〇四七）に歓子《かんし》を後冷泉の後宮に入れたことにより、両者の確執は決定的なものとなった。

ただし、これら四人の后妃《こうひ》は、いずれも天皇の皇子を儲《もう》けることはなかった。結局は兄弟共に外戚《がいせき》の地位を得ることができず、摂関の勢力は急速に衰えて、院政《いんせい》への道を開くことになったのである。

後朱雀は後一条に比べて、政治に対して積極的であったとされるが（赤木志津子「藤原資房とその時代」）、頼通の方はようやく政治に飽きて、怠りが目立つようになってきた。尊仁親王を産んだ禎子内親王の内裏《だいり》参入を妨害し、強引に養女嫄子を入内《じゅだい》させたものの、皇子には恵まれず、天皇家とのミウチ関係の先行きに不安を感じ始めていたのであろう。

後朱雀が死去した次には、寛徳《かんとく》二年（一〇四五）に第一皇子で二十一歳の親仁《ちかひと》親王が嗣《つ》いだ（後冷泉天皇）。母は後朱雀の東宮時代に妃《ひ》となっていた道長六女の嬉子である。なお、嬉子は万寿二年（一〇二五）に親仁を産んだ際に死去しており、立后することはなかった。引き続き頼通が関白に補され、後冷泉は万事を関白任せにしたと言われている。

ただし、中宮章子《しょうし》内親王（後一条皇女）・皇后藤原寛子には皇子の誕生はなく、皇后藤原歓子が永承四年（一〇四九）に産んだ皇子は早くに亡くなった。こうして藤原氏と外戚関係を持たない尊仁親王を皇太弟《こうたいてい》に立てざるを得なくなったのである。頼通と東宮尊仁は当初から確執関係にあり、頼通は尊仁の出家を画策したりしたが、この尊仁を春宮大夫《とうぐうだいぶ》として支えたのが、明子所生の能信、そしてその養子（実父は頼宗）の能長《よしなが》であった。

能信は閑院流《かんいんりゅう》藤原氏の公成《きんなり》の女である茂子《もし》を養女とし、尊仁と結婚させた。後に茂子は貞《さだ》仁《ひと》親王（後の白河《しらかわ》天皇）を産んでいる。

後三条天皇の即位

治暦四年（一〇六八）に後冷泉が皇子を残せないまま四十四歳で死去すると、摂関家とミウチ関係のない尊仁が、二十三年間の東宮生活を終え、三十五歳で即位した（後三条天皇）。後三条は、東宮時代に自分を支えた能信の養子能長や村上源氏《むらかみげんじ》、文人貴族の大江匡房《おおえのまさふさ》などを登用し、関白教通の権力を抑えて、延久《えんきゅう》の荘園整理令《しょうえんせいりれい》、宣旨枡《せんじます》などに代表される新政を推進した。

頼通は治暦四年、後三条即位の直前に、関白職を嫡子の師実に将来譲渡すると約束させたうえで弟の教通に譲り、宇治《うじ》に隠退した。

後三条が教通に、「関白・摂政が重々しく恐ろしい事は、帝の外祖《がいそ》などであるからこそであるが、我は何とも思わんぞ」と語ったと伝えられるなど、生母の禎子内親王から反摂関家感情を受け継いだ後三条が、専権《せんけん》を発揮し、新政を推進していった。

摂関政治の終焉

実に宇多天皇以来百七十年ぶりに藤原氏を外戚としない後三条の即位と共に、道長が全盛期を現出させた摂関政治は終焉《しゅうえん》を迎えたのである。

思えば先に述べたように、摂関の権力の源泉は、天皇とのミウチ関係という、まったくの偶然に左右される不安定な条件によるものであった。良房や兼家のように、自分の女が天皇の皇子を産み、その皇子が無事に即位できた者は、天皇の外祖父《がいそふ》として権力を振るうことができたが、同じ摂政や関白であっても、藤原実頼《さねより》や頼忠《よりただ》のように天皇とのミウチ関係構築に失敗した者は、「ヨソ人」として「揚名関白《ようめいかんぱく》」とならざるを得なかったのである。

この不安定さ（不安さでもある）を解消しないまま、道長のように何人もの女を天皇や東宮の后妃とし、そのうち何人もが皇子を産んで、何人もの外孫《がいそん》が即位するという事態は、一見すると望月《もちづき》が欠けることのないように、万全の権力であるかのごとく見えたはずである。しかしながら、このような僥倖《ぎょうこう》は道長のみに訪れたものであって、こんな幸運が次の世代にも続くはずがないということは、それまでの藤原氏の抗争史を思い起こせば、誰しも気付いていたはずである。

本当に摂関政治を終わらせたのは、天皇とのミウチ関係などという偶然の条件に頼って権力を維持してきた道長と、にもかかわらず摂関家という、天皇とのミウチ関係にかかわることなく特定の家にのみ摂関の地位を継承させようとした頼通だったのかもしれない。

2　地方支配制度の改編はどのようなものだったのか

藤原頼通の奮闘

藤原頼通《ふじわらのよりみち》の時代には、これまでの「王朝国家《おうちょうこっか》」の支配体制は行き詰まりを見せており、頼通と歴代の天皇は、支配体制の改編に腐心していた。公田官物率法《こうでんかんもつりつぽう》の成立、別名制《べつみょうせい》の創始、郡郷《ぐんごう》の再編、一国平均役《いっこくへいきんやく》の公認、そして荘園整理令《しょうえんせいりれい》の発令など、頼通は時代の変換に精一杯、対応していたのである。この新しい国家支配体制を、「後期王朝国家」と呼ぶこともある（坂本賞三『藤原頼通の時代』）。

このような時代の転換期に、同母弟の藤原教通《のりみち》の昇進を押さえつけ、日本史上最長となる五十一年間もの超長期政権を担ってきたこと、そして摂関政治《せっかんせいじ》の権力を次の世代に受け継がせることができなかったことが、頼通のイメージを不当に貶《おと》しめてきたのである。

国家財政の変質と荘園の形成

この時期の国家財政の変質の背景となったのは、民衆の成長と、在地領主層《ざいちりょうしゅそう》の成立であった。

十世紀末に激化する国衙《こくが》による支配の強化は、旧村落の破壊と私営田《しえいでん》経営の展開を促進したが、十一世紀半ばに至ると、国衙政策の転換によって、公領《こうりょう》の再開発が行なわれ、水田の開発が本格的に展開するようになった。

このような状況の下、私営田領主が一定の領域を支配する領主に転化するためには、領域所有の公的な承認が必要であったため、寺社荘園の荘官《しょうかん》や、諸国国衙で公領の所職を得ていた在庁官人《ざいちょうかんじん》、あるいは郡郷司が、在地領主化することが多かった。

特に関東などの辺境地方においては、中央の権門《けんもん》（摂関家・有力寺社など権勢のある集団）による現地支配や、田堵《たと》層（「小名《しょうみょう》」）による集団寄進が、ほとんど行なわれなかったために、在地勢力自身が、在庁官人や郡郷司の地位を得たり、辺境軍事貴族《へんきょうぐんじきぞく》と結ぶことによって、在地領主への道を歩むことが多く見られた。

これらの在地領主は、多くの名田《みょうでん》を領有して名主《みょうしゅ》と称し、領内の農民にこれらを耕作させて、現物地代を徴収していた。在地領主の勢力の強い坂東《ばんどう》では、武士化した大規模な領主

（「大名《だいみょう》」）が出現し、特に在庁官人や郡郷司は、名田の設定にも国衙から便宜を受け、開発した私領をそのまま国衙に登録して別符名《べつふみょう》、在庁名《ざいちょうみょう》という名田の領主となった。

この頃、国衙支配の強化もピークを迎えており、一方では受領《ずりょう》の収奪に抵抗した在地勢力が国司《こくし》の苛政《かせい》を上訴するという事件が頻発し、また一方では中央の権門が在地の土地を荘園として立券《りつけん》（荘園を不輸租《ふゆそ》の地として国家が公認する手続）するようになった。在地領主の側からも、開発私領を権門に寄進して本家《ほんけ》・領家《りょうけ》と仰ぐことが広く行なわれるようになった。

受領支配の変質と公田官物率法の成立

この時期、民衆からの徴税に腐心する受領と、国衙に勤める在地豪族層（「在庁官人」）との間には、安定的な収奪体制が作られていった。その一つが公田官物率法という官物の賦課額の固定化であった（大津透『道長と宮廷社会』）。

これまでの、受領が自由に官物の段別賦課額を変更し、その余剰を私物化するという制度を改め、各国毎《ごと》に、田地一段あたりに官物をどれだけ賦課するかの段別賦課額が定められた。新たに赴任してきた国司は、任国の官物の段別賦課額をまず報告されるようになり、その賦課額は国司が勝手に変更することはできないことになっていた。これが公田官物率法という制度である（坂本賞三『藤原頼通の時代』）。

従来の、租庸調《そようちょう》という税目名称は消えて、官物という一個の税目の中に、従来の税目は解消統合された。これが中世的な年貢《ねんぐ》体系の始まりと見做《みな》すこともできる。

別名制の創始と郡郷の再編

またこの時期には、各地に非合法開墾地が出現し、武士や有力農民は国衙からの介入を拒否して、これを摂関家《せっかんけ》の荘園であると主張していた。その開墾地に公領の農民が流入していたため、公領の田地は荒廃し、官物・臨時《りんじ》雑役《ぞうやく》の徴収は激減していた。

そこで中央政府は、それまでの「名」以外の非合法開墾地を別個の「名」として公認した。この新たな「名」を「別名《べつみょう》」と呼ぶ。

別名は国衙の下部行政単位となり、武士を行政官に任命することになった。こうして出現した別名は、中世武士の基盤となり、また上級貴族や大寺社への国家的給付の代替として荘園とされたものも多かった。

こうなると、既存の公領の「名」も改変されて、律令《りつりょう》制以来の国―郡―郷《ごう》の地方行政組織から、各地の実情に即した様々な郡郷が出現した。これら「別名」には、郷・保《ほ》・村・浦・

名など、様々な名称が付けられた（坂本賞三『藤原頼通の時代』）。

一国平均役の公認

かつて課せられていた臨時雑役は、しばしばその賦課を免除される者が存在した。こうなると、中央政府からの割り充てに応じるだけの物を出せない国も出てきた。

そのため、国によっては、臨時雑役を負担する者も、免除された者も区別せず、中央政府から課せられた賦課については、等しく負担することを、中央政府に認可してもらうことを申請することになった。これを一国平均役という。

ただし、寛弘《かんこう》八年（一〇一一）の三条《さんじょう》天皇大嘗会《だいじょうえ》に際しての段階では、藤原道長《みちなが》の主導する中央政府は、これを認可しなかった。臨時雑役の免除自体が、国の勝手に決めたことなので、一国平均役を認めると、臨時雑役免除を中央政府が認めてしまうことになるからだという。

しかし、長元《ちょうげん》四年（一〇三一）の宮城大垣築造《きゅうじょうおおがきついぞう》になると、頼通の主導する中央政府は、一国平均役をはじめて認可した。そして永承《えいしょう》元年（一〇四六）の興福寺《こうふくじ》造営には、臨時雑役を課した二十八国の中で七国が一国平均役を申請し、中央政府はこれをすべて認可している

（坂本賞三『藤原頼通の時代』）。どちらが時代の変化に即した現実的な対応かは、言うまでもない。

荘園整理令の発令

この時期になると、荘園の領有をめぐる訴訟は、すべて太政官《だいじょうかん》に訴えられ、審理は太政官で行なわれるようになった。

そして長久《ちょうきゅう》元年（一〇四〇）以来、寛徳《かんとく》二年（一〇四五）、天喜《てんぎ》三年（一〇五五）と、全国を対象とした荘園整理令が出された。これらは、一定の時限以来の新立荘園を禁止するというものであったが、長久の荘園整理令では、頼通と後朱雀《ごすざく》天皇との意見交換の結果、現任国司以後の新立荘園を禁止するというものということに決まった。

これらのように、地方支配に対する現状認識を踏まえて、従前の支配体制を大胆に転換した数々の改編は、先例を重んじる王朝貴族としては画期的な出来事なのであり、その意味でも頼通の政治姿勢は、もっと積極的に評価されるべきであろう。

もちろん、後三条《ごさんじょう》天皇による延久《えんきゅう》元年（一〇六九）の荘園整理令と比較すると、その徹底さには甘さが残っていたものの、延久の荘園整理令が長久のもの以来の到達点であるとすれば、それらの前段階を推進してきた頼通の貢献も、見逃すべきではなかろう。それに、後三条に対する高い評価は、摂関政治は悪《あ》しき政治体制であるという前提から、摂関を退けて天皇親政を行なったという政権構造に基づくものなのである。

3　院政はどうやって始まったのか

後三条天皇の皇位継承構想

後三条《ごさんじょう》天皇は東宮時代に藤原公季《ふじわらのきんすえ》の子孫（閑院流《かんいんりゅう》）で藤原能信《よしのぶ》の養女となっていた茂子《もし》を妃《ひ》とし、貞仁《さだひと》親王（後の白河《しらかわ》天皇）を儲《もう》けていた。この貞仁が東宮に立ったが、即位後、もともとは女房《にょうぼう》であった源基子《みなもとのきし》との間に、実仁《さねひと》親王を儲けた（後に基子から輔仁《すけひと》親王も生まれた）。

多少なりとも藤原氏との関わりを持つ貞仁の後には、藤原道長《みちなが》と対抗した三条《さんじょう》天皇、そして道長によって東宮の地位を追われた敦明《あつあきら》親王（小一条院《こいちじょういん》）の血を引く実仁の立太子を望んだ後三条（後三条という諡号《しごう》も、自ら望んだものとされる）は、延久《えんきゅう》四年（一〇七二）に東宮貞仁に譲位《じょうい》し（白河天皇）、実仁を新東宮に立てた。この後、後三条が院政《いんせい》を行なおうとしたかどうかは不明であるが、後三条は翌延久五年（一〇七三）に死去した。白河に対する影響力を保持しようとした後三条であったが、譲位の翌年に死去する際には、白河に、実仁が即位した後に輔仁を皇太弟《こうたいてい》とするよう遺言した。

院政の創始

しかしながら、白河は皇位に居坐《いすわ》り続けた。応徳《おうとく》二年（一〇八五）に東宮実仁が死去すると、輔仁の立太子を阻止するため、応徳三年（一〇八六）に村上源氏で関白《かんぱく》藤原師実《もろざね》の養女となっていた源賢子《けんし》との間に生まれていた善仁《たるひと》親王を皇太子《こうたいし》に立て、その日のうちに皇太子に譲位した（堀河《ほりかわ》天皇）。

そして八歳の堀河の天皇大権を代行するため、白河上皇が院政を始めたのである。院政は、このような歴史条件の下で創始されたのであった。幼少の天皇の政事《まつりごと》を母方のミウチである摂政《せっしょう》が代行する摂関政治《せっかんせいじ》に代わって、父方のミウチである院が代行するという政治体制である。

この間、摂関家《せっかんけ》にこれに対抗する勢力がなかったのみならず、藤原頼通《よりみち》嫡子の師実と藤原教通《のりみち》嫡子の信長《のぶなが》との間で関白継承争いが起こっていた。自分の存命中に師実の関白就任を見たいという頼通の最後の願いを、教通が拒絶したのである。教通の死後、師実が関白を継ぎ、承暦四年（一〇八〇）に信長を名誉職の太政大臣《だいじょうだいじん》に棚上げした人事を行なうことによって、師実の勝利でこの対立が決着した。これが摂関家の確立であるが、この時期にはすでに、摂関を継ぐ家と外戚《がいせき》となる家とは分離しており、摂関の権力は限定的なものになっていた。

そして師実と結び付いた白河が権力を強め、摂関家の権勢そのものが低下してしまったのである（坂本賞三『藤原頼通の時代』）。白河は、宮廷の儀式・行事の主導権を摂関の手から取り戻そうとし、宮廷社会における主導権を確立した（橋本義彦「貴族政権の政治構造」）。

堀河から鳥羽へ

白河は、堀河の即位後にも東宮を定めなかった。輔仁へと継承させることなく、将来、生まれるであろう堀河の皇子に皇位を継承させるための措置である。

嘉保《かほう》元年（一〇九四）に師実の後を継いで関白となった師実一男の藤原師通《もろみち》は剛毅な性格の持ち主で、堀河と結んで積極的に政治に関与し、白河に対抗しようとしたが、康和《こうわ》元年（一〇九九）に三十八歳で死去してしまう。

師通一男の藤原忠実《ただざね》は、まだ二十二歳と若く、また権大納言に過ぎなかったので、関白ではなく内覧《ないらん》となった。忠実は様々な懸案に対応できない例が多く、政治は白河の主導で進められ（元木泰雄『藤原忠実』）、白河は忠実の政務関与拒絶を通告したりしている。長治《ちょうじ》二年（一一〇五）に至って、右大臣忠実はようやく関白に補された。

そして嘉承《かしょう》二年（一一〇七）に堀河が死去すると、白河は閑院流藤原氏の苡子《いし》が産んだ宗《むね》仁《ひと》親王を即位させ（鳥羽《とば》天皇）、忠実が摂政に補された。

しかし、忠実は白河・堀河・鳥羽のいずれともミウチ関係を持っていなかった。これまでの藤原氏の歴史の中で、冷泉《れいぜい》天皇の時代の藤原実頼《さねより》以外は、摂政はいずれも天皇の外戚が補されており、これはきわめて異例な事態であった（元木泰雄『藤原忠実』）。天皇大権を代行すべき摂政の地位さえも、形骸化《けいがいか》が始まったのである（倉本一宏『藤原氏』）。

さすがにこれではまずいと思ったのであろう、白河は鳥羽に忠実女《むすめ》の勲子《くんし》（後に泰子《たいし》）を入内《じゅだい》させ、公実女で白河の養女となっていた璋子《しょうし》を忠実一男の藤原忠通《ただみち》と結婚させようとした。しかし、忠実がこの結婚を渋ったことに怒った白河は、永久《えいきゅう》五年（一一一七）に璋子を鳥羽の後宮《こうきゅう》に入内させ、先例を無視して中宮に立てた（閑院流の中宮は初例）。そして鳥羽と忠実が密《ひそ》かに勲子の入内を画策していることを知った白河は、保安《ほうあん》元年（一一二〇）に忠実の内覧を停止して、宇治に蟄居《ちっきょ》（自邸に謹慎させる刑罰）させた（下向井龍彦『武士の成長と院政』）。

忠実が失脚した直後、忠通が内覧、次いで関白に補された。一方、鳥羽は保安四年（一一二三）に第一皇子の顕仁《あきひと》親王（生母は璋子）に譲位したが（崇徳《すとく》天皇）、その後も白河の院政が続いた。なお、忠通は崇徳の摂政になっている。

大治《だいじ》四年（一一二九）になって、忠通の長女である聖子《せいし》が入内し、大治五年（一一三〇）に中宮に立てられた。摂関家からの立后《りつごう》は、頼通女の寛子《かんし》以来、八十年ぶりのことである。

鳥羽院政

そしてその年、「すでに専政主《せんせいしゅ》である」と評された白河が死去し、鳥羽上皇の院政が始まった。

白河の死によって、忠実は復帰することができた。長承《ちょうしょう》元年（一一三二）に忠実は内覧の地位に就き、嫡子の関白忠通と対峙《たいじ》した。関白忠通に男子が生まれないことを案じた忠実は、宇治蟄居中に生まれた頼長《よりなが》を養子にするよう忠通に勧め、天治《てんじ》二年（一一二五）に頼長は忠通の養子となっていた。ところが、康治《こうじ》二年（一一四三）に忠通に実子の基実《もとざね》が生まれると、摂関の地位を自らの子孫に継承させようと望んだ忠通は、頼長との縁組を破棄した。

泰子は鳥羽の皇子女を産むことがなかった一方、鳥羽には藤原得子《とくし》という寵妃《ちょうひ》がいた。頼長から「諸大夫の女《しょだいふのむすめ》」と揶揄《やゆ》されたように、藤原北家《ほっけ》ながら魚名《うおな》の後裔の末茂流《すえしげりゅう》の生まれであるが、父の長実は白河院政期《いんせいき》の近臣《きんしん》であった。

得子が保延《ほうえん》五年（一一三九）に体仁《なりひと》親王（後の近衛《このえ》天皇）を産むと、鳥羽は生後三カ月で皇太弟とし、白河が定めた崇徳の直系を否定し、近衛を直系としたのである。永治《えいじ》元年（一一四二）に鳥羽は崇徳に退位を迫り、三歳の皇太弟体仁が即位した（近衛天皇）。院政を行なえない上皇となった崇徳は深く鳥羽を怨《うら》み、これが次の大乱の原因となった。

さらに鳥羽は、崇徳第一皇子の重仁《しげひと》親王と、崇徳同母弟の雅仁《まさひと》親王（後の後白河《ごしらかわ》天皇）、第一皇子の守仁《もりひと》親王（後の二条《にじょう》天皇）を近衛の猶子《ゆうし》とした。近衛が皇子を得られない場合でも、近衛を嫡流《ちゃくりゅう》としようとする意図によるものである。

忠通と頼長の対立

久安《きゅうあん》六年（一一五〇）、頼長は養女の多子《たし》（父は閑院流の藤原公能《きんよし》）を近衛に入内させ、皇后とすることに成功した。一方の忠通も得子（美福門院《びふくもんいん》）が養女としていた呈子《ていし》を近衛に入内させて中宮に立て、近衛の後宮をめぐって、兄弟の争いが激化した。

この年、忠実は忠通に対し、将来、忠通の子に返すことを条件に、頼長に摂政を譲ることを命じた。しかし、忠通はこれを拒絶し、鳥羽も傍観を続けた。忠実は忠通を義絶《ぎぜつ》して頼長を氏長者《うじのちょうじゃ》とし、摂関家の家産と武力を与えた（元木泰雄『藤原忠実』）。

鳥羽は忠通を再び関白に補した一方で、翌仁平《にんぴょう》元年（一一五一）には頼長を内覧の座に就けるなど、その決定は一貫性を欠くものであった。執政の臣が二人並び立つという異例の状況の中、峻厳な政治基調を旨とする頼長は、貴族社会から孤立していった（橋本義彦『藤原頼長』、元木泰雄『藤原忠実』）。

後白河の即位

ところが、久寿《きゅうじゅ》二年（一一五五）に近衛が十七歳で死去してしまった。新天皇には、崇徳皇子重仁、雅仁皇子守仁、そして近衛の姉の暲子《しょうし》内親王（後の八条院《はちじょういん》）が候補に上ったが、結局、鳥羽と忠通が選んだのは、愚鈍な雅仁であった（後白河天皇）。こうして今様《いまよう》に熱中する新天皇が誕生し、その下で日本は武家社会へと転換していくのである。

一方では重仁即位の可能性が消え、崇徳父子は皇統《こうとう》から外された。頼長の内覧も停止され、失脚が決定的となった。その過程で、崇徳が実は白河と璋子の密通の子であるという噂が忠通によって流布された（美川圭『院政』）。

摂関家、天皇家、そして院近臣の各グループ、それに平氏・源氏双方の内部と、各政治勢力の内部で深い確執を抱えながら、新時代が始まった。それぞれの確執は武力を背景にしており、一触即発の危機を抱えていたが、鳥羽の存命中は、かろうじてバランスを保っていた。しかし、鳥羽の死去とそれに伴う戦乱は、保元《ほうげん》元年（一一五六）と目前に迫っていたのである。

4　武士が台頭する契機は何だったのか

軍事貴族の成立

律令軍団《りつりょうぐんだん》制、次いで郡司《ぐんじ》層に依存した健児《こんでい》制が崩壊すると、地方の軍事警察権も受領国司《ずりょうこくし》に委任されるようになった。こうして各国に国衙《こくが》軍《ぐん》制が成立し、全国で軍事力が編制されていったのである。

天慶《てんぎょう》の乱（十世紀前半、東国において平将門《たいらのまさかど》、瀬戸内海において藤原純友《ふじわらのすみとも》が同時期に起こした叛乱《はんらん》）の鎮圧《ちんあつ》にあたった藤原秀郷《ひでさと》・平貞盛《さだもり》・源経基《みなもとのつねもと》といった「天慶勲功者《くんこうしゃ》」の子孫は、

「兵《つわもの》の家」として中央における軍事貴族の地位を独占した。彼らは論功行賞《ろんこうこうしょう》によって衛府《えふ》や馬寮《めりょう》の官人に登用され、在京勤務が命じられた。

武士たちは京都の宮廷社会の中で検非違使《けびいし》や受領《ずりょう》を歴任することを目指し、その一方では摂関家《せっかんけ》など有力権門《けんもん》の家人《けにん》になって身辺警護や受領としての奉仕に努めるなど、密着を強めた（下向井龍彦『武士の成長と院政』）。

秀郷の子である藤原千晴《ちはる》は中央で活躍していたが、安和《あんな》二年（九六九）に起こった安和の変（経基一男の源満仲《みつなか》の密告《みっこく》によるもの）に連坐《れんざ》して失脚した。一方、地元の下野《しもつけ》国においては、国衙《こくが》に地歩を築くと共に辺境軍事貴族《へんきょうぐんじきぞく》としての立場を保持していた（元木泰雄『武士の成立』）。

経基の子である満仲は、蔵人《くろうど》や殿上人《てんじょうびと》として仕え、その息男の源頼光《よりみつ》・頼親《よりちか》・頼信《よりのぶ》はそれぞれ京都近国に拠点を築き、摂津源氏《せっつげんじ》・大和源氏《やまとげんじ》・河内源氏《かわちげんじ》の祖となった。彼らはいずれも藤原師輔《もろすけ》・兼家《かねいえ》・道長《みちなが》と続く九条流《くじょうりゅう》藤原氏に奉仕していた。

頼光の嫡流《ちゃくりゅう》は「大内守護《おおうちしゅご》」の地位を世襲し、都の武士としての地位を確立する一方、歌人としても秀《ひい》でた者を輩出したため、清和源氏《せいわげんじ》の嫡流でありながら、摂津源氏は武家の棟梁《とうりょう》への道を自ら閉ざしていった。

頼親は大和守《やまとのかみ》を三度も歴任することで私領の獲得をはかったが、興福寺《こうふくじ》と所領問題で衝突した。後に興福寺の愁訴《しゅうそ》によって、頼親は土佐《とさ》、子の頼房《よりふさ》は隠岐《おき》に流され、子孫は武家の棟梁になることはできなかった（朧谷寿『清和源氏』）。

頼信は藤原道兼《みちかね》、ついで道長に家人として仕え、永承《えいしょう》二年（一〇四七）に河内守《かわちのかみ》に任じられて河内国古市《ふるいち》郡壺井《つぼい》に館《たち》を建て、河内源氏の基盤を築いたが、それ以前の寛仁《かんにん》四年（一〇二〇）から河内に所領を有していたという考えが妥当であろう（元木泰雄『河内源氏』）。その子孫が、幾多の紆余曲折《うよきょくせつ》を経て、源頼朝《よりとも》につながることになる。

貞盛の子は、平維叙《これのぶ》・維将《これまさ》・維敏《これとし》の三人は、これも都の武士として活動し、藤原北家《ほっけ》の中でも実頼《さねより》・頼忠《よりただ》・実資《さねすけ》など小野宮家《おののみやけ》の家人として奉仕したが、四男の維衡《これひら》は伊勢《いせ》国鈴鹿《すずか》郡・三重《みえ》郡を勢力圏としつつ、右大臣《うだいじん》藤原顕光《あきみつ》に仕えていた。伊勢国で合戦を行ない、道長に糺《きゅう》弾《だん》されて伊勢守《いせのかみ》を解任されたが、直後に道長の家人となるという転身を見せた。自身は伊勢国に留住《りゅうじゅう》しており、その子孫がやがて伊勢平氏《いせへいし》となっていく（高橋昌明『清盛以前』）。

かつては、武士というのは草深い東国《とうごく》の農村で開発に専念しながら武器を持って立ち上がり、享楽に耽《ふけ》る退嬰《たいえい》的な京都の貴族を打倒した存在である、という図式（「在地領主制論《ざいちりょうしゅせいろん》」）が語られていた。それは江戸時代の儒学《じゅがく》、近代の帝国日本の国家主義的政策（国民皆兵《こくみんかいへい》とアジア侵略）ともよく合致する歴史像であり、また戦後歴史学の発展段階論的《はってんだんかいろん》図式とも都合よく組み合わされたことから、ほとんど常識的な構図として国民に浸透してしまった。

しかし、武士論の見直しが中世史研究者の間で行なわれ、武士の暴力団的性格や穢（ケガレ）としての存在、また貴族志向の強さ、芸能的側面などが明らかになってきている。

強訴への対応

道長から藤原頼通《よりみち》の時代にかけては、武士はいまだ、「さむらい（侍ひ）」という呼称が象徴するように、天皇家や摂関家に伺候《しこう》する身分であった。それがいつの間にか、中央における権力の維持に不可欠の存在になり、政権に食い込んだり、政権を覗《うかが》うような存在になってしまった。その契機や政治状況は、これから注意深く解明していかなければならない。

象徴的な例を挙げよう。先に述べたように、寛弘《かんこう》三年（一〇〇六）、大和守源頼親と興福寺とのあいだに田をめぐる紛争が起こっていた。興福寺の大衆《だいしゅ》三千人が大挙して上京し、朝《ちょう》堂院《どういん》を占拠する一方で、興福寺別当《べっとう》の定澄《じょうちょう》も何度も道長に面会して道長を脅した。ところが道長は、逆に定澄や興福寺僧を脅し、朝堂院に参集している大衆を、宣旨《せんじ》を下して退去させたうえで、別当以下の高僧と折衝を行ない、僧たちを納得させて奈良に還《かえ》した。道長は、

「私はうまく処置を行なったものだ」と自讃《じさん》している。

時は移り、嘉保《かほう》二年（一〇九五）に美濃守《みののかみ》源義綱《よしつな》（頼義《よりよし》の子）の流罪《るざい》を求める延暦寺《えんりやくじ》と日《ひ》吉社《えしや》の強訴《ごうそ》に対して、関白《かんぱく》藤原師通《もろみち》（道長の曾孫）は要求を拒否したうえで、大和源氏の源頼治《よりはる》を派遣して大衆を撃退した。その際、矢が山僧や神人《じにん》に当たって負傷者が出たことで、延暦寺は朝廷を呪詛《じゅそ》し、承徳《じょうとく》三年（一〇九九）に師通は三十八歳で急死した。延暦寺はこれに対し、神罰《しんばつ》が下ったと喧伝《けんでん》した。

こうなると、朝廷の権威や武力では、寺社の強訴に対応できなくなる。白河法皇《しらかわほうおう》が、永《えい》久《きゅう》元年（一一一三）の永久の強訴をはじめとした強訴に対して、神輿《しんよ》や神木《しんぼく》を畏れることなく、それらに弓を引くことを畏れない武士、特に平正盛《まさもり》・忠盛《ただもり》などの伊勢平氏を重用したのも、一面ではこういった事情があったのである。

強訴のたびに本来の官職とは関係なく、軍事貴族であることを理由に軍事動員されたことが、武士としての性格を明確化したという指摘もある（元木泰雄『武士の成立』）。

こうして地方における内戦の解決のみならず、都の周辺でも、武士なくしては紛争の解決ができない時代となっていった。つまり、武士というものは、貴族の中から発生しながらも、一般の貴族が忌避《きひ》した、人を殺したり、神仏に弓を引いたりする行為を畏れず、むしろそれを家業《かぎょう》とした暴力集団、と規定することができよう。

政治紛争の解決に、武力行使が不可欠となった時、各権力がどのような武力集団を自己の傘下に組織しているかが、紛争の勝利に大きな要因となった時代、その発言権が増大化したことは、容易に理解できるところである。

「文武の二道」

平忠常《ただつね》の乱（長元元年〈一〇二八〉に忠常が上総《かずさ》・下総《しもうさ》・安房《あわ》国の国衙を襲撃した叛乱）を終結させた源頼信が、永承元年（一〇四六）に石清水八幡宮《いわしみずはちまんぐう》に奉献《ほうけん》した願文《がんもん》である「源頼信告《こう》文《もん》」は、「文武《ぶんぶ》の二道は朝家《ちょうか》（国家＝天皇）の支え」であると謳《うた》った。武士が支える天皇という国家観について、すでに自己認識しているのである。やがて本当にそういった時代が到来することになるであろうことは、この時点では、誰も予測していなかったであろうが、その意味では、地方における対国衙紛争に際して、都の軍事貴族を用いて鎮圧にあたらせた忠常の乱こそ、時代の分水嶺《ぶんすいれい》の一つだったことになる。

頼信の後継者となった源頼義は、長元《ちょうげん》九年（一〇三六）に相模守《さがみのかみ》に任じられ、東国における武門としての地位を確立していった。天喜《てんぎ》元年（一〇五三）に陸奥守《むつのかみ》と鎮守府将軍《ちんじゅふしょうぐん》を兼ね

金沢柵

た頼義は、陸奥守の任終《にんじゅう》の年である天喜四年（一〇五六）、奥六郡《おくろくぐん》の主であった安倍頼時《あべのよりとき》の長男貞《さだ》任《とう》に言いがかりを付けて戦乱を起こし、陸奥守の重任《ちょうにん》をはかった。いわゆる「前九年《ぜんくねん》の役《えき》」である。

頼義は朝廷から頼時追討宣旨《ついとうせんじ》を得て、出羽《でわ》国山《せん》北《ぼく》三郡の俘囚《ふしゅう》の首領である清原《きよはら》氏の協力によって、康平《こうへい》五年（一〇六二）に安倍氏を滅ぼした。この戦闘では、古代の日本には見られなかった大量虐殺《ぎゃくさつ》と残虐な殺戮《さつりく》が行なわれ、中世《ちゅうせい》の到来を実感させた。

陸奥《むつ》国奥六郡と出羽国山北三郡の支配者となった清原氏では、一族内の内紛が起こった。永保《えいほう》三年（一〇八三）に頼義の子の源義家《よしいえ》が陸奥守として赴任してくると、義家は陸奥守重任と勲功賞《くんこうしょう》を目的に、応徳《おうとく》三年（一〇八六）に清原家衡《いえひら》を挑発し、戦闘を開始した（下向井龍彦『武士の成長と院政』）。いわゆる「後三年《ごさんねん》の役」である。

しかし、義家軍は敗戦続きで、朝廷は追討官符《ついとうかんぷ》の発給を拒否し、停戦命令を出した。それでも義家は戦闘を継続し、寛治《かんじ》元年（一〇八七）に清原氏を滅ぼした。朝廷では、停戦命令を無視するという明らかな違法行為の戦闘に、後追いで追討官符を出すことなどあり得ず、義家には恩賞《おんしょう》を与えることはなかった。しかし、これらの戦いを通じて、源氏は東国の武士たちとの関係性を強めていくことになる。

武士という存在

この二度の内戦を解決する過程で、まったく異なる価値観を持つ武士というものが世の中の重要な構成要素となってしまった。

ただし、義家が私財を投じなければ恩賞を与えられなかったように、当時は武士団が未発達であった。江戸《えど》時代以前の武士の主従関係は、武士道《ぶしどう》から想像されるような強力なものではなかった。あくまで恩賞を媒介とした契約関係であり、追捕《ついぶ》官符や個人的な契約関係によって兵が集まった当時は、後に源氏が基盤とすることになる東国武士団は、いまだ形成されていなかったと考えられる（元木泰雄『武士の成立』）。

武士団が形成され始めるのは、十二世紀半ばの保元《ほうげん》の乱以降である。ただ、将門の乱を画期として、紛争の解決に際して在地の武力を使うことになったのも、歴史の大きな転換点であり、中世の端緒と見ることもできよう。

武士というものが歴史の重要な構成要素となる分岐点がどこにあるのか、そしてどのような契機や過程によるものなのかは、これから古代史学界も参画して解明しなければならない問題であるが、気がつけばいつの間にか、政務や儀式、文芸をもっぱらにする貴族と、武芸や合戦、殺人をもっぱらにする武士とが分離していた。

たしかに、「王朝国家《おうちようこつか》」は日本的な古代国家の完成形ではあったが、同時にそれは自力救済（＝暴力主義）を旨とする中世国家の形成期でもあった。それにしても、外国勢力からの侵略を想定していない日本が、何故にこのような暴力的な時代を容認してしまったのであろうか。

日本は文（儒）未確立の社会であったので、中国のように武や力を見下して徹底的に忌避するという思想が現われなかったという指摘もある（髙橋昌明『武士の日本史』）。中国や朝鮮では出現するはずもなかった武家政権が日本では現われ、しかもそれが七百年近くも存続したことの意味を、皆が考えるべきであろう。

武家政権発生の契機

十一世紀末に、父方のミウチ（尊属《そんぞく》）である上皇《じょうこう》が天皇の政治意思を代行するという院政《いんせい》が始まった。ただし、退位した天皇（上皇）がすべて院政を行なえたわけではなく、「治天《ちてん》の君」と呼ばれる上皇のみが、院政を行なった。

こうして治天の君が実質的に君主の役割を担い、「天皇は東宮の如《ごと》し」という様相を呈することになったが、一方では幾人も存在する上皇の中で、誰が治天の君の地位に即《つ》くかをめぐって、天皇家内部の抗争が激化することとなった。同時期には、摂関家内部における政権抗争や、武家の棟梁《とうりょう》をめぐる勢力争いも河内源氏・伊勢平氏の内部で存在した。

それぞれの武家勢力が、それぞれ上皇や天皇と結びついたため、その抗争を一挙に解決するべく、保元元年（一一五六）に大規模な内戦が勃発することとなった。国家権力の掌握をめぐる権力闘争が、武士同士の合戦によって決せられなければならなくなったのである。こうして武士が軍事面のみならず、政治的にも発言力を増大させ、日本は自力救済（＝暴力）を旨とする中世を迎えることとなったのである（倉本一宏『内戦の日本古代史』）。

そして、「武士的なるもの」がその後の日本の歴史の主流となり、その歪曲《わいきょく》されて増幅された発想、武士を善、貴族を悪とする価値観や、草深い東国の大地を善、腐敗した京の都を悪とする地域観が現代日本にまで生き続けることになったのである。

おわりに

最後まで読まれた方は、さぞや難儀なことだったものと思う。本来、「ちくまプリマー新書」というのは、「プリマー＝入門書」という名に相応《ふさわ》しく、これまでの新書よりもベーシックで普遍的なテーマを、より若い読者の人たちにも、わかりやすい表現で伝えていくためのものであったはずである。にもかかわらず、このようにけっこう大部で、しかも難解なものというのは、シリーズには相応しくないのかもしれない。

しかしながら、歴史というものは、ある程度、詳しく知らないと、何も理解もできないし、まったく面白《おもしろ》くもないのである。私自身もそうであったが、中学や高校で習う歴史がつまらないのは、単なる歴史用語と年表の暗記にとどまって、歴史事象の背景やつながりが、まったく説明されていないからである。

これも私自身がそうであったのだが、教科書や参考書を離れて、ある程度詳しい本を読み出すと、歴史というものは、みるみる面白くなるから不思議である。私は田舎で育ったもので、大きな書店も図書館もなく、なかなか良い本を手にするのは困難であったが（もちろん、インターネットはなかった)、それでも古代史や中世史の本を貪るように読み耽《ふけ》ると、歴史に興味が湧いてきたものである。考えてみれば、学問というものは、どの分野でもこういったものなのではないだろうか。

ただ心配なのは、私のように歴史(やせいぜい文学)にばかり熱中すると、他の科目の勉強が疎《おろそ》かになるということである。何せ我々は、自分の国の歴史を高校で学ばなくてもいい世界で唯一の国に暮らしている(高校で日本史が必修科目から消えて久しい)。日本史、特に古代史なんかに熱中していると、お勉強をしない古代史オタクになってしまい、受験に不利になる恐れがある。

しかしこれも、要領と熱意で何とかなるものである。各科目を満遍なくそこそこ勉強して、そこそこ大学に入る人よりも、一つでもいいから好きなことがある人間の方が、結局は世の中の役に立つことが多いし、そもそも役に立たなくても、自分が面白ければいい人生と言えるのではないかと、年を取ると開き直って考えるようになってきた。

この本を読んで、どこかの時代や人物について興味を持った人は、是非とも興味の湧いた項目について、より深く学ばれることをお勧めする。巻末に挙げた参考文献は、(私の本を除いて)どれもその分野の代表的な成果であるし、幸いに現代は、地球上のどこにいても、クリック一つでそれが手に入るのである。

豊かな学問の成果をまったく無視したトンデモ日本史本を読んだりするよりも、よっぽど楽しいし、きっと人生の糧になるはずである。特に近隣諸国との関係を考えると、お互いの歴史を正しく理解することこそ、正しい関係の基礎となるものである。

現在の日本や世界を理解するためには、現代だけを学ぶのではいけない。古代にまで遡って学ぶことこそ、現在、そして未来を切り拓く第一歩となるであろう。

古代史の海は際限もなく広くかつ深く、しかもそこに漕《こ》ぎ出すための舟も、潜ったり飛び上がったりするための道具も、すでに用意されているのである。

二〇一九年九月 中国・洛陽《らくよう》にて

著者識《しる》す

略年表

大王／天皇	年次	西暦	事項
		前一五世紀？	縄文時代が始まる
		前五世紀？	弥生時代が始まる
		五七	奴国、後漢に朝貢、印綬を下賜される
		三世紀初頭	纒向遺跡が造営される
		二三九	邪馬台国の卑弥呼、魏に朝貢、「親魏倭王」に冊封される
		三世紀後半	箸墓古墳が造営される
		三九一	倭が海を渡って百済・□□（加耶）・新羅を破る
		四〇四	高句麗軍と戦い、潰敗する
		四七八	倭王武、宋に遣使、冊封される
継体	元	五〇七？	継体が越前から迎えられ、即位する
推古	八	六〇〇	第一次遣隋使を派遣する

	一一	六〇三	冠位十二階を制定する
皇極	四	六四五	乙巳の変、皇極が譲位し、孝徳が即位する
孝徳	大化五	六四九	天下立評
天智	二	六六三	百済の役・白村江の戦
	九	六七〇	庚午年籍が造られる
天武	元	六七二	壬申の乱が起こる
持統	三	六八九	飛鳥浄御原令を施行する
	八	六九四	藤原京に遷御する
文武	大宝元	七〇一	大宝律令を制定する
元明	和銅三	七一〇	平城京に遷都する
元正	養老四	七二〇	『日本書紀』を撰上する
聖武	天平元	七二九	長屋王の変が起こる
孝謙	天平勝宝四	七五二	東大寺大仏開眼供養が行なわれる
	天平宝字元	七五七	橘奈良麻呂の変が起こる
淳仁	八	七六四	恵美押勝（藤原仲麻呂）の乱が起こる
称徳	神護景雲三	七六九	宇佐八幡宮神託（道鏡）事件が起こる
桓武	延暦三	七八四	長岡京に遷都する

	一三	七九四	平安京に遷都する
嵯峨	弘仁元	八一〇	薬子（平城上皇）の変が起こる
淳和	天長十	八三三	『令義解』が撰上される
仁明	承和九	八四二	承和の変が起こる
文徳	天安元	八五七	藤原良房が太政大臣に任じられる
清和	二	八五八	清和が即位し、藤原良房が摂政に補される
	貞観八	八六六	応天門の変が起こる
陽成	一八	八七六	陽成が即位し、藤原基経が摂政に補される
宇多	仁和三	八八七	藤原基経が関白に補される
	寛平六	八九四	遣唐使の派遣を停止する
醍醐	延喜五	九〇五	『古今和歌集』が撰進される
朱雀	天慶二	九三九	天慶の乱が東西で始まる
冷泉	安和二	九六九	安和の変が起こる
一条	長徳元	九九五	藤原道長が内覧に補される
後一条	長和五	一〇一六	後一条が即位し、藤原道長が摂政に補される
	寛仁三	一〇一九	刀伊の入寇が起こる
	長元元	一〇二八	平忠常の乱が起こる

後冷泉	永承六	一〇五一	前九年の役が始まる
	七	一〇五二	藤原頼通が宇治平等院を造営する
後三条	延久元	一〇六九	延久の荘園整理令が出される
白河	永保三	一〇八三	後三年の役が始まる
堀河	応徳三	一〇八六	堀河が即位し、白河院政が始まる
崇徳	大治四	一一二九	鳥羽院政が始まる
後白河	保元元	一一五六	保元の乱が起こる
二条	平治元	一一五九	平治の乱が起こる
安徳	治承四	一一八〇	治承・寿永の内乱が始まる
後鳥羽	寿永二	一一八三	平氏が敗走し、後鳥羽が即位する
	文治元	一一八五	平氏が滅亡する

参考文献（初出箇所にのみ掲げた）

第一章　日本列島の形成から農耕の開始へ

大橋順ほか「Analysis of whole Y-chromosome sequences reveals the Japanese population history in the Jomon period（現代人のゲノムから過去を知る　Y染色体の遺伝子系図解析からわかった縄文時代晩期から弥生時代にかけておきた急激な人口減少）」"Scientific Reports" 20190617　二〇一九年（要約は東京大学大学院理学系研究科・理学部広報室HP）

岡村道雄『日本の歴史01　縄文の生活誌改訂版』講談社　二〇〇二年

木下正史『日本古代の歴史1　倭国のなりたち』吉川弘文館　二〇一三年

倉本一宏『内戦の日本古代史　邪馬台国から武士の誕生まで』講談社　二〇一八年

西嶋定生『倭国の出現　東アジア世界のなかの日本』東京大学出版会　一九九九年

中屋敷均「科学と非科学　その間にあるもの　縄文人と弥生人」『本』四三―九　二〇一八年

藤尾慎一郎『弥生時代の歴史』講談社　二〇一五年

吉田　孝『日本の誕生』岩波書店　一九九七年

仁藤敦史『卑弥呼と台与　倭国の女王たち』山川出版社　二〇〇九年

渡邉義浩『魏志倭人伝の謎を解く　三国志から見る邪馬台国』中央公論新社　二〇一二年

第二章　倭王権の成立

大橋信弥「継体・欽明朝の「内乱」」吉村武彦編『古代を考える　継体・欽明朝と仏教伝来』吉川弘文館　一九九九年

大平　聡「日本古代王権継承試論」『歴史評論』四二九　一九八六年
大平　聡「世襲王権の成立」鈴木靖民編『日本の時代史2　倭国と東アジア』吉川弘文館　二〇〇二年
倉本一宏『持統女帝と皇位継承』吉川弘文館　二〇〇九年
倉本一宏『平安朝　皇位継承の闇』角川学芸出版　二〇一四年
倉本一宏『蘇我氏　古代豪族の興亡』中央公論新社　二〇一五年
倉本一宏『戦争の日本古代史　好太王碑、白村江から刀伊の入寇まで』講談社　二〇一七年
氣賀澤保規「倭人がみた隋の風景」『遣隋使がみた風景　東アジアからの新視点』八木書店　二〇一二年
河内春人『倭の五王　王位継承と五世紀の東アジア』中央公論新社　二〇一八年
近藤義郎『前方後円墳の時代』岩波書店　一九八三年
坂元義種『古代東アジアの日本と朝鮮』吉川弘文館　一九七八年
篠川　賢『飛鳥の朝廷と王統譜』吉川弘文館　二〇〇一年
白石太一郎『古墳とヤマト政権　古代国家はいかに形成されたか』文藝春秋　一九九九年
田中俊明『大加耶連盟の興亡と「任那」　加耶琴だけが残った』吉川弘文館　一九九二年
松木武彦『人はなぜ戦うのか　考古学からみた戦争』講談社　二〇〇一年
森　公章『倭の五王　5世紀の東アジアと倭王群像』山川出版社　二〇一〇年
山尾幸久『古代の日朝関係』塙書房　一九八九年
吉村武彦「古代の王位継承と群臣」『日本古代の社会と国家』岩波書店　一九九六年（初出一九八九年）

第三章　律令国家への道

石母田正『石母田正著作集　第三巻　日本の古代国家』岩波書店　一九八九年（初版一九七一年）
市　大樹『飛鳥の木簡　古代史の新たな解明』中央公論新社　二〇一二年

犬飼　隆『木簡から探る和歌の起源　「難波津の歌」がうたわれ書かれた時代』笠間書院　二〇〇八年
大津　透『律令制とはなにか』山川出版社　二〇一三年
鐘江宏之「「国」制の成立　令制国・七道の形成過程」笹山晴生先生還暦記念会編『日本律令制論集　上巻』吉川弘文館　一九九三年
河上麻由子「遣隋使と仏教」『古代アジア世界の対外交渉と仏教』山川出版社　二〇一一年（初出二〇〇八年）
北　康宏「冠位十二階・小墾田宮・大兄制　大化前代の政権構造」『日本古代君主制成立史の研究』塙書房　二〇一七年（初出二〇一〇年）
鬼頭清明『白村江　東アジアの動乱と日本』教育社　一九八一年
倉本一宏「律令貴族論をめぐって」『日本古代国家成立期の政権構造』吉川弘文館　一九九七年（初出一九八七年）
倉本一宏「律令制成立期の皇親」『日本古代国家成立期の政権構造』吉川弘文館　一九九七年
倉本一宏「律令制成立期の「皇親政治」」『日本古代国家成立期の政権構造』吉川弘文館　一九九七年（初出一九九三年）
倉本一宏『壬申の乱』吉川弘文館　二〇〇七年
倉本一宏『壬申の乱を歩く』吉川弘文館　二〇〇七年
倉本一宏『藤原氏　権力中枢の一族』中央公論新社　二〇一七年
西本昌弘「倭王権と任那の調」『ヒストリア』一二九　一九九〇年
春名宏昭「太上天皇制の成立」『史学雑誌』九九―二　一九九〇年
林部　均『飛鳥の宮と藤原京　よみがえる古代王宮』吉川弘文館　二〇〇八年
森　公章『「白村江」以後　国家危機と東アジア外交』講談社　一九九八年
吉川真司『飛鳥の都』岩波書店　二〇一一年
吉村武彦『大化改新を考える』岩波書店　二〇一八年

李　成市「高句麗と日隋外交　いわゆる国書問題に関する一試論」『古代東アジアの民族と国家』岩波書店　一九九八年（初出一九九〇年）
盧　泰敦『古代朝鮮　三国統一戦争史』（橋本繁訳）岩波書店　二〇一二年（初版二〇〇九年）

第四章　律令国家の展開
勝浦令子『孝謙・称徳天皇』ミネルヴァ書房　二〇一四年
倉本一宏「議政官組織の構成原理」『日本古代国家成立期の政権構造』吉川弘文館　一九九七年（初出一九八七年）
倉本一宏『奈良朝の政変劇　皇親たちの悲劇』吉川弘文館　一九九八年
笹山晴生「奈良朝政治の推移」『奈良の都　その光と影』吉川弘文館　一九九二年（初出一九六二年）
角田文衞「首皇子の立太子」『角田文衞著作集　第三巻　律令国家の展開』法藏館　一九八五年（初出一九六五年）
遠山美都男『古代の皇位継承　天武系皇統は実在したか』吉川弘文館　二〇〇七年
吉川真司『天皇の歴史02　聖武天皇と仏都平城京』講談社　二〇一一年
吉田　孝「墾田永年私財法の基礎的研究」『律令国家と古代の社会』岩波書店　一九八三年（初出一九六七年）
渡辺晃宏『日本の歴史04　平城京と木簡の世紀』講談社　二〇〇一年

第五章　平安王朝の確立
河内祥輔『古代政治史における天皇制の論理』吉川弘文館　一九八六年
坂上康俊『日本の歴史05　律令国家の転換と「日本」』講談社　二〇〇一年
坂上康俊『日本古代の歴史5　摂関政治と地方社会』吉川弘文館　二〇一五年
佐藤　信「長岡京から平安京へ」笹山晴生編『古代を考える　平安の都』吉川弘文館　一九九一年
鈴木拓也『蝦夷と東北戦争』吉川弘文館　二〇〇八年

春名宏昭『平城天皇』吉川弘文館　二〇〇九年

第六章　王朝国家の成立

石井正敏「十世紀の国際変動と日宋貿易」『石井正敏著作集3　高麗・宋元と日本』勉誠出版　二〇一七年（初出一九九二年）
石上英一「日本古代一〇世紀の外交」井上光貞・西嶋定生・甘粕健・武田幸男編『東アジア世界における日本古代史講座　第七巻　東アジアの変貌と日本律令国家』學生社　一九八二年
石上英一「古代国家と対外関係」『講座日本歴史2　古代2』東京大学出版会　一九八四年
倉本一宏「一条朝の公卿議定」『摂関政治と王朝貴族』吉川弘文館　二〇〇〇年（初出一九八七年）
倉本一宏「摂関期の政権構造」『摂関政治と王朝貴族』吉川弘文館　二〇〇〇年（初出一九九一年）
今　正秀『藤原良房　天皇制を安定に導いた摂関政治』山川出版社　二〇一二年
佐伯有清『最後の遣唐使』講談社　一九七八年
坂本賞三『日本の歴史6　摂関時代』小学館　一九七四年
佐藤泰弘「国の検田」『日本中世の黎明』京都大学学術出版会　二〇〇一年（初出一九九二年）
角田文衞「陽成天皇の退位」『王朝の映像　平安時代史の研究』東京堂出版　一九七〇年（初出一九六八年）
村井章介「王土王民思想と九世紀の転換」『日本中世境界史論』岩波書店　二〇一三年（初出一九九五年）
山内晋次「九世紀東アジアにおける民衆の移動と交流　寇賊・反乱をおもな素材として」『奈良平安期の日本とアジア』吉川弘文館　二〇〇三年（初出一九九六年）

第七章　摂関政治の時代

井上光貞『井上光貞著作集　第七巻　日本浄土教成立史の研究』岩波書店　一九八五年（初版一九五六年）

榎本淳一「文化移入における朝貢と貿易」『唐王朝と古代日本』吉川弘文館　二〇〇八年（初出一九九二年）
榎本　渉『僧侶と海商たちの東シナ海』講談社　二〇一〇年
大津　透『日本の歴史06　道長と宮廷社会』講談社　二〇〇一年
小原　仁『文人貴族の系譜』吉川弘文館　一九八七年
河添房江『光源氏が愛した王朝ブランド品』KADOKAWA　二〇〇八年
倉本一宏「藤原兼通の政権獲得過程」笹山晴生編『日本律令制の展開』吉川弘文館　二〇〇三年
倉本一宏『一条天皇』吉川弘文館　二〇〇三年
倉本一宏『平安貴族の夢分析』吉川弘文館　二〇〇八年
倉本一宏『三条天皇』ミネルヴァ書房　二〇一〇年
倉本一宏『藤原道長の日常生活』講談社　二〇一三年
倉本一宏『藤原道長の権力と欲望』文藝春秋　二〇一三年
倉本一宏『藤原道長「御堂関白記」を読む』講談社　二〇一三年
倉本一宏『紫式部と平安の都』吉川弘文館　二〇一四年
倉本一宏『藤原伊周・隆家』ミネルヴァ書房　二〇一七年
倉本一宏「藤原道長と『御堂関白記』」『御堂関白記』の研究』思文閣出版　二〇一八年
倉本一宏「『御堂関白記』の仮名」『『御堂関白記』の研究』思文閣出版　二〇一八年
倉本一宏「『小右記』の仮名について」『古代文化』七一―一　二〇一九年
黒板伸夫『藤原行成』吉川弘文館　一九九四年
小松茂美『かな　その成立と変遷』岩波書店　一九六八年
坂上康俊「関白の成立過程」笹山晴生先生還暦記念会編『日本律令制論集　下巻』吉川弘文館　一九九三年
佐藤全敏「古代日本における「権力」の変容」『平安時代の天皇と官僚制』東京大学出版会　二〇〇八年

東野治之『遣唐使』岩波書店　二〇〇七年
西本昌弘「「唐風文化」から「国風文化」へ」『岩波講座日本歴史第5巻　古代5』岩波書店　二〇一五年
村井康彦『平安貴族の世界』徳間書店　一九六八年
村井康彦『王朝風土記』角川書店　二〇〇〇年

第八章　武士の台頭と院政への道

赤木志津子「藤原資房とその時代」林陸朗編『論集日本歴史3　平安王朝』有精堂出版　一九七六年（初出一九五八年）
朧谷　寿『清和源氏』教育社　一九八四年
坂本賞三『藤原頼通の時代　摂関政治から院政へ』平凡社　一九九一年
下向井龍彦『日本の歴史07　武士の成長と院政』講談社　二〇〇一年
高橋昌明『清盛以前　伊勢平氏の興隆』平凡社　一九八四年
高橋昌明『武士の日本史』岩波書店　二〇一八年
野口　実『伝説の将軍　藤原秀郷』吉川弘文館　二〇〇一年
橋本義彦「貴族政権の政治構造」『平安貴族』平凡社　一九八六年（初出一九七六年）
橋本義彦『藤原頼長』吉川弘文館　一九六四年
美川　圭『院政　もうひとつの天皇制』中央公論新社　二〇〇六年
元木泰雄『武士の成立　新装版』吉川弘文館　一九九四年
元木泰雄『藤原忠実』吉川弘文館　二〇〇〇年
元木泰雄『河内源氏　頼朝を生んだ武士本流』中央公論新社　二〇一一年

ちくまプリマー新書341

はじめての日本古代史《にほんこだいし》

二〇一九年十二月十日　初版第一刷発行

著者　倉本一宏（くらもと・かずひろ）

装幀　クラフト・エヴィング商會

発行者　喜入冬子

発行所　株式会社筑摩書房
東京都台東区蔵前二-五-三　〒一一一-八七五五
電話番号　〇三-五六八七-二六〇一（代表）

印刷・製本　株式会社精興社

ISBN978-4-480-68364-9 C0221 Printed in Japan